Reflexões sobre segurança pública e corrupção

Reis Friede

Reflexões sobre segurança pública e corrupção

GLOBOLIVROS

Copyright © 2019 Editora Globo S.A. para a presente edição
Copyright © 2019 Reis Friede

Todos os direitos reservados. Nenhuma parte desta edição pode ser utilizada ou reproduzida — em qualquer meio ou forma, seja mecânico ou eletrônico, fotocópia, gravação etc. — nem apropriada ou estocada em sistema de banco de dados sem a expressa autorização da editora.

Texto fixado conforme as regras do Acordo Ortográfico da Língua Portuguesa (Decreto Legislativo nº 54, de 1995).

Editora responsável: Amanda Orlando
Assistente editorial: Isis Batista
Preparação: Denise Schittine
Revisão: Jaciara Lima e Lara Gouvêa
Diagramação: Abreu's System
Capa: Estúdio Insólito

1ª edição, 2019

CIP-BRASIL. CATALOGAÇÃO NA PUBLICAÇÃO
SINDICATO NACIONAL DOS EDITORES DE LIVROS, RJ

F946r Friede, Reis
Reflexões sobre segurança pública e corrupção / Reis Friede. – 1. ed. – Rio de Janeiro : Globo Livros, 2019.
288 p. ; 23 cm.

Inclui bibliografia
ISBN 9786580634187

1. Segurança pública – Brasil. 2. Corrupção – Brasil. 3. Violência – Aspectos sociais – Brasil. I. Título.

19-60795
CDD: 353.30981
CDU: 351.75(81)

Meri Gleice Rodrigues de Souza - Bibliotecária CRB-7/6439

Direitos exclusivos de edição em língua portuguesa para o Brasil adquiridos por Editora Globo S.A.
Rua Marquês de Pombal, 25 — 20230-240 — Rio de Janeiro — RJ
www.globolivros.com.br

Sumário

Apresentação 9
Prefácio 13

Parte I – Segurança Pública

1. A dificuldade de se construir uma
   autêntica democracia no Brasil 17
2. O sistema prisional brasileiro 25
3. Pelo aprimoramento do sistema de segurança pública:
   o resgate do prestígio das forças policiais 31
4. Por um adequado financiamento da segurança pública 35
5. A polícia que morre e a polícia que mata 42
6. O Judiciário na mira do crime organizado
   e de grupos antidemocráticos 47
7. Insegurança jurídica e insegurança pública 53
8. O Sistema Único de Segurança Pública e
   os princípios da harmonia e cooperação institucionais 56
9. A queda de braço entre o Estado fraco e o indivíduo forte 65
10. A ditadura do crime e a gratuidade da violência 68
11. A noção de que o crime compensa 73

12. Por uma maior participação da União Federal
    no sistema de segurança pública do Brasil..................76
13. As Forças Armadas, a garantia da lei e da ordem
    e a intervenção federal..82
14. O narcotráfico e a luta por "territórios" e "mercados"............97
15. A inércia estatal e o perigoso avanço das milícias..................99
16. O conceito de gravidade delitiva e a pena
    privativa de liberdade...104
17. Insegurança pública, fobia social,
    crueldade humana e risco de autoritarismo.....................107
18. Negação ao direito de autodefesa:
    a lógica elitista de um Estatuto do Desarmamento..............113
19. Segurança pública e desenvolvimento econômico..................118
20. As consequências da insegurança pública
    e da desordem para a economia.................................122

Parte II – Corrupção

1. Raízes coloniais da corrupção no Brasil........................129
2. Ação, reação e omissão do indivíduo
   ante a "propinocracia" brasileira..............................143
3. As incoerências do Estado brasileiro
   e a reatividade do cidadão.....................................151
4. Agigantamento do Estado e corrupção............................157
5. Corrupção e crescimento socioeconômico.........................170
6. A corrupção pretérita e da era PT: um quadro comparativo......178
7. As diferentes metodologias no combate
   à corrupção brasileira...184
8. A corrupção como fenômeno mundial..............................190
9. A engrenagem estatal destinada à corrupção.....................194
10. Mais leis inteligentes, menos corrupção.......................197
11. Equilíbrio e serenidade em contraposição
    ao excesso de independência judicante.........................200

12. O combate à corrupção institucionalizada
    e a demonização da política 204
13. A infiltração policial como técnica especial
    de combate à corrupção 211
14. O conceito legal de organização criminosa 247
15. As convenções de Palermo e de Mérida e a
    legislação brasileira de combate à criminalidade
    organizada e à corrupção: análise comparativa 253

Notas 259
Referências bibliográficas 263

Apresentação

SEGURANÇA PÚBLICA E COMBATE À CORRUPÇÃO são temas que representam, nos dias atuais, duas das maiores preocupações da sociedade brasileira. O fenômeno da insegurança *pública* veio crescendo gradualmente no decorrer das últimas décadas, atingindo hoje índices legitimamente alarmantes, inclusive com a vulgarização do emprego de fuzis, verdadeiras armas de guerra, por número crescente de marginais e foras da lei. Aliado à insegurança, outro fenômeno que também apresentou vertiginosa ascensão foi a corrupção institucionalizada. Tal fenômeno, além de representar comportamento criminoso, resulta no desvio de significativos recursos financeiros, que poderiam ser empregados em prol do bem-estar da sociedade, em vez de engordar os bolsos de corruptos e corruptores. Além disso, não resta dúvida que a insegurança e a corrupção estão intimamente ligadas, de tal forma que a expansão delas resulta, quase que obrigatoriamente, na ampliação da dificuldade de combate.

O atual governo do presidente Bolsonaro, com uma clara compreensão da importância da segurança pública e do combate à corrupção para o desenvolvimento e para o futuro do país, colocou estes dois temas no topo da sua lista de prioridades. Consequentemente, desde o primeiro dia do mandato, vem estudando e adotando importantes, corajosas e inadiáveis medidas.

Reflexões sobre segurança pública e corrupção, de autoria de Reis Friede, um dos mais importantes e renomados juristas da atualidade, é extremamente oportuno e bem-vindo. O livro é dividido em duas partes e cada uma delas discute, de forma profunda e detalhada, um de seus temas centrais. A primeira parte procura apresentar, por diferentes perspectivas, os diversos aspectos envolvidos na segurança pública. Trata-se de relato envolvente e, muitas vezes, inquietante, que aborda, sem preconceitos e sem receios, aspectos polêmicos e, ao mesmo tempo, fundamentais para a melhor compreensão do fenômeno. Reflexões sobre questões atuais, como democracia, sistema prisional, polícia, milícias, crueldade humana, entre outros, absorvem o leitor desde as primeiras páginas, tornando a leitura extremamente agradável. Todos os assuntos são abordados de forma clara e transparente e o autor apresenta seu posicionamento de maneira enfática e eloquente.

A segunda parte disseca o tema da corrupção no Brasil, apresentando suas diversas características e implicações, desde suas raízes, ainda no período colonial. Provocante e estimulante, Reis Friede aponta a omissão do cidadão frente ao que chama de "propinocracia" brasileira e como o agigantamento da estrutura estatal contribuiu para o crescimento incontrolável da corrupção. Neste último aspecto, mostra como a mesma estrutura criou engrenagens destinadas especificamente a aumentar a corrupção, gerando uma sensação de corrupção institucionalizada e levando à "demonização" da política. O autor não se limita, contudo, a estudar e analisar o fenômeno, propondo, ao longo de seus capítulos, medidas criativas e inovadoras, como leis mais inteligentes e infiltração policial, que podem contribuir para o combate à corrupção.

Poucos autores teriam a autoridade intelectual de Reis Friede para abordar, em profundidade e com precisão quase cirúrgica, temas tão relevantes e polêmicos, como os que constituem o objeto principal da presente obra. Atual presidente do Tribunal Regional Federal da 2ª Região, o desembargador Reis Friede destacou-se, desde muito cedo, por sua brilhante trajetória acadêmica e profissional. Magistrado e professor, Reis Friede desponta como um dos grandes juristas brasileiros da atualidade, além de possuir um dos mais invejáveis currículos acadêmicos. Profundo estudioso do Direito há mais de quatro décadas, mestre e doutor, não limitou seus estudos e seus interesses a esta área do conhecimento, sendo também bacharel em arquitetura, economia, administração e engenharia, além de possuir licenciatura em matemática. Na área de segurança e defesa, é diplomado pela Escola Superior de Guerra (ESG) e pela Escola de Comando e Estado-Maior da Aeronáutica (Ecemar), sendo professor emérito da Escola de Comando e Estado-Maior do Exército (Eceme) e professor *honoris causa* da Escola de Comando e Estado-Maior da Aeronáutica (Ecemar).

Com mais de quarenta obras publicadas nas áreas do Direito e da política e segurança internacional, além de centenas de artigos científicos em periódicos especializados, nacionais e estrangeiros, Reis Friede escreve e transmite seu amplo conhecimento de forma simples e objetiva, cativando o leitor desde o primeiro instante.

Assim, *Reflexões sobre segurança pública e corrupção*, além de constituir uma leitura agradável, objetiva e informativa, representa uma obra obrigatória nas bibliotecas de todos, especialistas ou não, que se preocupam com esses dois temas tão instigantes e cuja compreensão é fundamental para o próprio futuro do nosso país.

FERNANDO AZEVEDO E SILVA
MINISTRO DE ESTADO DA DEFESA

Prefácio

Com grande satisfação recebi do dr. Reis Friede a honrosa solicitação para prefaciar sua mais recente obra: *Reflexões sobre segurança pública e corrupção*. Se por um lado é grande a responsabilidade de lançar algumas notas a respeito de um texto tão bem escrito e elaborado, haja vista a vasta qualificação técnica de seu autor, por outro lado a clareza da abordagem desses temas facilita sobremaneira a sua compreensão, não obstante a natural complexidade desses que são dois assuntos dos mais prementes e mais discutidos nos dias que correm.

Na primeira parte do livro, dedicada à segurança pública, aproveitando-se de sua vasta experiência na área e de sua sólida formação em centros acadêmicos militares, o autor aborda com confiança temas que, por vezes, não são abertamente debatidos. Apartando-se de discussões políticas já ultrapassadas, por exemplo, dr. Reis Friede aponta com precisão o necessário resgate do prestígio das Forças Armadas, de forma que se inicie o aprimoramento do sistema de segurança pública como um todo.

De fato, como pensar em um modelo de segurança pública efetivo, que satisfaça os cidadãos e lhes dê a necessária tranquilidade para exercerem sua liberdade de ir e vir, sem abordar com sinceridade e resolver vários outros temas correlatos, como o adequado financiamento da segurança pública, sua relação com o desenvolvimento econômico e a necessária segurança jurídica para seus operadores? Esses e muitos assuntos são aqui esmiuçados pelo autor, sempre em companhia de outras observações referenciadas, inclusive abordando o eterno dilema sobre se o crime compensa.

A segunda parte da obra é dedicada ao tema corrupção. Não é sem motivo que o fenômeno da corrupção vem sendo tão explorado ultimamente. Fato é que o combate à corrupção conta com o apoio da grande maioria do povo brasileiro e foi o principal tema do recente processo eleitoral, de 2018, que culminou com as escolhas das principais personalidades que regerão nossa República entre os anos 2019 e 2022.

Na obra *Reflexões sobre segurança pública e corrupção*, Reis Friede nos brinda com o que há de mais atual sobre o tema corrupção, não antes de apresentar as bases históricas do fenômeno que nos permitiram chegar ao estágio atual. Com o peso cultural de uma vida dedicada ao estudo do ordenamento jurídico nacional, o autor, que há décadas exerce a magistratura federal no estado do Rio de Janeiro, toca em vários assuntos amplamente polêmicos e sensíveis, como o excesso de independência judicante, a corrupção institucionalizada e a demonização da política.

Tive a grata oportunidade de desfrutar antecipadamente desta obra e desde então tenho incorporado em minha atividade profissional importantes ensinamentos que dela pude extrair. Assim, além de reiterar minhas felicitações ao distinto autor, desejo a todos uma ótima e agradável leitura.

Marcelo da Costa Bretas
Juiz federal titular da 7ª Vara Federal Criminal do Rio de Janeiro

PARTE I – SEGURANÇA PÚBLICA

I

A DIFICULDADE DE SE CONSTRUIR UMA
AUTÊNTICA DEMOCRACIA NO BRASIL

No mundo inteiro observa-se uma estreita relação entre segurança pública e crescimento econômico. No Brasil, tal assertiva encontra-se, inclusive, reconhecida na própria bandeira nacional, na qual está estampada a expressão *ordem e progresso*, sinalizando claramente que a ordem pública — e, em termos mais amplos, a ordem interna — é precondição (derradeira e indispensável) para o progresso socioeconômico.

Lamentavelmente, passados mais de trinta anos após o fim do Regime Militar, as sombrias previsões do então presidente João Figueiredo parecem ter se transformado em realidade, não propriamente por excesso de democracia — posto que democracia nunca é demais —, mas, muito provavelmente, por não termos ainda compreendido o conceito exato e, sobretudo, o funcionamento de um autêntico Estado democrático. Problema cujas causas são múltiplas, remontando à própria estrutura e origem da vida social brasileira.

É preciso compreender que o Brasil, desde o período colonial, organiza-se com forte estratificação e desigualdade social. O modelo de apropriação e exploração da terra com capitanias hereditárias e, mais tarde, grandes latifúndios, a vinda da família real e toda a corte para o país com suas regalias e privilégios e a intensiva e abusiva exploração de escravos deixaram marcas indeléveis.

De certa forma, isso explica o motivo pelo qual a história brasileira atravessa frequentes episódios de autoritarismo. "O país, em seus poucos mais de quinhentos anos de existência, tem esparsos momentos de *governos* democráticos e, menos ainda, de *regimes* democráticos", característica indistintamente observada nos períodos colonial, imperial e da Primeira República, "quando o país é governado por monarquias ou oligarquias, com algumas *aparências* democráticas, mas quase nenhuma *prática* democrática", explica Marlon Alberto Weichert em seu ensaio "Violência sistemática e perseguição social no Brasil".

No mesmo sentido, Marco Antonio Villa, em artigo publicado em *O Globo*, em 10 de outubro de 2017, sob o título "Democracia e autoritarismo", destaca que o "Brasil, ao longo da sua história, não teve uma cultura política democrática". Em tom argumentativo, Villa alude ao advento da república como uma "solução de força", tendo em vista que os militares e civis — sob o comando de Deodoro da Fonseca — que lideraram o movimento que pôs fim à monarquia (1889) "chegaram ao poder através de um levante militar". Mais adiante, já nos idos de "1930, os insatisfeitos com a Primeira República identificaram no golpismo o atalho para o poder".

O referido autor também recorda que as rebeliões de 1922, 1924 e a Coluna Prestes foram demonstrações de que o voto e o convencimento não faziam parte do ideário de mudanças, enfatizando que, no início dos anos 1930, "o vocábulo *ditadura* era utilizado de forma absolutamente positiva pelas principais lideranças políticas".

Prosseguindo em seu raciocínio, Marco Antonio Villa anota que a construção de um Estado democrático de direito no Brasil se transformou numa verdadeira panaceia. Ele argumenta, de maneira peculiar, que a Constituição de 1988, por mais paradoxal que pareça, é invocada por aqueles que sistematicamente solapam a democracia, de modo que "deixa de ser o império da lei, transformando-se em sinônimo de corrupção".

Com efeito, recorrer à Constituição, considerada cidadã e democrática, passa a configurar um "discurso vazio", uma vez que não se identifica uma relação entre ela e o cotidiano nacional. Isso acontece tendo em vista que todo arcabouço legal construído nas últimas três décadas não apresenta, para o cidadão, nenhuma aplicação prática, explica Villa.

Villa completa explicando que o regime democrático somente é compreendido como algo que está a serviço da cidadania quando, ao menos, demonstra eficácia legal e administrativa. Não é o caso atual. A fratura entre a sociedade civil e o Estado cresce a cada dia. De nada adianta negar a crise. Isto só alimenta o autoritarismo, afirma o historiador.

No mesmo sentido, lembremos da previsão fatal do general João Figueiredo:

> O mundo verá o que eles farão com tanta democracia, jogarão a nação num lamaçal de dimensões continentais, onde o povo afundará na corrupção, na roubalheira, na matança até que se instaure o caos social seguido de uma inevitável guerra civil, chegado este momento, o povo clamará nas ruas pela Democracia implantada por nós em 1964.[1]

As heranças positivas do Regime Militar (1964-1985) — que, convenhamos, seria uma profunda insensatez não reconhecer os muitos méritos desse período — simplesmente foram renegadas, ao mesmo tempo que as instituições estatais ditas democráticas mostraram-se, na prática, incapazes de impedir o retorno da corrupção institucionalizada no Estado brasileiro. A origem desta corrupção, em muitos casos, decorre da estrutura burocrática que caracteriza o país, fenômeno originalmente introduzido por Getúlio Vargas e motivo permanente das tentativas de derrubada de seus herdeiros políticos, notadamente Juscelino Kubitschek.

A INSUPERÁVEL BUROCRACIA BRASILEIRA

Não é novidade que o Brasil constitui-se como um dos países mais burocráticos e cartorários do mundo, sendo provido de infinitas regulamentações, além de ter inúmeras espécies de leis meramente formalizantes, com diferentes e complexas hierarquias. Este problema não é recente, mas sempre fez parte das características gerais do Estado brasileiro, conforme comprova o artigo publicado na coluna *Há 50 anos* do jornal *O Globo*, em 23 de março de 2018, que faz referência à reportagem (originalmente publicada em 23 de março de 1968) intitulada "Ministro Beltrão quer o fim da burocracia com reforma". Na época, o ministro do Planejamento Hélio Beltrão objetivava uma reforma administrativa que prometia eliminar cinco mil seções do serviço público para evitar a burocracia desnecessária.

Parece-nos que o então ministro Hélio Beltrão não teve êxito em alcançar o seu intento. Afinal, não faltam exemplos de exigências redundantes e, por vezes, completamente incoerentes da burocracia brasileira.

A título de exemplo, pode-se citar a insuperável exigência de documento cartorário (provido de "fé pública"), no qual constem as assinaturas do pai e da mãe — ambas devidamente reconhecidas — para que algum dos cônjuges possa viajar para o exterior com um filho menor de 18 anos de idade. Não obstante seja uma exigência ponderável, de modo a impedir que um dos responsáveis pela criança, atuando de má-fé, possa evadir-se da convivência do outro levando consigo o filho menor, tal excesso documental, por mais paradoxal que possa parecer, não pode ser substituído pela presença física dos pais, ambos devidamente identificados, no ato de embarque do menor no aeroporto. Significa dizer que, para o Estado brasileiro, é mais importante o documento burocrático ficcional e seus respectivos custos cartorários do que a presença física, isto é, real, de ambos os pais, autorizando *in loco* a viagem.

Essa exigência descabida reflete, portanto, um país que, por vício cultural aparentemente insuperável, confere mais importância à forma do que à substância. Em outros termos, maior relevância ao documento obtido em cartório do que propriamente à *vontade* expressa de forma presencial, desconstruindo a própria concepção universal do direito, segundo a qual o que de fato importa é a manifestação da verdadeira vontade dos indivíduos, e não rigorosamente a sua forma exteriorizante.

Como o pesquisador Pedro Campos assinala, o casamento harmonioso das empreiteiras envolvidas na operação Lava Jato com as obras públicas começou no governo de Juscelino Kubitschek. Até a década de 1950, eram as construtoras que tinham seus limites no território do Estado ou região. Do governo de Juscelino para cá, elas se infiltraram em Brasília.

Apesar da indiscutível importância de se reprimir a corrupção que assola o país, é reconhecidamente no absoluto insucesso no combate à criminalidade enraizada em solo brasileiro que se constata o motivo maior do fracasso da sociedade brasileira em atingir o almejado sonho de se tornar uma nação desenvolvida e genuinamente democrática, e que efetivamente sirva ao cidadão. Esta criminalidade é responsável pelo estabelecimento de um verdadeiro Estado paralelo, cuja dimensão maléfica tem uma forte relação com a falência dos ineficientes e desintegrados sistemas de segurança pública e prisional.

Hipocrisia de um Estado covarde

Traficantes e bandidos dominam aproximadamente 850 localidades da cidade do Rio de Janeiro, criando um verdadeiro Estado paralelo, e em flagrante desafio à autoridade estatal comercializam armas de guerra e os mais variados tipos de drogas. Por outro lado, o Poder Público se vangloria de ter conseguido prender, em flagrante delito, três balconistas de uma farmácia situada no bairro da Barra da Tijuca, os quais teriam vendido, sem a devida receita médica, um medicamento relativamente comum e destinado à insônia, chamado *stilnox*, comercializado em muitos países sem qualquer exigência desta natureza.

No caso aqui apresentado, é interessante atentar para o local exato onde se deu a prisão em flagrante dos referidos balconistas. Trata-se da Barra da Tijuca, um bairro estruturado e de classe média alta, na qual o Estado ainda se faz minimamente presente, pelo menos no que se refere ao exercício do respectivo poder de polícia. No entanto, se o mesmo fato tivesse ocorrido em uma farmácia localizada em alguma das inúmeras e perigosíssimas "zonas de guerra", "democrática" e indistintamente instaladas em todas as esquinas da Cidade Maravilhosa, o mesmo Estado muito provavelmente seria incapaz de agir naqueles territórios. Nestes lugares, a população encontra-se, na maioria das vezes, subjugada pelo crime organizado, notadamente em virtude da absoluta ausência, em todos os aspectos possíveis, do ente estatal.

Mais grave é que, segundo a notícia "Funcionários de farmácia na Barra da Tijuca são presos por vender remédios controlados sem receita", veiculada pelo *Portal G1*, as referidas pessoas serão processadas por tráfico ilícito de drogas, em situação semelhante àqueles que livremente vendem cocaína e heroína diante das "barbas" do Estado. Sendo que as últimas drogas são capazes de destruir não apenas a vida dos que delas fazem uso, mas também a de todos os integrantes de suas respectivas famílias. Ademais, a "guerra do pó" impõe consequências concretas com as quais convivemos rotineiramente, tal como a "condenação" do cidadão a permanecer "recluso" em sua residência.

Caso sejam condenados, os referidos balconistas muito provavelmente serão encarcerados juntamente com os perigosos bandidos que torturam e matam diariamente. Estes bandidos dominam, através de suas facções criminosas, as degradantes prisões brasileiras, e vão obrigá-los, de certa forma, a integrar algumas das "siglas" da narcotraficância do Rio de Janeiro: CV, Comando Vermelho; TCP, Terceiro Comando Puro; ADA, Amigo dos Amigos; ou, caso se confirme a "fusão" entre as duas últimas, o Terceiro Comando dos Amigos, TCA.

Esse é o lamentável retrato do Estado brasileiro, no qual impera soberanamente a hipocrisia e mesmo uma relativa covardia, e que, além de tudo, perdeu completamente o senso da realidade. Nesse cenário, reproduz-se aqui a parábola segundo a qual a Agência Nacional de Vigilância Sanitária (Anvisa), estando a bordo do transatlântico *Titanic Brasil*, e mesmo diante do iminente naufrágio do gigantesco navio, ignora a simplória e evidente realidade fática: enquanto vários passageiros tentam desesperadamente conseguir ingressar em botes salva-vidas, a agência reguladora insiste em autuar o restaurante da embarcação por estar comercializando alimentos com validade vencida.

Para que não haja críticas injustas e, sobretudo, desmerecidas, é importante registrar que o que ora se defende não é propriamente a impunidade daqueles que cometem pequenos delitos, mas uma necessária reflexão sobre a prevalência de um senso mínimo de prioridade em situações de verdadeira falência da atuação repressiva do Poder Público. Do mesmo modo, é preciso defender uma genuína e necessária proporcionalidade entre a sanção — que em muitos casos poderia ser de natureza meramente administrativa — e o suposto mal causado para a sociedade, principalmente quando derivado da exagerada atuação normativo-disciplinadora quanto à venda de remédios de uso comum em países desenvolvidos.

Sistema Detecta – a tecnologia contra ou a serviço do crime?

Implantado em 2017, inicialmente pela Polícia Civil do Estado de São Paulo (PCESP), o Sistema Detecta é capaz de rastrear qualquer veículo por meio de radares não mais acionados exclusivamente por eventual cometimento de infração de trânsito, mas pela simples passagem dos automóveis nos locais de interceptação.

Com essa nova tecnologia, o Estado poderá ter pleno conhecimento a respeito da rotina diária do cidadão (para onde ele vai; em que lugar esteve) durante toda sua existência terrena, através de arquivos eletrônicos de informações do sistema.

Em uma sociedade verdadeiramente democrática, esse equipamento seria considerado um extraordinário instrumento de combate à criminalidade. Por exemplo, funcionando como uma forma muito rápida e inteligente de se rastrear veículos furtados ou roubados, além de outras destinações que poderia receber no que se refere à elucidação de delitos em geral.

Assim, em um país efetivamente democrático, não teríamos dúvida em aplaudir a implantação desta iniciativa. Todavia, em uma nação que constitui uma simples democracia de "fachada" e, consequentemente, na qual a corrupção é patente em quase todas as esferas do serviço público, estando mesmo encastelada nos três Poderes, o aludido sistema traduz um perigoso e extraordinariamente poderoso meio de controle sobre a vida do indivíduo. Além disso, serve para que a marginalidade ou os componentes do denominado Estado paralelo possam realizar sequestros, extorsões e um amplo leque de delitos dos quais lamentavelmente nos acostumamos a ser vítimas.

É evidente que não se pode implantar sistemas altamente sofisticados em estruturas burocráticas (repartições públicas) carcomidas pela corrupção, pois a probabilidade de esses instrumentos serem utilizados em preocupante desvio de finalidade é quase uma certeza. Um mínimo de bom senso, nesses casos, recomenda que primeiro se elimine — ou, ao menos, se reduza a níveis toleráveis —, a corrupção nos serviços públicos para, em seguida, pensar-se na instalação de sistemas caros e altamente sofisticados e que, uma vez introduzidos com todas as cautelas necessárias, não proporcionem o risco de seu uso escuso.

Essa é uma das poucas hipóteses em que a ordem dos fatores altera significativamente o produto, ou seja, o resultado lícito que se pretende estabelecer em favor do cidadão.

Como quase sempre tem ocorrido no Brasil, o Sistema Detecta é mais uma aparente boa ideia (e intenção), porém completamente divorciada do contexto da realidade "verde e amarelo".

Conforme anota Miriam Leitão em sua matéria "Todas as forças", publicada no jornal *O Globo*, a "crise da segurança pública é ampla, profunda e perigosa", notadamente porque o "crime criou coalizões", não sendo mais um problema pontual e localizado, revestindo-se, pois, de um nítido caráter epidêmico. Vale dizer, "o inimigo é grande e ameaça não uma cidade, mas a nação", pensamento que coincide com a posição do então ministro Raul Jungmann no artigo "Presídios, berço do crime organizado", para quem este quadro ameaça "a democracia, as instituições e a própria sociedade". Mais do que uma ameaça, forçoso reconhecer que a insegurança pública funciona como um verdadeiro obstáculo para a edificação, no Estado brasileiro, do tão almejado regime democrático, no qual os direitos civis, políticos, econômicos, sociais, culturais e outros estejam plenamente assegurados.

2

O SISTEMA PRISIONAL BRASILEIRO

FABIO GIAMBIAGI, EM SUA MATÉRIA "MUITO além da corrupção", explica que a *chaga* da corrupção castiga o país pelo efeito moral venenoso que exerce sobre a cidadania e pela drenagem de recursos públicos que provoca. Não é à toa que o articulista Sérgio Magalhães afirma que, no Brasil, "o Estado é escasso onde é necessário, e é excessivo onde é dispensável".

A socióloga Julita Lemgruber adverte que a inqualificável ausência de autoridade do Estado — seja nos presídios, em que inexiste uma necessária "inteligência prisional", seja em determinadas localidades das muitas cidades do país nas quais o crime impera — é, sem sombra de dúvida, um dos principais motivos do colapso da segurança pública e do verdadeiro caos que se instalou nas principais metrópoles brasileiras. Este quadro desordenado efetivamente desafia e aguça a criatividade do cidadão em matéria de segurança pessoal, mas, por vezes, desperta no indivíduo os sentimentos mais primitivos. Dentre outros motivos, essa situação ocorre porque, segundo Marlon Alberto Weichert, no artigo já citado anteriormente, o país segue numa espiral de agravamento da violência e de incapacidade política para propor e implementar reformas que sejam potencialmente aptas a reverter este cenário terrível.

Apesar de a corrupção, em qualquer hipótese e em qualquer setor, configurar fato da maior gravidade, merecedor de repúdio e de um contínuo combate por parte do Estado, é preciso reconhecer que o problema se agrava quando ela entra em simbiose com o crime organizado e com a população carcerária.

Apenas para recordar alguns dos tantos exemplos que caracterizam essa relação promíscua, cabe citar a frequência com a qual armas e objetos perfurantes são apreendidos nas unidades prisionais do país, bem como as inúmeras rebeliões e fugas que rotineiramente acontecem nos presídios do Brasil.

Segundo dados mencionados pelo então ministro da Segurança Pública, Raul Jungmann, nas 33 fiscalizações realizadas pelas Forças Armadas em sete estados do Brasil, entre eles Acre, Pará e Mato Grosso do Sul, foram apreendidas 10.822 armas e objetos perfurantes em locais que abrigam 22.970 detentos, havendo, portanto, uma arma para cada dois reclusos. Estes números, na ótica do ministro, possibilitam refletir se não há algum acordo entre o Estado e os encarcerados. De acordo com o jornalista Eduardo Bresciani, na matéria "Jungmann: estados têm 'acordo' com o crime", parece haver uma espécie de acordo tácito entre o Estado e os detentos que permite que os últimos continuem mandando nas ruas.

Portanto, é fundamental que medidas sejam adotadas no sentido de estabelecer um urgente e permanente controle do Estado nas instituições prisionais, dotando-os, por exemplo, da tecnologia de escâner corporal, que deve ser usada em todos que queiram ter acesso ao estabelecimento, de modo a impedir o ingresso de armas e de aparelhos de telefonia celular, dentre outros objetos. O uso do escâner corporal evita a revista íntima e se mostra mais eficaz para impedir que objetos que não são acusados pelos detectores de metais acabem entrando nos estabelecimentos e colocando em risco a integridade física dos detentos e servidores.

Raul Jungmann e Renato Sérgio de Lima, este último presidente do Fórum Brasileiro de Segurança Pública, concordam que o crime organizado se origina e aumenta dentro dos presídios e de lá comanda as principais facções criminosas do país.

Retratando apenas uma das tantas mazelas do sistema prisional, e segundo o que ficou apurado e consignado pela Comissão Parlamentar de Inquérito (CPI) instaurada na Câmara dos Deputados para investigar o assunto em pauta, em muitas situações o Estado abandonou o tratamento prisional e o espaço foi assumido pelos próprios presos, os quais, diante da paradoxal ausência do ente estatal, passam a se organizar por meio da criação de facções ou grupos. Em suma, a inexistência de ordem estatal enseja o estabelecimento de uma inconcebível "ordem presidiária", implantada pelos próprios reclusos. Até nas unidades em que não há uma presença de grupos criminosos existem indivíduos que dominam o lugar e determinam suas regras, segundo o relatório final da CPI. Estas regras vão desde a cooptação de funcionários corruptos até o uso de advogados como mensageiros de líderes de organizações criminosas.

O relatório aponta que um dos problemas mais graves do sistema prisional do Brasil está relacionado à facilidade de comunicação entre os indivíduos presos e o mundo extramuros, não sendo exagerado afirmar que boa parte das rebeliões e das fugas poderiam ser evitadas se essa comunicação fosse cortada.

Junto a isso, é fundamental que se estenda, para todos os presídios do país, a tecnologia que permite a chamada *videoconferência*, evitando-se, cada vez mais, que o preso seja fisicamente conduzido para os locais de audiência judicial. Este deslocamento certamente gera entraves à segurança pública, uma vez que possibilita a organização de planos de fuga, arriscando não só a vida e a integridade física dos policiais da escolta, mas de todos aqueles que estejam no local no momento da evasão. É elementar, portanto, que a adoção dessa tecnologia efetivamente reduzirá os custos decorrentes do transporte do preso, economia que poderá ser revertida para outros fins, razão pela qual deve ser ampliada, na medida do possível, para todas as comarcas.

Entretanto, apesar da evidência e da urgência do problema em questão, o Estado brasileiro ainda não conseguiu dar um basta nos desmandos existentes no sistema penitenciário. Diferentemente do que acontece em outros países — como Estados Unidos, Alemanha e França, por exemplo —, cumpre reconhecer que o Brasil não tem conseguido impedir que o apenado continue se comunicando com o mundo exterior, e comandando, no ambiente externo, a execução de uma série de crimes. Na matéria "Exemplos no exterior para cadeias do país", publicada no jornal *O Globo* em outubro de 2017, é citado o exemplo da política prisional americana que, apesar de variar de estado para estado, usa o mesmo sistema de controle dos aeroportos para entrada. A matéria destaca que na Alemanha os presos são considerados iguais, não existe tratamento especial para acadêmicos, políticos ou executivos e o país possui 68 mil detentos em tempo integral contra 11.500 em regime semiaberto. No país, o encontro com presos é feito em uma sala sem isolamento de vidro, mas sob vigilância dos guardas. Na França, todos os presos podem receber visitas, e elas são sempre acompanhadas por um agente. Ademais, em 2003 instaurou-se um reconhecimento biométrico. Bebidas, cigarros e produtos alimentares são proibidos de serem levados nas visitas. Os presos não podem ter telefone, mas têm direito a rádio, televisão e computador sem internet na cela.

Paradoxalmente, o caótico quadro prisional brasileiro acontece diante dos olhos do próprio Estado. Significa dizer que não há segredo quanto ao que se deve providenciar para pôr ordem nos presídios. Todas as demandas a serem resolvidas já são de conhecimento estatal e da sociedade. Relatórios e diagnósticos produzidos pelas mais diversas instituições que atuam na área praticamente esgotaram as causas do problema e as respectivas soluções. Mesmo assim, quase nenhuma providência é tomada.

A propósito do assunto, o então ministro da Justiça, José Eduardo Cardozo, em 13 de novembro de 2012, no *Portal G1*, reconhecendo a dramaticidade do tema, confessou: "Do fundo do meu coração, se fosse para cumprir muitos anos em alguma prisão nossa, eu preferia morrer". Afirmou também que os presídios no Brasil são "medievais" e "escolas do crime", o que significa dizer que "quem entra em um presídio como pequeno delinquente muitas vezes sai como membro de uma organização criminosa para praticar grandes crimes".[1] E observou, ainda, que o sistema prisional é cruel por ser violador dos direitos humanos e por não possibilitar a reinserção social.

Tendo em vista essa situação dramática apontada por um ministro da Justiça, o desordenado sistema prisional brasileiro acaba por permitir a ocorrência de casos de flagrante desrespeito aos direitos mais básicos do preso, alimentando ainda mais o caos no interior dos cárceres. Superlotação, corrupção, rebeliões, incêndio e destruição de presídios, mortes de reclusos e controle prisional nas mãos das facções criminosas são alguns dos problemas com os quais nos deparamos na seara prisional. Efetivamente, em algumas unidades, a vida do detento corre sério risco, tal como a Comissão

Parlamentar de Inquérito instaurada na Câmara dos Deputados para investigar a realidade do sistema carcerário apurou. Nesse contexto, o *Relatório final da* CPI muito se assemelha a um filme de terror, mas de fato aconteceu no interior do Complexo de Pedrinhas, no estado do Maranhão.

O caso de Ronalton Silva Rabelo e Rafael Libório Gomes só foi descoberto por insistência da mãe de Ronalton, Maria Conceição Silva Rabelo, que teve um último contato com o filho em 1º de abril de 2013. Após essa data, ela compareceu uma vez ao Complexo de Pedrinhas e foi informada que só poderia ver o filho num prazo de trinta dias. Estranhando o acontecido, a mãe de Ronalton pediu a ajuda de um advogado para tentar descobrir o verdadeiro motivo de estar impedida de ver o filho. Ao se reunirem com o então secretário da Administração Penitenciária, Sebastião de Souza, tomaram conhecimento de que o rapaz havia desaparecido. Naquele momento, os órgãos estatais concluíram que o preso havia fugido, por não haver vestígios *post mortem* na cela.

Passaram-se dois anos sem que Maria Conceição tivesse notícias do filho. Ela nunca foi ouvida pelo delegado de polícia responsável pelas investigações do "desaparecimento". O Ministério Público estadual abriu um procedimento investigatório, mas este ficou à espera da conclusão do inquérito. Até que chegou ao conhecimento da CPI o encontro do cadáver de Rafael Libório Gomes: o corpo tinha sido esquartejado e enterrado entre as celas quatorze e quinze. As informações foram de que a morte tinha sido causada por uma facção criminosa chamada Anjos da Morte, que realiza rituais macabros nos quais comem as vísceras do corpo da vítima.

A suspeita é de que Ronalton tenha morrido da mesma forma. No entanto, o corpo dele não foi encontrado até hoje. E o caso de Rafael Libório Gomes é ainda mais grave, considerando que o Poder Público do estado do Maranhão encontrou a materialidade do crime (o cadáver) e não instaurou qualquer procedimento investigatório para encontrar os culpados. O que nos leva a pensar que não se pode admitir o descaso estatal diante de acontecimentos tão graves que atentam contra a integridade física e os direitos fundamentais dos detentos.

Os casos contados anteriormente são apenas um exemplo das graves "doenças" que reconhecidamente acometem a estrutura prisional do país.

Tendo em vista a magnitude da matéria, seria muita pretensão de nossa parte tratar de todos eles nos estreitos limites deste texto, cujo objetivo é tão somente despertar a atenção para uma questão que deve ser definitivamente inserida na lista de prioridades do Estado. Conforme anota Janaína Camelo Homerin no artigo "O papel de uma legislação penal mais responsável na redução do fluxo de entrada no sistema prisional", a crise prisional brasileira demanda o enfrentamento de suas "causas estruturantes e multifatoriais, indo além da adoção de medidas de caráter paliativo ou imediatista". Ou seja, qualquer medida a ser tomada só conseguirá surtir o efeito de aliviar a tensão no sistema prisional se encontrar o respaldo necessário do conjunto de atores envolvidos.

É fundamental, portanto, que se conceba uma autêntica (e devidamente abrangente) política de Estado para a questão prisional, na qual todas as instituições nela envolvidas estejam devidamente engajadas e em perfeita sintonia.

De qualquer modo, como singelas sugestões, acreditamos que o enfrentamento da corrupção no âmbito do sistema, o efetivo impedimento da comunicação do preso com o mundo exterior, o aumento do número de vagas nos estabelecimentos prisionais, a introdução de novos modelos de gestão prisional e o devido respeito aos direitos do preso — possibilitando, assim, que a pena seja executada em obediência ao princípio da dignidade humana — são providências elementares a serem tomadas por qualquer gestor que se disponha a restabelecer a ordem nos presídios do país.

3

Pelo aprimoramento do sistema de segurança pública: o resgate do prestígio das forças policiais

Como se não bastasse a ousadia da criminalidade contemporânea, que cada vez mais insiste em aterrorizar a sociedade, a ausência de integração entre os entes (União, estados, Distrito Federal e municípios) que fazem parte do Sistema Constitucional de Segurança Pública é flagrante. Ela é apontada como uma das inúmeras causas que contribuem para o quadro de desprestígio — em todos os aspectos possíveis — que paira sobre as forças policiais do país, conforme reconhecido, inclusive, em audiência pública (*Segurança pública: protagonismo da União e integração entre estados pode diminuir violência*) realizada no dia 19 de setembro de 2017, na Comissão de Constituição, Justiça e Cidadania (CCJ) do Senado Federal.

Nesta audiência, alguns pontos foram tocados na tentativa de resolver o problema e cobrar um maior protagonismo da União na segurança pública, além da integração entre os órgãos que atuam no setor. As secretarias de segurança dos estados, segundo o então presidente do Tribunal de Contas da União (TCU), Raimundo Carreiro, mostram baixos índices de governança e impossibilidade de aplicar políticas públicas na área. Apesar dos gastos com a segurança pública terem aumentado 19% de 2010 para 2014, a União não tem se responsabilizado pelas obrigações no setor. Os estados e municípios praticamente se responsabilizam pela questão, mas sem muita troca de informação entre si.

O fundamental é melhorar o sistema de informações e estatísticas criminais para que os gestores públicos possam ter mais conhecimento e possam usar seus recursos de uma maneira mais eficiente. Durante a referida audiência pública, Egbert Buarque, então secretário de Controle Externo da Defesa Nacional e da Segurança Pública do Tribunal de Contas da União (TCU), alertava para o fato de encontrar grandes dificuldades de obter informações sobre a criminalidade para, a partir de números reais, tentar transformar a realidade. Na época, o assessor da Secretaria Nacional de Segurança Pública, Alexandre Araújo Motta, admitia que o governo não tinha uma política de segurança pública bem definida.

Egbert Buarque afirmava também que um dos impedimentos ao desenvolvimento das políticas de segurança pública nacionais é a limitação da atuação do governo federal prevista na Constituição. Para impulsionar a atuação do governo seria necessário aprovar uma proposta de emenda constitucional (PEC) que incluísse na Constituição um texto garantindo a segurança pública como uma responsabilidade não só dos estados e municípios, como também do Distrito Federal e da União.

Forma-se, em tal contexto no qual imperam a desarmonia e o descrédito institucionais, um perfeito ambiente para a atuação das denominadas empresas (regulares ou irregulares) de segurança privada, cujos "serviços" oferecidos envolvem desde a instalação de câmeras de vigilância ao fechamento de vias públicas por meio de cancelas e grades. São medidas que operam em evidente violação às normas urbanísticas e de trânsito editadas por um Estado fraco, e que muitas vezes não consegue sequer fazer cumprir as leis por ele mesmo estabelecidas, problema perigosíssimo e que pode nos conduzir à barbárie. Cumpre, então, retomar as rédeas da situação, o que demanda instituições policiais eficientes e providas da necessária autoridade estatal.

> O motivo do fechamento, na maior parte das vezes, é o grande número de roubos ocorridos na região. [...]
> Em abril deste ano, moradores de Vila Kosmos fecharam, com o aval da prefeitura, todo o bairro. Atualmente, porteiros em quatro guaritas com cancelas e câmeras controlam quem entra e sai. Essa é a primeira vez que um bairro inteiro do Rio — que compreende uma área de dezoito hectares, o equivalente a dezoito campos de futebol — foi fechado com autorização do município.[1]

Revelando semelhante preocupação, o juiz Roberto Figueiredo Caldas, então presidente da Corte Interamericana de Direitos Humanos, ao comentar na matéria "Especialistas: crime ultrapassa o limite", do jornal *O Globo*, sobre a morte da vereadora Marielle Franco, crime que "expõe traços de barbárie", advertiu que "não há futuro sem Estado de direito e democrático", e que um Estado de direito não pode estar vazio de autoridade, frases perfeitamente aplicáveis à delicada situação na qual o Brasil se encontra.

Não há dúvida, portanto, a respeito de quão deficiente é o sistema de segurança pública do país, fazendo com que as pessoas passem a recorrer a estratégias heterodoxas. E tal precariedade sistêmica — que alcança notadamente as polícias militares e as polícias civis — vem ensejando o frequente emprego das prestigiadas Forças Armadas (destinadas primariamente à defesa nacional) em operações de garantia da lei e da ordem (GLO), em substituição aos órgãos responsáveis pela segurança pública.

Não obstante a possibilidade constitucional de emprego das instituições militares em missões dessa natureza, bem como a concreta necessidade de utilizá-las em casos de grave comprometimento da ordem pública, a regra e a lógica, obviamente, não podem ser essas. O jornalista Merval Pereira, refletindo sobre a presente questão, bem como sobre a preocupação do Exército Brasileiro quanto à utilização rotineira das Forças Armadas em GLO, mostra que esta política vem provocando um debate interno sobre a necessidade de maior modernização e mais treinamento das forças locais com o objetivo de evitar que as Forças Armadas tenham que intervir constantemente nos estados. Por exemplo, no Rio Grande do Norte, constatou-se, em janeiro de 2018, que as Forças Armadas haviam sido usadas três vezes nos dezoito meses anteriores. No artigo de Merval, o então ministro Raul Jungmann, responsável pela atuação das Forças Armadas no Rio de Janeiro, mostrava a importância da melhora dos corpos profissionais de segurança para atuar na preservação da ordem pública e na proteção das pessoas e do patrimônio público.

A fim de evitar que a exceção se transforme em regra, ou mesmo que haja uma "utilização casuística, pontual, e até mesmo a politização do emprego das Forças Armadas"[2] em matéria de GLO, é preciso, urgentemente, aprimorar os órgãos de segurança pública, dando a eles as condições necessárias para o efetivo cumprimento das atribuições constitucionais que lhes foram conferidas pela Lei Maior da República. Em suma, é necessário revigorar, em todos os aspectos possíveis, as forças policiais do país, resgatando-lhes o imprescindível prestígio institucional. Para alcançar este objetivo é necessária a adoção de uma série de medidas, tais como: investimentos em formação e treinamento policial, inteligência, tecnologia e equipamentos (armamentos, viaturas, coletes balísticos etc.); estabelecimento de consistentes protocolos de atuação operacional; criação de condições dignas de trabalho; acompanhamento das saúdes física e mental do profissional, dentre outros aspectos fundamentais para aumentar a autoestima dos integrantes dos órgãos.

4

Por um adequado financiamento da segurança pública

O artigo 5º da Constituição Federal de 1988 confere à segurança o status de direito individual fundamental. Por sua vez, o artigo 6º trata-a como um direito social. Sob os aspectos finalístico e classificatório, o artigo 144 do Texto Constitucional assevera que "a segurança pública, dever do Estado, direito e responsabilidade de todos, é exercida para a preservação da ordem pública e da incolumidade das pessoas e do patrimônio".

Em seguida, esta última norma elenca, taxativamente, diversos órgãos que integram o sistema constitucional da segurança pública: Polícia Federal, Polícia Rodoviária Federal, Polícia Ferroviária Federal (inexistente na atualidade), polícias civis, polícias militares e corpos de bombeiros militares. O parágrafo 8º do artigo 144 da Constituição estabelece que "os municípios poderão constituir guardas municipais destinadas à proteção de seus bens, serviços e instalações, conforme dispuser a lei".

Uma interpretação conjugada dos referidos dispositivos permite inferir que a Constituição reconhece a segurança pública como um serviço a ser garantido pela máquina estatal, figurando, assim, como um direito inalienável de todos os cidadãos, como explicam as autoras Natália de Oliveira Fontoura, Patricia Silveira Rivero e Rute Imanishi Rodrigues em seu artigo "Segurança pública na Constituição Federal: continuidades e perspectivas". Nesse sentido, Jorge da Silva, autor de *Criminologia crítica: segurança e polícia*, assevera que quando falamos de segurança pública, a palavra *pública* não pode ser interpretada no sentido corriqueiro, mas sim representando o direito de todos os cidadãos de serem protegidos contra os riscos a que possam estar expostos no espaço público e em casa.

Do mesmo modo, ao tratá-la como "responsabilidade de todos", a Lei Maior evidencia a importância da participação social nas políticas públicas relacionadas ao campo de segurança pública. Segundo o artigo de Fontoura, Rivero e Rodrigues, citado anteriormente, a segurança pública não deve ser vista como responsabilidade apenas da União, uma vez que a sociedade tem um papel importante no controle e na participação das políticas, na socialização dos indivíduos e na conservação dos mecanismos informais de autocontrole e controle social. Logo, não é somente a ação do Estado que garante a segurança de todos.

Apesar da clareza do artigo 144, segundo o qual a segurança pública constitui dever do Estado, direito e responsabilidade de todos, o Estado brasileiro, notadamente sua vertente legislativa, conforme a acadêmica Janaína Camelo Homerin observa, trata a segurança pública pelo ponto de vista penal, deixando de lado uma abordagem que leve em conta a prevenção contra a violência, uma melhor integração das forças de segurança ou, menos ainda, uma coordenação de políticas públicas de vários setores distintos da justiça criminal.

Assim, conforme reconhecem Natália de Oliveira Fontoura, Patricia Silveira Rivero e Rute Imanishi Rodrigues, o papel das políticas e sua atuação são fundamentais para o enfrentamento das questões de criminalidade e violência que ocorrem hoje em dia no Brasil, sem, é claro, esquecer que existem outros fatores motivadores.

Apesar de a expressão *ordem pública* ter sido mencionada na abertura do artigo 144 da Constituição, esta não esboçou qualquer tentativa de conceituá-la, preferindo deixar essa tarefa para a doutrina especializada. Cumpre assinalar que a Constituição de 1988, de modo inédito, consagrou um capítulo próprio para o tratamento do tema *segurança pública*: capítulo III do título V — "Da defesa do Estado e das instituições democráticas". Conforme explicava o então deputado Ricardo Fiúza, apareceu, durante a Assembleia Nacional Constituinte (1987-1988), a necessidade de munir a Constituição

Federal de um capítulo "Da segurança pública" para atender aos apelos de nossa sociedade. A nosso ver, a Constituinte acertou ao conferir um espaço constitucional à matéria, principalmente por inseri-la no âmbito das instituições democráticas, o que significa compreender as instituições policiais como organismos voltados para a defesa do Estado *e* da democracia. Afinal, como se vê, a expressão *Da defesa do Estado e das instituições democráticas* possui, em sua redação, a conjugação aditiva *e*.

Portanto, uma interpretação sistemática permite afirmar que a expressão *ordem pública* guarda estreita relação com a ordem do Estado democrático. Assim, não se admite, por parte das instituições policiais, a prática de ações que possam ser rotuladas como antidemocráticas, tais como a tortura, o abuso de autoridade, a discriminação, a intolerância e a perseguição a grupos minoritários. Do mesmo modo, é inconcebível que o ente estatal fique imóvel quanto ao seu dever de inovar em termos de segurança pública a fim de dar à população a tão necessária sensação de segurança. Afinal, de acordo com Marlon Alberto Weichert, a liberdade civil se vê limitada por conta da insegurança e a população toma suas decisões de mobilidade considerando principalmente o lugar mais seguro.

Natália de Oliveira Fontoura, Patricia Silveira Rivero e Rute Imanishi Rodrigues apontam uma das possíveis causas para a inércia do Estado na área em questão. As autoras acreditam que mexer nas políticas de segurança é um grande risco, justamente por ser uma área altamente visível: por um lado pode gerar benefícios políticos se levar à redução da criminalidade; por outro, se houver um equívoco, pode trazer grandes perdas aos seus responsáveis, em especial por ser uma área que se encontra na mira da opinião pública. Dessa forma, poucos políticos arriscam mudanças mais profundas neste setor. Weichert também acrescenta que a "falta de promoção e garantia de direitos civis, por decorrência da insegurança pública, qualifica a nossa democracia como 'disjuntiva' e 'incivil', ou uma 'democracia sem cidadania'".[1]

Em um contexto democrático, a atuação policial deve estar fundamentada, segundo Fontoura, Rivero e Rodrigues, numa forma democrática e igualitária de proteção dos cidadãos, cabendo às instituições policiais funcionarem como um verdadeiro instrumento de promoção de direitos civis, políticos, econômicos, sociais, culturais etc. O exercício e a garantia dos direitos civis são condições para a consolidação do Estado e, para isso, é necessário um nível razoável de segurança pública. Os altos índices de criminalidade impedem, de acordo com Marlon Alberto Weichert, a consolidação de uma democracia plena porque influenciam diretamente na satisfação das liberdades individuais e coletivas e no gozo dos direitos civis. A situação piora nas sociedades em que os órgãos pertencentes ao sistema de segurança pública e justiça participam frequentemente da prática de violação dos direitos humanos. Ademais, a estrutura institucional do sistema constitucional da segurança pública do Brasil mostra que, apesar de terem sido idealizados para a importante missão de preservar a ordem do Estado democrático, os organismos policiais, paradoxalmente, não estão sendo contemplados com os meios necessários para o cumprimento da atribuição que lhes foi conferida pela Constituição. A pesquisadora Priscila Farfan Barroso, em seu artigo "O sentimento de insegurança e a armadilha da segurança privada", enfatiza as pautas mais presentes entre os profissionais da segurança pública: a falta de investimento nas instituições, seja em relação aos policiais ou quanto aos meios para cumprir seu trabalho, além das condições precárias, o armamento defasado, a falta de recursos materiais e salários baixos.

Conforme rotineiramente noticiado, o sistema de segurança pública do país é muito deficiente, seja pela frequente falta de integração entre as aludidas instituições mencionadas no artigo 144 da Constituição, seja em decorrência dos problemas relacionados aos insuficientes recursos financeiros da pasta. Apenas para exemplificar uma das imperfeições do sistema, sabe-se que as polícias militares do Brasil, por diversas razões, inclusive de ordens cultural e financeira, não preservam satisfatoriamente o local de infração penal, ao passo que as polícias civis, também por vários motivos, não conseguem investir em rotinas e protocolos investigativos, o que faz com que o seu produto institucional (notadamente o inquérito policial) seja, de modo geral, pouco consistente, contribuindo, assim, para os baixos índices de esclarecimento de delitos com os quais convivemos no país. Jorge da Silva, em seu *Criminologia crítica: segurança e polícia*, explica que a polícia brasileira apura crimes como se fosse uma empresa de detetives particulares, tendo como "proprietários" os governantes e as autoridades. E aponta esse aspecto como um dos principais fatores da impunidade no Brasil: o criminoso conhece a dificuldade de a polícia descobrir provas cabais relativas ao delito cometido. Aliás, sob o aspecto financeiro, a carência abrange desde os equipamentos mais básicos — armas de fogo, munições, coletes balísticos, fardamentos, viaturas, materiais periciais etc. — ao efetivo existente nas instituições policiais. Para dar um exemplo, de acordo com o levantamento realizado pelo jornal *O Globo* junto às entidades de classe de onze estados da federação — os quais concentram 3.171 municípios —, há, neste universo, 1.684 entes municipais que estão sem delegados de polícia, o que, em última análise, compromete a essência do trabalho das polícias judiciárias, notadamente o registro e a investigação das infrações penais, explicando, de certa maneira, o baixo índice de resolução de delitos existente no Brasil.

Na matéria "Investigação comprometida", de dezembro de 2017, os jornalistas Chico Prado e Tiago Dantas mostraram como em algumas áreas rurais os moradores precisam andar mais de cem quilômetros para registrar um boletim de ocorrência ou simplesmente tirar o RG. A falta de policiais, além de influenciar na investigação dos crimes, que permanecem sem solução, faz com que alguns deles sejam responsáveis por diversos postos, precisando viajar vários quilômetros para acompanhar as ocorrências. A defesa dos governos estaduais é de que estas cidades são muito pequenas e por isso não têm um responsável pela Polícia Civil. Segundo a mesma reportagem, o estado que mais sofre com a falta de delegados é Minas Gerais: dos 853 municípios mineiros, 607 estão sem delegados.

Ainda de acordo com a mesma pesquisa, os estados de Goiás e do Ceará também sofrem com a ausência de delegados. Em Goiás, 162 dos 246 municípios não têm delegados. No Ceará, faltam profissionais em 86 dos 184 municípios do estado. O diretor da Associação dos Delegados de Polícia do Ceará afirma que o deficit influencia negativamente no atendimento porque não permite à população fazer o registro de ocorrência. Muitas vezes o delegado chega muito depois da ocorrência do crime, o que o impede de encontrar testemunhas para prestar depoimentos. Fatores que, sem sombra de dúvida, comprometem fortemente aquilo que se denomina de investigação imediata, fundamental para o sucesso da apuração da autoria e materialidade delitiva.

Um quadro semelhante é encontrado quanto às instalações prediais, viaturas e aos equipamentos necessários para o bom desempenho dos trabalhos da Polícia Civil do Estado do Rio de Janeiro (PCERJ). O cenário narrado na reportagem *"À beira do colapso"*, de autoria de Elenice Bottari, Fábio Teixeira e Carolina Heringer é mesmo digno de registro, principalmente em se tratando do estado que tem como capital a Cidade Maravilhosa, segunda mais importante do país, porta de entrada do turismo no Brasil. A reportagem, datada de fevereiro de 2018, destacava o desmonte da Polícia Civil, começando pela dificuldade de recursos: apesar da lei orçamentária ter previsto uma verba de R$ 23,3 milhões para a manutenção de atividades operacionais e administrativas em 2017, a corporação foi autorizada a gastar somente R$ 12 milhões, pagando apenas metade dos serviços. A falta de orçamento aumenta a dificuldade da Polícia Civil de cumprir os 16 mil mandados de prisão despachados por ano pelo Sistema Judiciário. De acordo com o Sistema Integrado de Gestão Orçamentária, Financeira e Contábil do Rio de Janeiro (Siafe-Rio), a Polícia Civil contava apenas com R$ 45.114 para a gestão da frota, valor insuficiente para a compra de um carro popular e, mesmo assim, não chegou a receber o montante.

Além de recursos, faltam agentes. A Polícia Civil, depois da lei de reestruturação, deveria ter 23.126 funcionários, mas está apenas com 57,3% desse efetivo, ou seja, 9.654. Sendo que um terço dos integrantes da corporação já tem tempo de serviço para se aposentar e recebe abono permanência.

Segundo a mesma reportagem, os trabalhos da Polícia Técnico-Científica também sofrem com o orçamento apertado. Em 2017, dos R$ 2,4 milhões pedidos, foi disponibilizado apenas R$ 1,2 milhão, exatamente a metade, mas pagos somente R$ 929 mil. Entre as funções dos peritos está a elaboração de laudos de mortes violentas, que chegaram em 2016 a 6.731 no estado. Há carência de materiais básicos para a perícia, tais como luzes forenses, reagentes e hastes plásticas usadas para indicar o trajeto dos projéteis. A reportagem conclui que o sucateamento da Polícia Civil é um fator fundamental para o aumento da violência no estado do Rio de Janeiro e o investimento em investigação e inteligência traria mais resultados para a segurança real da população.

A situação financeira não é melhor na Polícia Militar do Estado do Rio de Janeiro. Conforme anota o coronel PM Luis Cláudio Laviano, então comandante geral da PMERJ, "a falência do Estado se reflete na corporação".² Segundo dados relativos ao mês de fevereiro de 2018, levantados por Marcos Nunes, Rafael Soares e Vera Araújo na matéria "Tropa será convocada", do jornal *O Globo*, das 6.685 viaturas da corporação, 1.838 estavam fora das ruas aguardando manutenção. Invariavelmente, com menos viaturas nas ruas, o patrulhamento motorizado fica comprometido, prejudicando, por conseguinte, o emprego dinâmico do policiamento ordinário.

Apesar de ser evidente que o enfrentamento do problema da criminalidade e da violência no Brasil requer muito mais do que uma simples dotação orçamentária capaz de financiar a segurança pública, é preciso que o Estado brasileiro compreenda a importância de dotar as forças de segurança pública dos recursos necessários para o adequado cumprimento de suas atribuições constitucionais e legais. Sem estes recursos, os problemas enfrentados pelas corporações policiais não serão solucionados, retroalimentando o emprego corriqueiro das Forças Armadas em termos de garantia da lei e da ordem.

Com efeito, um orçamento condizente com a relevância do setor é fundamental para melhorar o serviço público prestado pelas polícias do Brasil, capacitando-as efetivamente para a preservação da ordem do Estado democrático. Precisamos evoluir quanto a tal quesito, inclusive refletir sobre a possibilidade de conferir autonomia financeira às polícias (Federal, Civil, Militar etc.), exatamente como acontece com outras instituições que compõem o sistema de justiça criminal, tais como o Ministério Público e o Poder Judiciário, ambos igualmente comprometidos com a ordem do Estado democrático.

5

A POLÍCIA QUE MORRE E A POLÍCIA QUE MATA

Os problemas que afetam o sistema de segurança pública não atingem apenas a população. Digna de menção também é a falta de segurança inerente aos próprios policiais. Há relatos de que algumas delegacias de polícia do país permanecem fechadas durante o período noturno por falta de segurança para o próprio funcionamento. Basicamente em virtude da carência de efetivo policial, armamento ou equipamento para um possível confronto com os mais diversos grupos criminosos.

Consoante dados obtidos pela *GloboNews* na matéria "Número de policiais civis no RJ é quase 60% menor que o ideal", de setembro de 2017, a Polícia Civil do Estado do Rio de Janeiro tinha menos da metade do efetivo necessário para o cumprimento de suas atribuições constitucionais e legais, além de estar provida de armamento muitas vezes inferior ao poder bélico dos grupos criminosos. De acordo com a matéria, o número ideal de agentes seria de 23.126 policiais, mas o deficit é de quase 60%, havendo, naquela ocasião, apenas 9.702 policiais civis em todo o estado. A grande defasagem prejudica o trabalho de investigação e é maior ainda para o cargo de inspetor. O presidente do Sindicato dos Policiais Civis do Rio de Janeiro, Márcio Garcia, alerta que os policiais trabalham triplicado, não conseguindo dar conta das inúmeras atribuições. A maioria das investigações é afetada negativamente pelo número reduzido de delegados, muitos dos quais respondem por mais de uma delegacia. A carência de efetivo também atinge o cargo de papiloscopista, perito especializado na análise de impressões digitais para solucionar crimes.

Muito embora esse fenômeno não seja uma exclusividade da Polícia Civil do Estado do Rio de Janeiro, uma vez que ele certamente se repete em muitos estados da federação, deve ser motivo de grande preocupação a carência de efetivo e de segurança para o trabalho dos próprios policiais. Principalmente os da polícia judiciária, instituição que tem como escopo de atuação a investigação e a elucidação das infrações penais, problema que, de certa forma, também explica os baixos índices de elucidação de delitos (em particular os relativos ao crime de homicídio) existentes no Brasil.

Diante do incremento da violência, não é por acaso que se verifica, no cotidiano, que alguns agentes policiais passam a se preocupar, primordialmente, em sobreviver às investidas do crime organizado, e não propriamente em combatê-lo. Mesmo porque se sentem, em sua maioria, impotentes, abandonados e completamente desamparados para tanto. Um dos policiais da UPP da Rocinha, em relato ao jornal *O Globo*, disse: "É um verdadeiro exército [...]. O poderio bélico dos criminosos chama atenção e assusta [...]. Eles estão muito bem equipados, têm armas pesadas. Aqui nossa primeira missão é ficar vivo".[1]

A situação é tão complicada que, no Rio de Janeiro, em particular, somente em 2017, 134 policiais foram mortos em combate ou simplesmente executados, em virtude de ostentarem tal condição, pela criminalidade. Estes dados indicam uma média de um policial morto a cada dois dias, em comparação, por exemplo, com os mínimos índices existentes na Columbia Britânica (uma das dez províncias do Canadá), que contabilizou, no início de novembro de 2017, seu 180º policial morto desde 1859, média de pouco mais de um policial morto por ano. Trata-se, como se vê, de uma polícia que sofre, sangra e morre. Como exigir, então, que o policial brasileiro se dedique à proteção do cidadão, quando sua própria vida corre sério risco, muitas vezes em decorrência da falta de um equipamento básico para o exercício de sua atividade profissional (o colete balístico, por exemplo)?

Por outro lado, diante desse contexto perversamente funesto, no qual a lógica da vida parece ter cedido lugar à lógica da morte, observa-se, infelizmente, que alguns agentes policiais, descomprometidos com a sublime missão de proteger a vida que lhes foi confiada pelo Estado, agem ilegitimamente contra o mais sagrado de todos os bens jurídicos. Eles alimentam uma espécie de "toma lá, dá cá" do mal, cujas consequências, de modo geral, recaem sobre as classes mais carentes da sociedade. Este procedimento não deve ser admitido em hipótese alguma, razão pela qual merece veemente repúdio por parte da sociedade brasileira — tão acostumada que está com a barbárie — e daqueles que integram o sistema de justiça criminal.

Sobre este tema, Fábio Teixeira e Igor Mello, no texto "A tropa dos confrontos", publicado em novembro de 2017 no jornal O Globo, mencionam uma investigação conduzida pelo Ministério Público do Estado do Rio de Janeiro a respeito dos denominados *autos de resistência* ou, como se diz tecnicamente, "homicídios decorrentes de oposição à intervenção policial". A reportagem revela que um restrito grupo de vinte policiais militares praticamente concentrou os 356 autos de resistência, o equivalente a 10% das mortes causadas por toda tropa num período de 2010 a 2015. Ainda segundo a mesma reportagem, os homens que compõem a "tropa de elite dos confrontos" correspondem a 0,04%, uma porcentagem mínima dos 45 mil policiais militares na ativa.

Evidentemente, da mesma forma que as mortes de nossos valorosos policiais configuram episódios intoleráveis, não podem ser admitidas, em um Estado que se autoproclama de *direito* (e cuja Lei Fundamental consagra primordialmente o direito à vida), as chamadas "execuções sumárias", independentemente de a vítima ser um criminoso ou um cidadão de bem. Aceitar tal quadro, obviamente, seria dar guarida à barbárie humana.

Nesse sentido, forçoso reconhecer que qualquer letalidade ilegítima, seja de policial ou de criminoso, precisa ser indistintamente repudiada, pondo-se fim à aludida lógica da morte e fazendo imperar a lógica da vida. Segundo Marlon Alberto Weichert, o uso da violência policial abusiva serve mais para vingar, amedrontar e retaliar do que propriamente resolver e prevenir os crimes, não constituindo, portanto, uma característica da polícia democrática.

Demonstrando preocupação com o respeito à vida humana, o então comandante geral da PMERJ, coronel PM Luis Cláudio Laviano, lembra que o policial deve ter condições de usar a arma e que a ideia é não colocar nenhum inocente em risco, mesmo que para isso tenha que deixar o criminoso fugir. Convém acrescentar um pequeno detalhe ao raciocínio exposto pelo comandante Laviano: a prioridade deve ser sempre a preservação da vida humana, pertença ela ao policial ou ao bandido.

Não se deve confundir, entretanto, a morte resultante de uma ação policial legítima, perfeitamente admitida pelo ordenamento jurídico do Estado, com as referidas execuções sumárias, as quais se revelam reprováveis em qualquer hipótese.

Dentre tantas providências a serem adotadas, o enfrentamento do problema da segurança pública requer também que a questão dos direitos humanos seja adequadamente balizada, com imprescindível equilíbrio e serenidade. É importante que essa temática não sirva, ainda que involuntariamente, como um "escudo social" destinado a proteger desarrazoadamente o delinquente — incentivando-o, por conseguinte, à prática de ações ilícitas —, em desfavor do cidadão de bem e da própria autoridade estatal. O articulista Denis Lerrer Rosenfield critica a posição do politicamente correto que, segundo ele, é um romântico que acredita na concepção de Rousseau, segundo a qual o homem seria bom em sua essência, mas teria sido pervertido pela sociedade, pela miséria ou pelo capitalismo. Para Denis Lerrer, há pessoas que não têm inclinação para o bem e que deveriam continuar no cárcere em vez de serem beneficiados por uma redução de pena.

> Policiais são assassinados, enquanto basta a morte de um criminoso para que se iniciem investigações patrocinadas por ditas comissões de direitos humanos.
> O direito do cidadão, do homem de bem, é usurpado, enquanto os criminosos encontram defensores. Note-se que quando um bandido é morto em um confronto, é frequentemente noticiado que um "morador da favela" teria tido esse destino, como se, desta maneira, houvesse a descaracterização do que está em questão. Quem defende o cidadão, já que nem ele teria o direito de defender-se?[2]

Ademais, não há como não mencionar, como um dos tantos ingredientes que alimentam o grave problema da segurança pública, servindo de combustível para a aludida lógica da morte, as situações de inadmissíveis e inescrupulosos "pactos" entre agentes do Estado e criminosos. Pactos nos quais se observa um conturbado ambiente em que não é mais possível distinguir claramente entre "mocinhos" e "bandidos", "bem" e "mal".

Na reportagem "Caso de polícia – corrupção é desafio para instituição", de fevereiro de 2018, as repórteres Elenilce Bottari e Juliana Castro, do jornal O Globo, apuraram que, em cada dez denunciados por crime organizado no estado do Rio de Janeiro, dois são ou foram policiais. Na época, 826 policiais militares e ex-policiais do estado respondiam a denúncias de crime de associação criminosa, corrupção, lavagem de dinheiro e diversos outros delitos investigados pelo Grupo de Atuação Especial de Combate ao Crime Organizado (Gaeco), criado em 2010.

Segundo dados apresentados pelo Gaeco do Ministério Público do Estado do Rio de Janeiro, de um total de 5.219 denúncias oferecidas à Justiça, 20%, ou seja, 1.030 casos, eram contra funcionários estaduais que estão ou já passaram pela área da segurança pública, transformando-os na categoria profissional mais investigada.

Essa promiscuidade hedionda merece receber repúdio por parte do Estado e da sociedade, não apenas por violar as mais elementares regras morais e éticas — posto que não se admite que o policial, pago pelo Estado para combater o crime, celebre "acordos e parcerias" espúrias com criminosos —, mas também por contribuir para a prevalência da mencionada "lógica da morte".

6

O Judiciário na mira do crime organizado e de grupos antidemocráticos

Pode-se afirmar que o quadro de violência no Brasil é caracterizado por não distinguir a classe social de suas vítimas — o que forçosamente lhe imprime uma qualificação curiosamente "democrática". Este fenômeno não atinge, como em regra ocorria no passado, apenas as camadas menos favorecidas da sociedade, tal como sempre ocorreu e vem repetidamente acontecendo com os moradores das inúmeras comunidades nas quais o Estado oficial não se faz presente e, por conseguinte, impera o Estado paralelo.

Na Rocinha, comunidade internacionalmente conhecida e localizada na Zona Sul do Rio de Janeiro, é fato amplamente noticiado que a população local, sem alternativa, foi compelida a optar por deixar todos os seus bens (móveis e imóveis) para fugir — exatamente como acontece na Síria, país tecnicamente em guerra civil — dos permanentes combates, realizando um autêntico êxodo. Em 2017, a matéria "O êxodo na Rocinha" já evidenciava o medo dos moradores e aumento dos imóveis vazios com anúncios para vender e alugar. O repórter Rafael Galdo usa a frase "a vida é: dura, rápida e incerta", escrita no verso da propaganda de uma loja da comunidade, para mostrar a insegurança dos comerciantes e moradores frente às eternas disputas dos bandos criminosos rivais e dos relatos de abusos dos policiais presentes na comunidade. O clima em outubro de 2017 era de guerra na Rocinha.

ROCINHA: A NOSSA "ROSSÍRIA"

Uma das vertentes conceituais forjadas para o termo *guerra* traduz o estado de beligerância que envolve dois ou mais Estados soberanos. Não obstante esse aspecto conceitual, típico do Direito Internacional Público e da polemologia (a ciência da guerra), é fato que, sob o prisma da presente realidade, o Rio de Janeiro encontra-se mergulhado em uma verdadeira *guerra*, cujo cenário pouco difere do que efetivamente ocorre em países que ostentam esta condição.

Nesse sentido, é de se reconhecer que algumas localidades da Cidade Maravilhosa, em especial aquelas em que o Estado não se faz presente através da prestação dos mais elementares serviços públicos — saneamento, coleta de lixo, abertura e pavimentação de vias, iluminação etc. —, mais se assemelham a um teatro de operações. Nestes lugares, o ingresso das forças estatais (armadas e policiais) demanda uma prévia mobilização de tropas e um detalhado planejamento estratégico e logístico, de modo a evitar, ou pelo menos minimizar, os conhecidos efeitos colaterais de ações dessa magnitude. Como se sabe, por inúmeros fatores relacionados à polemologia, é quase impossível ingressar em determinadas comunidades, como na Rocinha, por exemplo, sem que se proceda previamente a um amplo estudo de situação.

Além disso, na região em destaque, há vários ingredientes que novamente nos aproximam dos conceitos, princípios e das teorias inerentes à ciência da guerra, ratificando, assim, a análise comparativa.

Um aspecto a ser considerado guarda relação com aquilo que denominamos de *assimetria reversa*, isto é, os problemas que uma operação em lugares como a Rocinha naturalmente impõem quanto ao emprego da força armada e/ou policial. O aparato é imprescindível para combater uma criminalidade — notadamente a dedicada à narcotraficância —, que insiste em subjugar não somente as milhares de pessoas que lá residem, mas também impor uma série de restrições à cidade como um todo. Nesse contexto, as forças do Estado, plenamente cientes da missão constitucional que lhes incumbe cumprir para devolver a paz aos moradores da Rocinha, deparam-se com as limitações frequentemente observadas em situações de beligerância convencional.

No caso da Rocinha, embora obviamente não seja possível cogitar um conflito envolvendo dois Estados, torna-se forçoso admitir que nela o ente estatal, representado quase que exclusivamente pelas Forças Armadas e instituições policiais, e o Estado paralelo travam uma longa "batalha". Os resultados negativos são visíveis, sobretudo para a população local e para os valorosos militares e policiais que por lá deixam o seu sangue.

Entretanto, o crime organizado, não satisfeito em atormentar o cidadão, tornando-o refém de suas investidas, exatamente como acontece com os moradores da Rocinha e de tantas outras comunidades, decidiu intimidar o próprio Supremo Tribunal Federal, órgão de cúpula do Poder Judiciário brasileiro. Isso demonstra que não devemos mais falar em vítimas específicas do crime: cidadão comum, agentes públicos, autoridades, ricos, pobres etc., todos somos vítimas em potencial da criminalidade. Não por acaso, o então ministro da Segurança Pública, Raul Jungmann, enfatizava no artigo "Presídios, berço do crime organizado", publicado em abril de 2018 no jornal O Globo, que, diante do quadro que se descortinava, "ou há segurança para todos ou não vai ter segurança para ninguém, do bilionário ao desempregado".

Marlon Alberto Weichert reitera que a situação desordenada da segurança pública no Brasil não está de acordo com os interesses de nenhum grupo social: das classes mais pobres às mais altas. Mas são os moradores das periferias e das comunidades que aguentam as mortes mais violentas.

De acordo com o que foi amplamente noticiado pela mídia, o ministro Edson Fachin, relator da operação Lava Jato no âmbito da Corte Magna, revelou, no final do mês de março de 2018, que ele e sua família foram vítimas de ameaças. Elas foram feitas tendo em vista sua atuação judicante no contexto da referida investigação: apuração que descortinou e trouxe à tona o envolvimento de políticos, servidores públicos, empresários, "doleiros", "marqueteiros" e outros personagens com os mais diversos crimes de gravíssima repercussão social, sobretudo delitos contra a administração pública.

Essa ação criminosa contra Edson Fachin, além de demonstrar a ousadia da criminalidade organizada, sinaliza não apenas uma evidente ameaça a um magistrado e a seus familiares, mas também uma afronta ao próprio Estado democrático de direito, que tem no Poder Judiciário livre e independente um de seus mais importantes pilares. Este episódio reforça a necessidade de o Estado corrigir com a devida urgência, por meio de suas instituições — notadamente o Poder Judiciário, o Ministério Público e a Polícia e, excepcionalmente, as próprias Forças Armadas—, os rumos da situação caótica na qual está imersa a segurança pública no Brasil.

Não é por outra razão que desembargadores com atuação no Rio de Janeiro estão recebendo treinamento operacional — muito semelhante ao que é ministrado aos policiais — oferecido pelo Batalhão de Operações Policiais Especiais (Bope), com apoio do Exército brasileiro.

Malgrado tratar-se de uma estratégia absolutamente necessária diante da realidade dos fatos, tal quadro afigura-se lamentável, uma vez que desponta a extensão do problema e quão árdua será a missão de restaurar a ordem pública no país, cujas mazelas, apesar de atingirem a todos, têm como alvo preferido as classes economicamente inferiores da população, recaindo, em especial, sobre jovens pobres e negros.

Como se não bastasse estar na mira do crime organizado, o Poder Judiciário passou a ser alvo de investidas criminosas advindas de grupos radicais e antidemocráticos. Foi exatamente o que aconteceu em abril de 2018, com a ministra Cármen Lúcia, então presidente do Supremo Tribunal Federal, que teve o seu prédio residencial depredado pela ação marginal de alguns descontentes com o teor de determinada sentença.

Segundo o repórter Mateus Coutinho, do jornal O *Globo*, o ataque dos manifestantes que jogaram tinta vermelha e escreveram na fachada do edifício da ministra Cármen Lúcia aconteceu no mesmo dia em que o ex--juiz Sérgio Moro determinou que o ex-presidente Luiz Inácio Lula da Silva se entregasse à Polícia Federal. O *habeas corpus* preventivo impetrado pela defesa de Lula foi negado depois de uma votação que havia resultado em empate, e que teve como o último voto decisivo, e desfavorável, o da ministra Cármen Lúcia.

Obviamente que o Judiciário não se intimidou com o episódio, que oportunamente traz à tona uma reflexão: a sociedade brasileira precisa decidir, em definitivo, que tipo de Justiça Federal deseja conceber.

Se a vontade do povo brasileiro, expressa na Carta Constitucional de 1988, foi a de conferir ao Poder Judiciário Federal uma especial missão de garantia da estabilidade político-institucional, substituindo, assim, o papel antes desempenhado pelas Forças Armadas — que historicamente atuavam como uma espécie de poder moderador diante das diversas crises pelas quais passou a incipiente República —, torna-se fundamental que a mesma sociedade também providencie ao Judiciário os meios adequados para o perfeito cumprimento das funções que lhe foram confiadas na estrutura do Estado.

Isso significa, em primeiro lugar, prover uma segurança institucional mínima aos integrantes da magistratura, e respectivos familiares, preservando-lhes a indispensável e absoluta isenção, imparcialidade, impessoalidade e, sobretudo, independência judicante. Sem dar a eles estas condições básicas, não há como exigir dos juízes uma postura corajosa frente aos imensuráveis e complexos desafios que lhes são apresentados, cada vez mais, com maior intensidade.

A construção de uma Justiça verdadeiramente imparcial, e que, acima de tudo, possa efetivamente alcançar e punir, em seus desvios de conduta, os criminosos de um modo geral, mas notadamente os "poderosos", tem naturalmente um preço.

Precisamos saber se o povo brasileiro — que é o titular do Poder Constituinte e, em última análise, aquele que, por meio do recolhimento de tributos, financia não somente os salários dos juízes, mas toda a estrutura do Poder Judiciário — está realmente disposto a pagar o custo de uma jurisdição isenta e independente. Cabe a este povo autorizar, por meio de uma legislação mais condizente com os desafios atuais, a adoção de medidas corajosas que impeçam qualquer espécie de intimidação, direta ou indireta, dirigida aos magistrados.

Nessa linha de raciocínio, é essencial que se proíba, por exemplo, que os meios de comunicação divulguem dados, informações e imagens de juízes em sua vida cotidiana, vedando-se, ainda, que se invada a privacidade e a intimidade deles, evitando a divulgação dos endereços de suas residências e de seus familiares. Bem como os locais onde estudam seus filhos e netos, tornando-os vulneráveis e presas fáceis dos integrantes do denominado Estado paralelo, que vem tentando se implantar com mais intensidade no Brasil. Afinal, não se consegue julgar com total tranquilidade quando se está preocupado com a própria segurança e a de seus parentes.

Assim, é inadmissível que, por exemplo, o presidente do Supremo Tribunal Federal tenha o seu endereço privado divulgado. Esse fato deu margem às odiosas pichação e destruição do prédio residencial da ministra Cármen Lúcia, episódio que certamente buscou intimidá-la no que se refere à sua atuação como magistrada.

A imprensa responsável e democrática de nosso país precisa finalmente aceitar e compreender a parcela de responsabilidade que lhe compete no que concerne à manutenção e ao bom funcionamento das instituições, preservando a intimidade dos membros do Judiciário e de outras autoridades que lidam diretamente com a bandidagem comum, com os integrantes do crime organizado e, por que não dizer, com os radicais de ideologia de direita e/ou de esquerda.

Fundamental, portanto, que a imprensa compreenda que o princípio da intimidade precisa ser respeitado não em nome do interesse pessoal das autoridades públicas, mas em defesa das próprias instituições e do Estado que elas representam.

7

Insegurança jurídica e insegurança pública

Não obstante todas as críticas que podem ser dirigidas à legislação brasileira, principalmente em matéria criminal, é importante observar a perigosa e desmedida insegurança jurídica que se constrói em nosso país todos os dias. Apesar da inconteste realidade segundo a qual os juízes não interpretam a literalidade da lei — posto que extraem o correto sentido dos dispositivos normativos —, é fato lamentável que uma expressiva parcela da magistratura ainda continue a acreditar, equivocadamente, numa suposta, ampla e desmedida liberdade que autorizaria o juiz, independentemente das balizas constitucionais e legais, a empreender uma interpretação jurídica condizente com a sua respectiva convicção ideológica, em nome de uma suposta supremacia da justiça, de concepção subjetiva, sobre a legalidade, de concepção objetiva. Como explica o jornalista Carlos Alberto Sardenberg, no artigo "Juízes fora da lei": "Se a decisão não for com base na lei, será necessariamente subjetiva e baseada na ideologia do juiz".[1]

Essa atitude, quando levada ao extremo, constitui fonte não só de insegurança, mas, sobretudo, de inaceitável autoritarismo.

Vale assinalar que esse fenômeno tipicamente "verde e amarelo" é fruto, em grande parte, de um processo singular de "juvenilização" da magistratura brasileira. Fato que permitiu o acesso de pessoas naturalmente imaturas, tendo em vista a tenra idade, a uma função estatal de elevada importância, que consiste em julgar e prover a correspondente tutela jurisdicional.

Esta é uma das fontes de descrédito do Poder Judiciário, problema que se materializa, dentre outras modalidades, através do famoso "prende e solta", que tanto contribui para a insegurança pública com a qual nos acostumamos a conviver no Brasil.

Sobre o assunto, os repórteres Carolina Heringer, Natália Boere e Rafael Soares escreveram no jornal O Globo acerca do assassinato do coronel PM Luiz Gustavo Teixeira, então comandante do 3º Batalhão de Polícia Militar, fato ocorrido em 26 de outubro de 2017, no bairro do Méier, no Rio de Janeiro. O crime teria sido cometido por um criminoso que se encontraria em liberdade decorrente de uma decisão judicial.

Ademais, vale também ressaltar que a morte do referido oficial da PMERJ, e de tantas outras autoridades, aproxima o problema da segurança pública brasileira ao que foi experimentado pela Colômbia. Notadamente numa época quando se observou o assassinato sistemático de autoridades policiais, judiciais e militares colombianas, estabelecendo-se, na prática, uma autêntica organização paraestatal ao lado do Estado oficial.

Precisamos, portanto, restabelecer urgentemente a imprescindível disciplina judiciária, evitando um processo de desgaste e de desprestígio do Poder Judiciário.

É certo, por outro lado, que através da presente reflexão não se pretende criar, em nenhuma hipótese, qualquer espécie de submissão dos juízes aos demais Poderes, muito menos interferir no sagrado poder jurisdicional de afirmar interpretativamente o direito a ser aplicado. Ao contrário, o que se objetiva é o restabelecimento de uma ordem institucional que impeça que uma mesma causa — ainda que camuflada através de diversos processos — possa justificar diferentes decisões, todas supostamente legitimadas por uma pretensa independência individual julgadora, construída sem o consentimento das leis e do próprio Texto Constitucional.

A propósito, no Brasil, em contraste com o que acontece em outros países, observa-se uma legislação penal exageradamente protetiva, que muitas das vezes impede que os criminosos cumpram suas respectivas penas. Aliada a uma interpretação jurisprudencial extremamente liberal, acaba ensejando, através dessa explosiva combinação, um quadro de impunidade.

O protagonismo crescente do Poder Judiciário, nesse particular, pouco tem contribuído para a solução do problema. O sistema de recursos — modelo no qual um juiz determina a prisão de um criminoso, enquanto outro a revoga por meio de *habeas corpus*; e, em seguida, um terceiro decide pelo retorno do mesmo "ex-preso" à cadeia, ao passo que um quarto lhe concede nova liberdade, numa sucessão quase que infinita de procedimentos complexos e incompreensíveis aos olhos do cidadão comum — apenas vem alimentando um processo de desgaste institucional. Este fenômeno retira gradualmente a credibilidade do Poder Judiciário não somente diante da população, mas igualmente perante o próprio Poder Executivo, representado, nesse contexto, pelos organismos policiais, que com muito custo (e até mesmo sacrifício pessoal) conseguem "prender" o marginal de hoje, para novamente "prendê-lo" amanhã, numa espécie de "vaivém" altamente frustrante para os integrantes das forças de segurança pública.

8

O Sistema Único de Segurança Pública e os princípios da harmonia e cooperação institucionais

A Constituição Federal de 1988, no seu artigo 144, dispõe sobre a temática da segurança pública nacional, listando os diversos órgãos públicos que a compõem e atribuindo a eles as respectivas incumbências institucionais. Apesar de conceber uma estrutura sistêmica destinada a tão delicada área, é fato que o artigo não estabeleceu, no seu próprio corpo, regras destinadas a disciplinar a organização e o funcionamento das instituições responsáveis pela segurança pública, deixando essa missão para o legislador ordinário.

Em perfeita sintonia com esse dispositivo constitucional, o Congresso Nacional, passados quase trinta anos desde a promulgação da Constituição, finalmente editou a Lei nº 13.675, de 11 de julho de 2018, responsável por disciplinar a organização e o funcionamento dos órgãos encarregados da segurança pública, além de criar a Política Nacional de Segurança Pública e Defesa Social (PNSPDS) e instituir o Sistema Único de Segurança Pública (Susp).

Aspectos gerais da Política Nacional de Segurança Pública e Defesa Social

Não é novidade que um eficiente combate à criminalidade exige uma ação coordenada entre as forças federais e as polícias estaduais. Nesse sentido, a PNSPDS e o Susp foram estabelecidos "com a finalidade de preservação da ordem pública e da incolumidade das pessoas e do patrimônio, por meio de atuação conjunta, coordenada, sistêmica e integrada dos órgãos de segurança pública e defesa social da União, dos estados, do Distrito Federal e dos municípios, em articulação com a sociedade". Em reforço ao que já se encontra registrado na abertura do artigo 144 da Constituição de 1988, o artigo 2º da Lei nº 13.675/2018 assevera que a "segurança pública é dever do Estado e responsabilidade de todos", incluindo aí a União, os estados, o Distrito Federal e os municípios, no âmbito das competências e atribuições legais de cada um.

De modo coerente, o artigo 3º da mesma lei confere à União a competência para estabelecer a PNSPDS. A mencionada lei atribui aos estados, ao Distrito Federal e aos municípios a competência "para estabelecer suas respectivas políticas, observadas as diretrizes da política nacional, especialmente para análise e enfrentamento dos riscos à harmonia da convivência social, com destaque às situações de emergência e aos crimes interestaduais e transnacionais". Evidentemente, ao fazê-lo, as instituições acima devem atentar para as correspondentes realidades locais, sem desprezar o contexto nacional no qual se encontram inseridas.

Em seguida, segundo o artigo 4º da mesma lei, a PNSPDS contempla um amplo leque de princípios norteadores a saber:

- Respeito ao ordenamento jurídico e aos direitos e garantias individuais e coletivos.
- Proteção, valorização e reconhecimento dos profissionais de segurança pública.
- Proteção dos direitos humanos, respeito aos direitos fundamentais e promoção da cidadania e da dignidade da pessoa humana.
- Eficiência na prevenção e no controle das infrações penais.
- Eficiência na repressão e na apuração das infrações penais.
- Eficiência na prevenção e na redução de riscos em situações de emergência e desastres que afetam a vida, o patrimônio e o meio ambiente.
- Participação e controle social; resolução pacífica de conflitos; uso comedido e proporcional da força.

- Proteção da vida, do patrimônio e do meio ambiente.
- Publicidade das informações não sigilosas.
- Promoção da produção de conhecimento sobre segurança pública.
- Otimização dos recursos materiais, humanos e financeiros das instituições.
- Simplicidade, informalidade, economia procedimental e velocidade no serviço prestado à sociedade.
- Relação harmônica e colaborativa entre os Poderes.
- Transparência, responsabilização e prestação de contas.

Como diretrizes da PNSPDS, a Lei nº 13.675/2018 apontou as seguintes: atendimento imediato ao cidadão; planejamento estratégico e sistêmico; fortalecimento das ações de prevenção e resolução pacífica de conflitos, priorizando políticas de redução da letalidade violenta, com ênfase para os grupos vulneráveis; atuação integrada entre a União, os estados, o Distrito Federal e os municípios em ações de segurança pública e políticas transversais para a preservação da vida, do meio ambiente e da dignidade da pessoa humana; coordenação, cooperação e colaboração dos órgãos e instituições de segurança pública nas fases de planejamento, execução, monitoramento e avaliação de suas ações, respeitando-se as respectivas atribuições legais e promovendo-se a racionalização de meios com base nas melhores práticas; formação e capacitação continuada e qualificada dos profissionais de segurança pública, em consonância com a matriz curricular nacional; fortalecimento das instituições de segurança pública por meio de investimento, do desenvolvimento de projetos estruturantes e de inovação tecnológica; sistematização e compartilhamento em âmbito nacional das informações de segurança pública, prisionais e sobre drogas; atuação com base em pesquisas, estudos e diagnósticos em áreas de interesse da segurança pública; atendimento prioritário, qualificado e humanizado às pessoas em situação de vulnerabilidade; padronização de estruturas, de capacitação, de tecnologia e de equipamentos de interesse da segurança pública; ênfase nas ações de policiamento de proximidade, com foco na resolução de problemas; modernização do sistema e da legislação de acordo com a evolução social; participação social nas questões de segurança pública; integração entre os Poderes Legislativo,

Executivo e Judiciário no aprimoramento e na aplicação da legislação penal; colaboração do Poder Judiciário, do Ministério Público e da Defensoria Pública na elaboração de estratégias e metas para alcançar os objetivos desta política; fomento de políticas públicas voltadas à reinserção social dos egressos do sistema prisional; incentivo ao desenvolvimento de programas e projetos com foco na promoção da cultura de paz, na segurança comunitária e na integração das políticas de segurança com as políticas sociais existentes em outros órgãos e entidades não pertencentes ao sistema de segurança pública; distribuição do efetivo de acordo com critérios técnicos; princípios comuns do policial e do bombeiro militar, respeitados os regimes jurídicos e as peculiaridades de cada instituição; unidade de registro de ocorrência policial; uso de sistema integrado de informações e dados eletrônicos; incentivo à designação de servidores da carreira para os cargos de chefia, levando em consideração a graduação, a capacitação, o mérito e a experiência do servidor na atividade policial específica; celebração de termo de parceria e protocolos com agências de vigilância privada, respeitada a lei de licitações.

Os objetivos a serem alcançados por intermédio da PNSPDS estão no artigo 6º da mesma lei e são os seguintes: fomentar a integração em ações estratégicas e operacionais, em atividades de inteligência de segurança pública e em gerenciamento de crises e incidentes; apoiar as ações de manutenção da ordem pública e da integridade das pessoas, do patrimônio, do meio ambiente e de bens e direitos; incentivar medidas para a modernização de equipamentos, da investigação e da perícia e para a padronização de tecnologia dos órgãos e das instituições de segurança pública; estimular e apoiar a realização de ações de prevenção à violência e à criminalidade, com prioridade para aquelas relacionadas à mortalidade da população jovem negra, das mulheres e de outros grupos vulneráveis; promover a participação social nos conselhos de segurança pública; estimular a produção e a publicação de estudos e diagnósticos para a formulação e a avaliação de políticas públicas; promover a interoperabilidade dos sistemas de segurança pública; incentivar e ampliar as ações de prevenção, controle e fiscalização para a repressão aos crimes transfronteiriços; estimular o intercâmbio de informações de inteligência da segurança pública com instituições estrangeiras congêneres; integrar e compartilhar as informações de segurança pública, prisionais e sobre drogas; estimular a padronização da formação, da capacitação e da qualificação dos profissionais de segurança pública, respeitadas as especificidades e as diversidades regionais nos âmbitos federal, estadual, distrital e municipal; fomentar o aperfeiçoamento da aplicação e do cumprimento de medidas restritivas de direito e de penas alternativas à prisão; estimular o aprimoramento dos regimes de cumprimento de pena restritiva de liberdade em relação à gravidade dos crimes cometidos; racionalizar e humanizar o sistema penitenciário e outros ambientes de encarceramento; fomentar estudos, pesquisas e publicações sobre a política de enfrentamento às drogas e de redução de danos relacionados aos seus usuários e aos grupos sociais com os quais convivem; fomentar ações permanentes para o combate ao crime organizado e à corrupção; estabelecer mecanismos de monitoramento e de avaliação das ações implementadas; promover uma relação colaborativa entre os órgãos de segurança pública e os integrantes do sistema judiciário para a construção das estratégias e o desenvolvimento das ações necessárias ao alcance das metas estabelecidas; estimular a concessão de medidas protetivas em favor de pessoas em situação de vulnerabilidade; estimular a criação de mecanismos de proteção dos agentes públicos que compõem o sistema nacional de segurança pública e de seus familiares; estimular e incentivar a elaboração, a execução e o monitoramento de ações nas áreas de valorização profissional, de saúde, de qualidade de vida e de segurança dos servidores que compõem o sistema nacional de segurança pública; priorizar políticas de redução da mortalidade violenta; fortalecer os mecanismos de investigação de crimes hediondos e de homicídios; fortalecer as ações de fiscalização de armas de fogo e munições, com vistas à redução da violência armada; fortalecer as ações de prevenção e repressão aos crimes cibernéticos.

Os objetivos acima elencados, segundo o parágrafo único do artigo 6º da lei sob exame, são responsáveis pela formulação do Plano Nacional de Segurança Pública e Defesa Social, que estabelecerá as ações, as metas e as estratégias para chegar a tais objetivos. Este plano, a ser editado pela União, será destinado a articular as ações do Poder Público, com a finalidade de: promover a melhora da qualidade da gestão das políticas sobre segurança pública e defesa social; contribuir para a organização dos Conselhos de Segurança Pública e Defesa Social; assegurar a produção de conhecimento no tema, a definição de metas e a avaliação dos resultados das políticas de segurança pública e defesa social; priorizar ações preventivas e fiscalizatórias de segurança interna nas divisas, fronteiras, portos e aeroportos, de acordo com o artigo 22, incisos I a IV, da Lei nº 13.675/2018. Segundo o mesmo artigo 22, parágrafo 5º, cabe aos estados, aos municípios e ao Distrito Federal estabelecer os planos de segurança com base no plano nacional em até dois anos depois da publicação do documento nacional. A penalidade é a de não conseguirem receber recursos da União para aplicação em ações ou programas de defesa social e segurança pública.

Em relação às estratégias a serem empregadas, o artigo 7º da Lei nº 13.675/2018, atento ao caráter sistêmico da segurança pública, recomenda que a "PNSPDS será implementada por estratégias que garantam integração, coordenação e cooperação federativa, interoperabilidade, liderança situacional, modernização da gestão das instituições de segurança pública, valorização e proteção dos profissionais, complementaridade, dotação de recursos humanos, diagnóstico dos problemas a serem enfrentados, excelência técnica, avaliação continuada dos resultados e garantia da regularidade orçamentária para execução de planos e programas de segurança pública".

Nota-se, pois, que as estratégias da PNSPDS buscam, em última análise, uma maior integração e cooperação federativa na sensível área da segurança pública e da defesa social, o que invariavelmente precisa acontecer de forma muito bem articulada. O artigo 7º da mesma lei põe em evidência a necessidade de modernização das instituições de segurança pública, bem como a valorização e proteção dos profissionais que nelas atuam: servidores públicos aos quais o Estado pouca atenção tem dispensado, o que se comprova pelas péssimas condições de trabalho com as quais os órgãos policiais do país convivem de um modo geral.

Em complemento à norma anterior, o artigo 8º relaciona uma série de meios e instrumentos de implementação das mencionadas estratégias, os quais retratam e consolidam a indiscutível concepção sistêmica que deve permear a gestão da segurança pública no Brasil. São eles: a) os planos de segurança pública e defesa social; b) o Sistema Nacional de Informações e de Gestão de Segurança Pública e Defesa Social (que abrange o Sistema Nacional de Acompanhamento e Avaliação das Políticas de Segurança Pública e Defesa Social, Sinaped; o Sistema Nacional de Informações de Segurança Pública, Prisionais, de Rastreabilidade de Armas e Munições, e sobre Material Genético, de Digitais e de Drogas, Sinesp; o Sistema Integrado de Educação e Valorização Profissional, Sievap; a Rede Nacional de Altos Estudos em Segurança Pública, Renasp; e o Programa Nacional de Qualidade de Vida para Profissionais de Segurança Pública, Pró-Vida); c) o Plano Nacional de Enfrentamento de Homicídios de Jovens; e d) os mecanismos formados por órgãos de prevenção e controle de atos ilícitos contra a administração pública e referentes à ocultação ou dissimulação de bens, direitos e valores.

Espera-se que os diversos sistemas acima concebidos possam efetivamente consolidar e integrar dados e conhecimentos destinados ao aprimoramento da área de segurança pública e defesa social, fazendo jus, assim, à designação que lhes foi atribuída. Apesar de ser algo evidente, não é incoerente recordar que esse sistema precisa realmente integrar as diversas instituições nacionais que se dedicam às temáticas em questão, acabando de uma vez por todas com o monopólio de informações, dados e conhecimentos sobre o assunto.

O Sistema Único de Segurança Pública e os princípios da harmonia e cooperação institucionais

A lei sobre a qual estamos tratando, no seu artigo 9º, discorre sobre a estrutura do Sistema Único de Segurança Pública (Susp), composta pelos órgãos de que trata o artigo 144 da Constituição Federal, pelas instituições prisionais, pelas guardas municipais e pelos demais integrantes estratégicos e operacionais, que atuarão nos limites de suas competências, sempre de forma cooperativa, sistêmica e harmônica.

Além disso, em relação aos componentes do Susp, a lei comentada estabelece uma distinção entre integrantes estratégicos e integrantes operacionais. Os primeiros são a União, os estados, o Distrito Federal e os municípios, por intermédio dos respectivos Poderes Executivos, bem como os Conselhos de Segurança Pública e Defesa Social dos três entes federados. Por sua vez, os de natureza operacional abrangem: a Polícia Federal; a Polícia

Rodoviária Federal; as polícias civis; as polícias militares; os corpos de bombeiros militares; as guardas municipais; os órgãos do sistema penitenciário; os Institutos Oficiais de Criminalística, Medicina Legal e Identificação; a Secretaria Nacional de Segurança Pública (Senasp); as Secretarias Estaduais de Segurança Pública ou congêneres; a Secretaria Nacional de Proteção e Defesa Civil (Sedec); a Secretaria Nacional de Política Sobre Drogas (Senad); os órgãos de trânsito; e a guarda portuária.

Tendo em vista o viés sistêmico inerente à área de segurança pública e defesa social, e em homenagem ao pacto federativo, o artigo 9º, parágrafo 4º, da mesma lei explica que cada um dos sistemas, o estadual, o distrital e o municipal, vai se responsabilizar por implantar os projetos, ações e programas de segurança pública com liberdade de organização e funcionamento. Observa-se, ainda, a importância de se respeitar, mutuamente, as atribuições constitucionais e legais relativas a cada um dos órgãos integrantes do Susp. Tanto isso é verdade que o artigo 10 da referida lei afirma textualmente que a integração e a coordenação dos órgãos integrantes do Susp serão feitas nos limites das respectivas competências, por meio de: operações com planejamento e execução integrados; estratégias comuns para atuação na prevenção e no controle qualificado de infrações penais; aceitação mútua de registro de ocorrência policial; compartilhamento de informações, inclusive com o Sistema Brasileiro de Inteligência (Sisbin); intercâmbio de conhecimentos técnicos e científicos; integração das informações e dos dados de segurança pública por meio do Sinesp.

Levando em conta essa ampla normatividade, segundo a qual toda e qualquer instituição possui um conjunto de atribuições que deve ser respeitado pelas demais, o parágrafo 2º do artigo 9º da lei em questão prevê que "as operações combinadas, planejadas e desencadeadas em equipe poderão ser ostensivas, investigativas, de inteligência ou mistas, e contar com a participação de órgãos integrantes do Susp e, nos limites de suas competências, com o Sisbin e outros órgãos dos sistemas federal, estadual, distrital ou municipal, não necessariamente vinculados diretamente aos órgãos de segurança pública e defesa social, especialmente quando se tratar de enfrentamento a organizações criminosas". De fato, o combate a estas organizações necessita da mais absoluta conjugação de energias e esforços a fim de proporcionar segurança pública à sociedade brasileira.

No mesmo sentido, o parágrafo 3º do artigo 9º mostra que as operações mencionadas no parágrafo 2º serão planejadas e coordenadas em conjunto pelos participantes. Ao passo que o parágrafo 5º do mesmo artigo incentiva o "intercâmbio de conhecimentos técnicos e científicos para qualificação dos profissionais de segurança pública e defesa social", providência esta que se efetivará, entre outras formas, "pela reciprocidade na abertura de vagas nos cursos de especialização, aperfeiçoamento e estudos estratégicos, respeitadas as peculiaridades e o regime jurídico de cada instituição, e observada, sempre que possível, a matriz curricular nacional".

Diante dos nítidos propósitos que a Lei nº 13.675/2018 apresenta e pretende alcançar, é de esperar que ela consiga pôr um fim às absurdas, e nada republicanas, desavenças que frequentemente são observadas no cenário institucional da área da segurança pública. Principalmente aquelas decorrentes de intromissões empreendidas por determinado órgão nas incumbências de outro, em flagrante violação ao ordenamento jurídico vigente.

9

A QUEDA DE BRAÇO ENTRE O ESTADO FRACO E O INDIVÍDUO FORTE

Há, no meio jurídico, uma máxima segundo a qual as decisões judiciais devem ser cumpridas. Esta frase reflete a essência da autoridade estatal, exteriorizada, no caso, pelo Estado-juiz, cuja respeitabilidade institucional é um atributo fundamental garantido pela Constituição.

Assim, parece evidente que o artigo 5º, inciso XXXV, da Constituição de 1988, ao mesmo tempo que pretendeu garantir que nenhuma lesão ou ameaça a direito poderá ser excluída da apreciação do Poder Judiciário, igualmente objetivou dotar este poder dos meios necessários para o cumprimento de sua missão. O que obviamente inclui o indeclinável dever de respeito às decisões judiciais, ainda que o seu teor não esteja de acordo com os anseios de uma das partes.

O fenômeno que leva o próprio Poder Judiciário — responsável pela aplicação concreta das regras legais aos conflitos que lhe são submetidos à apreciação — a se deparar com atitudes que retratam uma oposição às suas ordens legais traduz uma grave ofensa a um dos poderes da República. Além disso, evidencia o descrédito e a profunda crise na qual se encontra o Estado brasileiro.

Não obstante reconhecer que muitas das causas que contribuíram para que se chegasse a essa crise de autoridade decorrem de problemas originados pelo próprio poder estatal, é necessário restaurar urgentemente o prestígio das decisões judiciais. Além de resgatar uma das principais funções inerentes ao Judiciário: a missão de pacificar a sociedade e conduzi-la aos desígnios plasmados na Lei Maior, promovendo a justiça e a paz social.

Essa providência restauradora demanda, em primeiro lugar, que o Estado, reconhecendo seus inúmeros problemas — inércia, comodismo, ineficiência, desorganização, burocracia, corrupção, perdulariedade, entre outros —, e cumprindo com o seu dever de casa, adote ações concretas destinadas a recuperar o prestígio estatal. Sem uma conscientização por parte dos agentes do Estado — no sentido de reconhecer os próprios erros e efetivamente deflagrar um processo a fim de corrigi-los —, provavelmente não se chegará a lugar algum. As chances são de se ingressar num círculo vicioso de ordem/desordem, cujas consequências serão severas para todos.

Simultaneamente, numa espécie de reinauguração do pacto social, cabe a todo e qualquer indivíduo, em benefício de si próprio e da coletividade, reconhecer que as decisões emanadas do Estado, quando elas são devidamente respaldadas no ordenamento jurídico vigente, não podem e nem devem ser desabonadas, restabelecendo-se, assim, o tão necessário respeito mútuo que deve reger a relação entre Estado e indivíduo.

Obviamente, são muitas as dificuldades a serem superadas. E seria muita pretensão esgotá-las neste capítulo. De qualquer forma, estamos convictos de que o principal obstáculo a ser enfrentado tem um caráter nitidamente ideológico, mas de matiz extremista, próprio dos denominados radicais de direita ou de esquerda. Lidar com radicais é sempre problemático, tendo em vista que, de um modo geral, a radicalização que lhes acomete o raciocínio praticamente inviabiliza qualquer possibilidade de compreensão dos fatos como eles efetivamente se apresentam na realidade. Radicais tendem a negar os próprios fatos, quando se sabe que "contra fatos não há argumentos". A ideologia, quando se radicaliza, produz uma espécie de "metástase reflexiva", sendo que uma das características frequentemente identificadas em pessoas consideradas ideologicamente radicais é a relutância em cumprir o Direito editado pelo Estado e, respectivamente, as decisões estatais nele amparadas.

Ora, ao Direito compete, primordialmente, organizar o Estado, e suas respectivas instituições, e estabelecer as principais regras de convivência social, sem as quais a sociedade simplesmente sucumbe. Portanto, observar o regramento estatal vigente significa, em última análise, garantir a própria coexistência pacífica do corpo social. Ao Estado, por meio de seu poder soberano, cabe cumprir o Direito, independentemente da condição daquele a quem a norma é dirigida. Ou seja, a lei serve para todos, devendo qualquer cidadão a ela se submeter, respeitando os ditames normativos.

Com efeito, as ordens judiciais, como uma das expressões da soberania do Estado, não devem ser objeto de questionamento fora do campo processual, ambiente democrático e constitucionalmente idealizado para tanto. Qualquer que seja a insatisfação quanto ao teor de uma decisão judicial, a discussão deve permanecer restrita aos autos do processo. Essa deve ser a lógica em um Estado democrático de direito, raciocínio cuja evidência não se apresenta de modo tão claro para os referidos radicais, sejam eles de direita ou de esquerda.

Se por um lado o indivíduo não deve negar validade ao Direito vigente, nem se contrapor às ordens legais emanadas das autoridades competentes — sentindo-se, por assim dizer, acima da lei e da ordem jurídica —, por outro lado não é admissível que o Estado se "acovarde" ou se revele "fraco" quanto à sua inflexível obrigação de fazer prevalecer as normas jurídicas, por mais "fortes" que sejam determinadas pessoas, principalmente as dotadas de certo poder (econômico, político etc.).

Lamentavelmente, quando um Estado "fraco" se curva perante determinadas pessoas "fortes", como se travasse uma espécie de "queda de braço", forma-se um precedente para que outras pessoas também decidam não cumprir as leis editadas pelo ente estatal. Este fenômeno, longe de conduzir à paz social, alimenta ainda mais a desordem que tão bem traduz a realidade brasileira.

10

A DITADURA DO CRIME E A GRATUIDADE DA VIOLÊNCIA

O TÍTULO DESTE CAPÍTULO É PROPOSITALMENTE provocativo, de modo a despertar uma reflexão a respeito da denominada "ditadura do crime", da qual milhares de mortes violentas são a prova contundente de que "alguma coisa está fora da ordem, fora da nova ordem mundial", nos precisos versos de Caetano Veloso na música "Fora da Ordem", do álbum *Circuladô*.

De fato, no Brasil, mata-se por qualquer motivo. Ceifa-se a vida humana, por exemplo, por um simples par de tênis, de qualquer modelo ou marca, independentemente de seu custo. Nesta e em tantas outras demandas, o Estado brasileiro — bastante presente onde atrapalha, e muito ausente onde poderia ajudar — continua solene e eternamente "deitado em berço esplêndido", para não dizer "adormecido". Diante do cenário de tragédia e de violência com o qual infelizmente nos acostumamos a conviver — "paisagem social" que de bela não tem absolutamente nada —, o refrão "ó pátria amada, idolatrada, salve! salve!" bem que poderia refletir não a energia positiva que Joaquim Osório Duque Estrada certamente idealizou e retratou na letra do nosso hino, mas, ao contrário, o clamor angustiado de um cidadão impotente: "pátria amada, por favor, salve-nos, salve-nos!".

Obviamente que a presente ilustração e o respectivo tom irônico que lhe é inerente objetivam demonstrar quão vulneráveis nos tornamos, a ponto de o bem mais precioso de um ser humano dar lugar ao desejo por bens materiais caprichosamente ostentado por alguns. Trata-se, como se vê, daquilo que Viviane Mosé, filósofa, psicóloga e psicanalista, denomina de violência gratuita, fenômeno próprio do nosso tempo, "em que os limites estão perdendo o sentido".

> Sou defensora das novas mídias. Mas entendo que precisamos nos reorganizar e nos transformar para viver nesses novos tempos. Temos que reaprender a ser seres humanos e a conviver em grandes grupos.
> Estamos em transição, entre um mundo que nasce e o outro que desaba. Por isso, temos que reaprender a ser, a conviver, a fazer acordos, a nos frustrar, temos que reaprender a respeitar, a considerar o outro, temos que reaprender a nos divertir. E isso é papel da educação, que não pode mais ser reduzida apenas à escola. Educar deve ser papel de toda a sociedade. Investir no ser humano é hoje uma urgência.[1]

De fato, é necessário reconhecer que todos nós, indistintamente, podemos nos tornar vítimas da "ditadura do crime". Não obstante esse aspecto tragicamente "democrático", é inconteste que a violência no Brasil ostenta um viés seletivo. Conforme reporta o sociólogo Júlio Jacobo Waiselfisz, responsável pela pesquisa do *Mapa da violência 2012*, em 2010 morreram proporcionalmente 2,5 jovens negros para cada jovem branco.

Ademais, segundo dados relativos ao ano de 2015, e publicados em 2017 pela Organização Mundial da Saúde (OMS), o Brasil tem a nona maior taxa (oficial) de homicídio das Américas, com um índice de 30,5 mortes para cada 100 mil habitantes, só perdendo em violência para países como Colômbia, Venezuela e El Salvador. A proporção no país de número de mortes para a população é pior do que em países como Haiti (28,1) e México (19). Entre os países com menores taxas de homicídios nas Américas estão Canadá, com um índice de 1,8 para cada 100 mil habitantes, Chile (4,6), Argentina (4,7), Cuba (4,9), Estados Unidos (5,3) e Uruguai (7,6).

No Brasil, para que determinada pessoa passe a figurar na "lista dos condenados à execução sumária", ingressando em uma espécie de "corredor da morte", basta qualquer motivo, em especial quando a vítima em potencial se apresenta como um obstáculo ao cumprimento de algum interesse dos "ditadores" do crime.

Raul Jungmann, no artigo "Vigilância continental: América do Sul é uma das regiões mais violentas do mundo", afirma, em tom de preocupante advertência, que o recrudescimento do crime no Brasil transcende a esfera da violência e pode passar a constituir uma ameaça à democracia e ao Estado de direito. Com o risco de capturar instituições e criar, em alguns locais, um Estado paralelo autoritário, no qual não há lei, liberdade, nem direitos.

Na reportagem "Medida necessária", de 5 de março de 2018, o jornal *O Globo* mostrava a importância da intervenção federal na segurança pública do estado do Rio de Janeiro, após os episódios que aconteceram no Carnaval — arrastões na orla, saques a supermercados, furtos e roubos. Antes disso, já vinham ocorrendo incidentes graves, tais como o bebê baleado na barriga da mãe, policiais sendo vítimas de assassinatos em série e adolescentes atingidos por balas perdidas nas escolas.

> Os números refletem esse cenário de anomia. Segundo o Instituto de Segurança Pública (ISP), o Estado do Rio fechou 2017 com 5.332 homicídios dolosos, o que representa um aumento de 5,57% em relação ao ano anterior. Os dados de janeiro de 2018 mostram que a situação permanece grave. Os casos de letalidade violenta (homicídio doloso, latrocínio, lesão corporal seguida de morte e autos de resistência) aumentaram 7,6% em comparação com o mesmo período do ano passado (de 603 para 649).
>
> Portanto, é nesse contexto que se deu a intervenção. [...] O decreto foi aprovado pelo Congresso Nacional, com ampla maioria, respeitando a Constituição. Tudo dentro da lei.[2]

De modo geral, estamos de acordo com a referida declaração de Jungmann. Entretanto, vamos acrescentar algo: a nosso ver, a mencionada ameaça à democracia não se reveste de uma característica tão somente potencial; não se trata, pois, de um problema meramente iminente. Trata-se de uma autêntica e gravíssima "ditadura do crime", expressão adotada pelo sociólogo Paulo Delgado no artigo "Tiros atingem o país", publicado no jornal *O Globo* em março de 2018, para retratar a perigosa realidade nacional.

De fato, a dita ameaça já se instalou entre nós. Conforme apontam os dados pesquisados por Raul Jungmann na matéria "Vigilância continental: América do Sul é uma das regiões mais violentas do mundo", as mais de 60 mil mortes violentas por ano no país são muito mais volumosas que as decorrentes de guerras em outros lugares do mundo. Esta problemática exige que se conceba a segurança pública como uma verdadeira política de Estado, e não simplesmente de governo, como sempre aconteceu no Brasil. Aliás,

Weichert tem razão quando aponta a falta de iniciativa para reformar as forças de segurança como um dos motivos do fracasso da política de segurança, uma vez que o Estado brasileiro ainda não respondeu de forma adequada à cada vez maior institucionalização do crime organizado; e o país continua adotando um modelo ultrapassado de segurança pública. De acordo com dados oficiais publicados em 12 de dezembro de 2017 na matéria de capa do jornal O *Globo* ("Em 15 anos, país matou o equivalente à população de uma Lisboa e meia"), o Brasil "registrou um homicídio a cada dez minutos no período entre 2001 a 2015", totalizando 786 mil pessoas assassinadas — das quais 497 mil vítimas eram negros ou pardos —, quantitativo que equivale ao número da população de uma Lisboa e meia, ou seja, 506 mil. Absurdamente, as mortes violentas ocorridas no país no mencionado período superam aquelas decorrentes das guerras da Síria (331 mil — 2011 a 2017) e do Iraque (268 mil — 2003 a 2017).

Em tom comparativo, Julio Jacobo Waiselfisz registra que no Brasil, mesmo sendo "um país sem conflitos religiosos ou étnicos, de cor ou de raça, sem disputas territoriais ou de fronteiras, sem guerra civil ou enfrentamentos políticos violentos, consegue-se exterminar mais cidadãos do que na maior parte dos conflitos armados existentes no mundo".[3] Como se vê, qualquer um de nós pode fazer parte da sinistra estatística das mortes violentas, exatamente o que aconteceu, em março de 2018, com a vereadora Marielle Franco (PSOL/RJ) ou, apenas para recordar, com Sidnéia Santos de Jesus, morta na porta de sua casa, na Ilha do Governador, no Rio de Janeiro, em setembro de 2000, quando ocupava o cargo de diretora da penitenciária de Bangu I. O mesmo destino cruel teve a juíza Patrícia Acioli, assassinada em agosto de 2011, e tantos outros.

Tais episódios simbolizam o contundente problema da segurança pública no país. Uma situação tão complexa que levou à intervenção federal no Rio de Janeiro. A medida interventiva, considerada inevitável para pôr fim à "ditadura do crime" e restaurar o Estado de direito, foi tomada diante da grave crise financeira, associada às crises moral e ética, pela qual passava o Rio de Janeiro por ocasião do decreto de intervenção. É obvio que a intervenção federal jamais poderia ser concebida como a "linha de chegada" para se resolver definitivamente o grave problema diagnosticado. O próprio Raul

Jungmann, então ministro da Segurança Pública, reconheceu que "ter um militar na rua com um fuzil traria uma sensação de segurança", mas advertiu que a intervenção federal não proporcionaria resultados espetaculares do dia para a noite.

A nosso ver, a intervenção federal sempre foi concebida como o "bloco de partida" para o revigoramento das forças policiais do estado do Rio de Janeiro, parte de um problema que é nacional. Nesse sentido, Renato Casagrande, ex-governador do estado do Espírito Santo, amparando-se nos preocupantes dados demonstrados pelo 11º Relatório do Fórum Brasileiro de Segurança Pública — pesquisa que revelou o trágico crescimento das mortes violentas no Brasil, em 2016, registrando 61.619 mortes por violência —, destaca a inexorável necessidade de se estabelecer no país uma política de segurança pública devidamente imune a qualquer influência político-partidária. Uma política que contemple não apenas o papel a ser cumprido pelas forças policiais, cuja moldura básica restou idealizada pelo Constituinte no artigo 144, mas também as atribuições de todas as instituições envolvidas com a matéria.

Realmente, conforme assevera Renato Casagrande, acabar com a "ditadura do crime" requer, dentre outras medidas fundamentais, que se conceba a segurança pública como política de Estado, não podendo haver descontinuidade das ações de um governo para outro.

11

A NOÇÃO DE QUE O CRIME COMPENSA

NA CONTRAMÃO DE TODAS AS ESTATÍSTICAS dos principais países desenvolvidos (e mesmo subdesenvolvidos), a violência no Brasil tem crescido de forma exponencial.

Não obstante todas as hipóteses, teorias e teses sobre o assunto, a explicação para esse fenômeno não é tão complexa quanto parece. Trata-se, em última análise, de um círculo de *retroalimentação* incentivador da criminalidade, que a torna cada vez mais atrativa para todos aqueles que, de algum modo, não possuem os devidos freios morais e éticos para evitar as terríveis e autênticas seduções compensatórias decorrentes dela.

Mais do que nunca, a bandidagem tem absoluta consciência de que suas vítimas estão totalmente indefesas. Isso acontece porque alguns regramentos normativos, como por exemplo o Estatuto do Desarmamento, praticamente eliminam a possibilidade de as pessoas de bem exercerem o sagrado direito de se autodefender diante da ausência protetiva do Estado.

Adicionado a esse fato, os cidadãos brasileiros possuem, de modo geral, uma instituição policial desmotivada e desaparelhada, e que, por um conjunto de fatores, também acaba sendo vítima dos próprios bandidos. Basta verificar, por exemplo, o expressivo número de policiais mortos, em 2017, no estado do Rio de Janeiro, quando se atingiu a astronômica cifra de 134 policiais sepultados pela ação da criminalidade.

Apesar de ostentar porte funcional de arma de fogo, o policial honesto e cumpridor de seus deveres também se encontra na mesma condição de cidadão vítima da reconhecida ineficiência estatal. Aliás, diante da ousadia do crime organizado, o único e verdadeiro receio do delinquente é, por uma falta de sorte, deparar-se com um policial que, mesmo não estando de serviço, encontra-se armado, podendo, assim, esboçar alguma reação.

Além disso, o bandido está muito consciente de que a vítima — independentemente de se tratar de um policial armado ou, eventualmente, de um civil (legal ou ilegalmente) armado —, ao reagir à ação marginal, provavelmente passará a ostentar a absurda condição de "vilã", vendo-se processada pelo Estado. Isso acontece porque nem todas as autoridades possuem uma compreensão interpretativa correta, sem ser contaminada por questões ideológicas, a respeito dos requisitos legais exigidos para a configuração dos fatores excludentes de ilicitude penal, tal como a legítima defesa.

Nesse contexto, há quem postule a tese, baseada muito mais no fundo sociológico do que jurídico, segundo a qual o bandido, em essência, figura como uma vítima social e, portanto, apesar da ilegalidade de sua conduta, não possui alternativa, a não ser buscar a via da criminalidade, legitimando o seu atuar criminoso.

Os bandidos, de modo geral, principalmente os mais bem informados, possuem todos os motivos concretos para não só continuar na vida do crime, como também para iniciar, o quanto antes, suas carreiras delitivas. Afinal, quando presos em flagrante delito, eles provavelmente ficarão muito pouco tempo na prisão, obtendo a liberdade por meio da concessão de *habeas corpus*.

Portanto, todo esse "caldeirão cultural" tipicamente brasileiro contribui para um permanente incentivo à delinquência, razão pela qual não nos surpreendem as elevadas taxas de criminalidade existentes no Brasil. Além de estarmos na contramão dos países mais desenvolvidos do mundo, que conseguiram reduzir definitivamente seus índices de criminalidade, com extremo rigor tanto legislativo quanto policial.

Se nada for feito para reverter essa triste realidade nacional, muito em breve teremos o "turismo da criminalidade". Ou seja, pessoas de outros países que, verificando as facilidades e até mesmo os incentivos existentes em nosso país para a perpetração de ações delituosas, migrarão para território brasileiro com o único intuito de praticar atos ilícitos. Afinal, em se tratando de Brasil, o crime compensa.

12

Por uma maior participação da União Federal no sistema de segurança pública do Brasil

A CONCEPÇÃO DE UM SISTEMA REQUER que se atente para os atributos da coerência e da articulação. Significa dizer que, pelo menos sob o prisma teórico, não se concebe a existência de sistemas incoerentes e desarticulados. De maneira geral, o sistema reflete algo idealizado e concretizado para funcionar de modo harmônico, isto é, com seus elementos integrantes operando perfeitamente e em prol do conjunto. Cada "peça" sistêmica deve cumprir fielmente a função que lhe compete na "engrenagem".

Dessa maneira, quando uma parte do todo atua precariamente, cumprindo insatisfatoriamente (ou mesmo descumprindo) a atribuição que lhe cabe no âmbito global, os demais integrantes certamente sentirão os efeitos desse mau funcionamento. É justamente o que vem ocorrendo no sistema de segurança pública do Brasil, cujo desenho fundamental encontra-se delineado no artigo 144 da Constituição.

> Art. 144. A segurança pública, dever do Estado, direito e responsabilidade de todos, é exercida para a preservação da ordem pública e da incolumidade das pessoas e do patrimônio, através dos seguintes órgãos:
> I – Polícia Federal;
> II – Polícia Rodoviária Federal;
> III – Polícia Ferroviária Federal;
> IV – Polícias civis;

v – Polícias militares e corpos de bombeiros militares.
§ 1º A Polícia Federal, instituída por lei como órgão permanente, organizado e mantido pela União e estruturado em carreira, destina-se a:
i – apurar infrações penais contra a ordem política e social ou em detrimento de bens, serviços e interesses da União ou de suas entidades autárquicas e empresas públicas, assim como outras infrações cuja prática tenha repercussão interestadual ou internacional e exija repressão uniforme, segundo se dispuser em lei;
ii – prevenir e reprimir o tráfico ilícito de entorpecentes e drogas afins, o contrabando e o descaminho, sem prejuízo da ação fazendária e de outros órgãos públicos nas respectivas áreas de competência;
iii – exercer as funções de polícia marítima, aeroportuária e de fronteiras;
iv – exercer, com exclusividade, as funções de polícia judiciária da União. [...]

O texto do artigo ainda estabelece as funções da Polícia Rodoviária Federal, que se destina ao patrulhamento ostensivo das rodovias federais; das polícias civis dirigidas por delegados e com as funções de polícia judiciária e de apuração das infrações penais; as polícias militares, que têm como incumbência a preservação da ordem pública; os corpos de bombeiros militares, que têm como função a defesa civil. As polícias militares, os corpos de bombeiros militares e as polícias civis estão subordinadas aos governadores dos estados e do Distrito Federal. Os municípios têm a possibilidade de conceber guardas municipais para a proteção de seu patrimônio, serviços, bens e instalações. Mas talvez o que mais chame atenção no texto do artigo 144 seja o seu parágrafo 7º: "A lei disciplinará a organização e o funcionamento dos órgãos responsáveis pela segurança pública, de maneira a garantir a eficiência de suas atividades".

Em linhas gerais, conforme é possível depreender, o dispositivo normativo mostrado acima enumera os órgãos incumbidos da missão de prover segurança pública, bem como aponta as respectivas atribuições institucionais. Nesse contexto, por falta de articulação sistêmica, é comum verificarmos problemas entre as instituições acima mencionadas. Apenas para pontuar um dos tantos "ruídos" que acabam por interferir na eficiência global, vale lembrar de um embate que envolve as polícias militares e as polícias civis de diversos estados da federação, em especial quanto à competência para lavrar o Termo Circunstanciado de Ocorrência (tco), procedimento criminal apuratório previsto no artigo 69 da Lei nº 9.099/1995. Tal norma dispõe sobre os Juizados Especiais Criminais, competentes "para a conciliação, o julgamento e a execução das infrações penais de menor potencial ofensivo", cujo conceito abrange as infrações penais (crimes e contravenções penais) para as quais a lei determine uma pena privativa de liberdade não superior a dois anos.

Algumas polícias militares, amparando-se, em particular, no teor do artigo 69, defendem a possibilidade de lavratura do TCO por policial militar. Em contraposição, as polícias civis, argumentando com base no artigo 144 da Constituição Federal, notadamente o seu parágrafo 4º — "às polícias civis, dirigidas por delegados de polícia de carreira, incumbem, ressalvada a competência da União, as funções de polícia judiciária e a apuração de infrações penais, exceto as militares" —, asseveram que lavratura do TCO é atribuição das polícias judiciárias. Essa seria a razão pela qual as polícias militares, responsáveis pelo policiamento ostensivo e pela preservação da ordem pública, não poderiam realizar essa providência legal.

O caso trazido como mero exemplo revela, na visão dos pesquisadores Ursula Peres, Samira Buen, Cristiane Kerches e Renato Sérgio de Lima, que a inexistência de regras que controlem as funções, bem como o relacionamento entre as diversas polícias, acarreta um panorama em que várias instituições resolvem problemas similares de segurança e violência de formas diferentes, sem chegarem a um avanço significativo no território nacional.

Nessa linha de raciocínio, conforme adverte Paula Rodrigues Ballesteros no artigo "Gestão de políticas de segurança pública no Brasil: problemas, impasses e desafios", as políticas de segurança pública no Brasil têm sido pensadas e implementadas de forma pouco planejada. Uma realidade nacional que certamente não condiz com o denominado federalismo de cooperação consagrado na Lei Fundamental de 1988, cuja importância na seara da segurança pública já foi inclusive reconhecida pelo Supremo Tribunal Federal.

Apesar do modelo concebido pelo artigo 144, não há como negar que a segurança pública no Brasil, como sistema, demanda uma efetiva participação da União, ente que sempre se manteve um tanto quanto distante de tão complexo assunto. Notadamente no que se refere ao estabelecimento de uma política de Estado para o setor, transferindo quase que totalmente para os estados-membros os ônus relativos aos problemas da área, incluindo os de natureza financeira. Segundo o cientista político Luiz Eduardo Soares, a União, até o segundo governo de Fernando Henrique Cardoso, esteve absolutamente distante no que concerne à promoção de mecanismos indutores de uma política nacional de segurança pública.

Embora o ente federal tenha um papel estratégico na formulação de políticas de segurança e justiça criminal, é preciso reconhecer que são os governos estaduais os responsáveis por executar essas políticas. No entanto, estes governos enfrentam sérios problemas locais, tais como as "características peculiares e históricas de suas agências de contenção do crime, particularmente as ligações entre polícias, Ministério Público, Poder Judiciário e autoridades penitenciárias com o governo civil e com as elites políticas locais".[1]

Entretanto, como bem recorda Merval Pereira, o combate ao crime organizado não pode ser responsabilidade exclusiva dos estados, como teimam os que interpretam restritivamente a Constituição. Para o jornalista, nada restringe a ação do governo federal no combate aos crimes transnacionais, como também não impede que ele possa coordenar as atuações para a defesa da segurança pública.

> Até que um grande programa nacional esteja implantado, com a reorganização das forças de segurança estaduais, com o controle dos presídios pelas autoridades locais, uma Força Nacional de Segurança Pública permanente e bem treinada esteja em ação, e as Forças Armadas atuando nas fronteiras de maneira eficiente para coibir o tráfico de armas e drogas como questão de segurança nacional, teremos que conviver com a frequente requisição das Forças Armadas para ajudar na segurança pública dos estados. Leva tempo e custa dinheiro, muito dinheiro.[2]

A propósito do tema, a diretora-executiva do Fórum Brasileiro de Segurança Pública, Samira Bueno, ao mesmo tempo em que afirma a inércia da União no que se refere ao elevado número de mortes violentas no Brasil, ressalta a falta de uma política nacional de segurança pública que efetivamente possa ser assim denominada, principalmente no que concerne ao financiamento da segurança pública, dever do Estado, direito e responsabilidade de todos. Segundo ela, o Brasil nunca teve uma política nacional de segurança pública e muito menos uma política de redução de homicídios. As iniciativas bem-sucedidas são pontuais, levadas a cabo pelos estados e fruto da liderança e boa vontade de determinados governadores.

A questão sistêmica, a bem da verdade, suplanta a própria esfera doméstica, afetando não apenas o território brasileiro, mas repercutindo regional e globalmente, em particular no subcontinente sul-americano. O que requer, também, uma efetiva conjunção de esforços entre os países envolvidos, os quais deveriam criar e pôr em prática estratégias de atuação conjunta contra o crime organizado. Segundo Raul Jungmann, o crime organizado ultrapassa as fronteiras nacionais e amplia os laços com quadrilhas de outros países, se transformando numa poderosa rede global. O ex-ministro da Segurança Pública explica que o crime transfronteiriço é um dos principais responsáveis pela violência criminosa nas cidades brasileiras. A forma de combatê-lo não pode ser feita apenas nos espaços nacionais ou pelos organismos policiais internacionais existentes, mas também por meio de uma iniciativa sul-americana na área de segurança pública, que congregue "autoridades de segurança e defesa para o compartilhamento de informações e programas de reconhecido êxito, como o Sistema Integrado de Monitoramento de Fronteiras (Sisfron), e a criação de programas efetivos e contundentes contra a criminalidade".[3]

Raul Jungmann reconhece que sozinhos os estados não conseguem se responsabilizar pela segurança pública, observando que a Constituição estava errada ao outorgar esta tarefa apenas aos estados quando, na verdade, deveria envolver outros entes, inclusive municípios. Em suma, ou a União, como ente central, assume a sua parte no contexto da segurança pública, ou a realidade da área permanecerá inalterada.

De fato, não há como negar — e a realidade do país é a maior prova do que ora se afirma — que a segurança pública não deve ser tratada como um assunto inerente apenas à competência estadual. Ao contrário, a dimensão do território nacional e a importância do tema exigem uma ampla orquestração entre os entes federal, estadual, distrital e municipal, principalmente se considerarmos o teor do artigo 144 da Constituição Federal, segundo o qual a pauta sob exame constitui "dever do Estado, direito e responsabilidade de todos".

Assim, conceber instrumentos que estimulem a eficiência no campo da segurança pública configura não apenas uma importante estratégia para reverter esse grave cenário, mas, acima de tudo, um dever da União.

Obviamente que não se trata de um dever que diz respeito apenas ao orçamento da segurança pública. Apesar da indiscutível importância dos recursos provenientes da União, uma autêntica política para o setor requer uma atuação e visão sistêmica em segurança pública, sem abrir mão das informações sobre a violência de cada região do Brasil. A propósito, objetivando mudar esse quadro, o Estado brasileiro editou a Lei nº 13.675, de 11 de junho de 2018, que disciplina a organização e o funcionamento dos órgãos responsáveis pela segurança pública, nos termos do parágrafo 7º do artigo 144 da Constituição Federal, cria a Política Nacional de Segurança Pública e Defesa Social (PNSPDS) e institui o Sistema Único de Segurança Pública (Susp).

Por outro lado, além de uma articulação vertical entre União, estados, Distrito Federal e municípios, não se pode esquecer da imprescindível conexão horizontal que deve haver entre os próprios poderes da República. Afinal, conforme argumentam Marcos Cesar Alvarez, Fernando Salla e Luís Antônio Souza, no artigo "Políticas de segurança pública em São Paulo: uma perspectiva histórica", a segurança pública "é uma esfera na qual atuam de modo marcante instituições pertencentes aos Poderes da República", razão pela qual "há necessidade de estreitas articulações horizontais" entre o Executivo, o Judiciário e o Legislativo "na própria viabilização das políticas públicas concebidas para o setor".

Nesse sentido, é com satisfação que se observa que duas das diretrizes da PNSPDS expressamente estabelecem a importância da integração entre os três Poderes (Legislativo, Executivo e Judiciário) no aperfeiçoamento e na aplicação da legislação penal, bem como a "colaboração do Poder Judiciário, do Ministério Público e da Defensoria Pública na elaboração de estratégias e metas para alcançar os objetivos desta política", conforme previsto no artigo 5º, inciso XVI, da Lei nº 13.675/2018.

Parece-nos que o Estado brasileiro, finalmente, conscientizou-se de que qualquer política de segurança a ser constituída deve possuir, dentre outros aspectos, a articulação sistêmica das instituições e o planejamento como alguns de seus pressupostos mais relevantes.

13

AS FORÇAS ARMADAS, A GARANTIA DA LEI E DA ORDEM E A INTERVENÇÃO FEDERAL

ESTE TEXTO OBJETIVA ANALISAR, À LUZ da Lei Maior e da legislação infraconstitucional aplicável, como se opera o emprego das Forças Armadas na denominada Garantia da Lei e da Ordem (GLO) e em situações excepcionais de intervenção federal na área da segurança pública, institutos cujas distinções fundamentais (e respectivas consequências jurídicas) serão apresentadas no decorrer deste capítulo. Conforme será demonstrado, o emprego das Forças Armadas em ambas as situações encontra pleno amparo no ordenamento jurídico nacional.

Da mesma forma, o texto traça um breve panorama a respeito da missão das Forças Armadas ao longo da história brasileira, de modo a identificar e destacar a razão que levou à redação prevista no artigo 142 do Texto Constitucional, que consagra as missões (nos planos principal e secundário) inerentes às Forças Armadas. Em seguida, discorremos sobre a postura democrática das instituições militares, o que inviabiliza o seu manejo como instrumento de estabilização política.

Ao final, o estudo pretende demonstrar que a figura da intervenção federal na área da segurança pública do estado do Rio de Janeiro caracterizou uma medida excepcional e democrática, cujo sucesso operacional dependeu da efetiva cooperação institucional entre os poderes da República.

Inicialmente, será analisada a evolução histórica da destinação constitucional das Forças Armadas, bem como o motivo que originou a redação conferida ao artigo 142 da Constituição, notadamente no que se refere à garantia da lei e da ordem. Estabeleceremos, ainda, a devida distinção entre a GLO e a intervenção federal decretada pelo então presidente Michel Temer na área da segurança pública do estado do Rio de Janeiro.

A missão das Forças Armadas na história constitucional brasileira

Em diversas ocasiões, o estado do Rio de Janeiro contou com o emprego das Forças Armadas em operações de garantia da lei e da ordem (GLO), uma das missões que lhes foi conferida pelo Texto Magno de 1988. Em todos os casos em que as instituições castrenses foram convocadas a atuar na GLO, um aspecto em comum sempre veio à tona: o questionamento sobre a regularidade desse emprego, à luz do ordenamento jurídico vigente. Este fato muito provavelmente guarda relação com episódios do passado nacional, quando as Forças Armadas foram efetivamente utilizadas como instrumento de estabilização política. No entanto, isso é algo impensável nos dias atuais, uma vez que essa função deve competir não aos militares, mas ao Poder Judiciário, notadamente à Corte Suprema. Segundo o repórter Marcello Cerqueira, em seu artigo "O protocolo Vargas", durante vários episódios da fase republicana o Exército se transformou no poder moderador e as Forças Armadas resolveram a maioria das crises políticas brasileiras. Entretanto, o momento atual tem como poder moderador o Supremo Tribunal Federal.

Refletindo a respeito das diversas atuações militares experimentadas ao longo da história brasileira, quando as Forças Armadas agiam como verdadeiro instrumento de equilíbrio institucional, é possível afirmar que o antigo emprego dessas forças possuía alguma relação com aquilo que os dispositivos constitucionais preceituavam acerca das missões anteriormente conferidas às instituições militares. Sintetizando o arcabouço constitucional relativo ao tema, cumpre lembrar que a Constituição Imperial (1824) limitava-se a dizer que a Força Militar era essencialmente obediente ao Imperador. A Carta de 1891, por sua vez, previa que as Forças de Terra e Mar tinham como tarefa a defesa da pátria (no exterior) e a manutenção das leis (no interior), sendo obrigadas a sustentar as instituições constitucionais. Nos termos da Constituição de 1934, eram elas destinadas a defender a pátria e a garantir os Poderes constitucionais, a ordem e a lei. A Carta Varguista de 1937 relacionava o emprego das Forças Armadas à defesa do Estado. Segundo a Lei Magna de 1946, eram elas dedicadas a defender a pátria e a garantir os Poderes constitucionais, a lei e a ordem. Do mesmo modo, a Constituição de 1967 e a Emenda Constitucional nº 1, de 1969, estabeleciam que as Forças Armadas destinavam-se a defender a pátria e a garantir os Poderes constituídos, a lei e a ordem. Nota-se, pois, que a expressão *garantia da lei e da ordem* foi introduzida, pela primeira vez, na Constituição de 1934.

Por fim, de acordo com o artigo 142 da Lei Magna de 1988, as Forças Armadas destinam-se à defesa da pátria e à garantia dos Poderes constitucionais; e, por iniciativa de qualquer destes, à garantia da lei e da ordem. Conforme explica Ferreira Filho em seu livro *Curso de Direito Constitucional*, as duas primeiras destinações mencionadas na Constituição em vigor (defesa da pátria; garantia dos Poderes constitucionais) retratam o papel elementar das Forças Armadas, sendo relativas à própria noção de defesa e de soberania do Estado brasileiro. A última delas traduz hipótese em que as Forças Armadas poderão ser empregadas na garantia da lei e da ordem (GLO), por solicitação de qualquer um dos Poderes constitucionais, por questões que afetam, por exemplo, a ordem pública.

A leitura dos dispositivos constitucionais de 1891, 1934, 1937, 1946, 1967, 1969 e 1988 permite notar que a redação prevista no artigo 142 da Carta Magna de 1988, notadamente a expressão *por iniciativa de qualquer destes* não era encontrada nas demais Constituições, o que certamente não ocorreu por acaso. É possível afirmar que a razão ponderável para a construção dada ao texto foi justamente evitar o manejo, antes frequente, mas atualmente impensável, das Forças Armadas como instrumento de estabilização política, por exclusiva iniciativa do Executivo, como tantas vezes ocorrera durante os séculos XIX e XX.

Cumpre, então, entender minimamente como a mencionada expressão foi introduzida na Constituição de 1988. Para tanto, recortes jornalísticos publicados por ocasião dos trabalhos da Assembleia Nacional Constituinte (1987/1988) revelam os intensos debates travados acerca da missão a ser conferida às Forças Armadas, conforme registrou *O Globo*, de 14 de janeiro de 1986, na matéria "Forças Armadas debatem seu papel na Constituição": à época, os três ministros militares e os chefes do Serviço Nacional de Informações, do Estado-Maior das Forças Armadas e do Gabinete Militar da Presidência da República se reuniram na ocasião para discutir a importância do papel constitucional das Forças Armadas.

Após acentuadas disputas travadas na Constituinte, a expressão "por iniciativa de qualquer destes" foi finalmente aprovada, conforme relata matéria de autoria de Dalton Moreira, publicada em 1988. A redação do texto foi objeto de disputas e a votação no plenário foi de 326 votos a favor e 102 contra a regra que permite aos militares defenderem o território nacional, garantir os Poderes constitucionais e garantir a lei e a ordem por iniciativa destes.

> Se manteve a tutela militar porque a extensão da expressão 'da lei e da ordem' é muito abrangente. Pode ser tanto uma intervenção numa greve quanto um golpe militar", disse o deputado José Genoíno (PT-SP), autor da tentativa de restringir os poderes das Forças Armadas. Sua emenda, que reproduzia integralmente o texto da ex-comissão de Estudos Constitucionais presidida pelo hoje senador Afonso Arinos (PFL-RJ), limitava a ação dos militares à defesa "da ordem constitucional.[1]

De fato, é inegável a pertinência da introdução da expressão "por iniciativa de qualquer destes" no Texto Constitucional vigente, de modo a não deixar qualquer margem de dúvida quanto ao papel das Forças Armadas, atuação que se encontra absolutamente atrelada à iniciativa dos Poderes constituídos. Da mesma forma, o Poder Constituinte Originário também determinou que as normas gerais a serem adotadas na organização, no preparo e no emprego das Forças Armadas fossem estabelecidas através de lei complementar. Assim, objetivando balizar de vez o emprego das Forças Armadas, a regulamentação do parágrafo 1º do artigo 142 deu-se por meio da Lei Complementar nº 97/1999. Nela, o artigo 15 assevera que a utilização das instituições militares na defesa da pátria e na garantia dos Poderes constitucionais, da lei e da ordem, é de responsabilidade do presidente da República. Ou seja, o artigo 15 confere ao chefe do Poder Executivo a decisão quanto ao emprego das Forças Armadas, por iniciativa própria ou em atendimento a pedido manifestado por quaisquer dos Poderes constitucionais, por intermédio dos presidentes do Supremo Tribunal Federal, do Senado Federal ou da Câmara dos Deputados.

Ademais, o parágrafo 2º do mesmo artigo da citada lei complementar mostra que a atuação das instituições militares na garantia da lei e da ordem ocorrerá desde que esgotados os instrumentos destinados à preservação da ordem pública e da incolumidade das pessoas e do patrimônio relacionados no artigo 144 da Constituição.

Nota-se, portanto, que a atuação das Forças Armadas, nos termos da Constituição Federal e da Lei Complementar nº 97/1999, encontra-se muito bem definida. Isto permitiu uma verdadeira guinada na concepção estratégica das instituições militares, de modo que é possível dizer que as Forças Armadas de hoje conhecem perfeitamente o importante lugar que ocupam no quadro institucional brasileiro. E mais: diante desse amplo mapa normativo, pode-se afirmar que as Forças Armadas cumprem um duplo papel.

No plano principal, destinam-se à defesa da pátria e à garantia dos Poderes constitucionais. Secundariamente, por iniciativa de qualquer dos Poderes constituídos, garantem a lei e a ordem, o que somente acontecerá subsidiariamente, ou seja, quando verificada a impossibilidade de os órgãos de segurança pública proverem uma resposta à demanda constatada.

Por conseguinte, o emprego das Forças Armadas em missões de GLO deve ser entendido como algo excepcional, passível de acontecer somente em situações que efetivamente fogem à ação dos órgãos de segurança pública, pela razão simples de que essa atuação, nos termos da lei de regência, deve ser subsidiária. De qualquer forma, cumpre frisar que o manejo das Forças Armadas na GLO não enseja o afastamento da autonomia do ente federado no qual as tropas estejam sendo empregadas.

A POSTURA DEMOCRÁTICA DAS FORÇAS ARMADAS

Não há como negar a evolução institucional experimentada pelas Forças Armadas do país, cuja subordinação constitucional aos Poderes constituídos não permite mais o seu emprego como mecanismo de solução política. Afinal, como bem advertiu o ministro Celso de Mello, quando de sua posse na presidência do Supremo Tribunal Federal (STF), em 22 de maio de 1997, as crises políticas devem ser solucionadas dentro do quadro normativo planejado pelo ordenamento constitucional, com os instrumentos jurídicos nele previstos e com fundamento exclusivo no predomínio da Constituição e das leis. Fato que confere ao Poder Judiciário Federal, como um todo, e em particular ao STF como guardião do Texto Magno, um relevante papel.

Na mesma linha de raciocínio, Fernando Henrique Cardoso, em artigo publicado no *Estado de S. Paulo*, em 2015, ao analisar a crise (moral, ética, jurídica, política, econômica etc.) vivida pelo país, explicou que temia duas situações: a crise do sistema político como um todo e a perda do rumo da história pelo país. Ele sugeria que apenas uma profunda revisão no sistema político (partidário e eleitoral) seria capaz de auxiliar no enfrentamento da crise e que o governo da época não tinha condições para levar adiante tal mudança.

> Resta, portanto, a Justiça. Que ela leve adiante a purga; que não se ponham obstáculos insuperáveis ao juiz, aos procuradores, aos delegados ou à mídia. Que tenham a ousadia de chegar até aos mais altos hierarcas, desde que efetivamente culpados. Que o STF não deslustre sua tradição recente. E, principalmente, que os políticos, dos governistas aos oposicionistas, não lavem as mãos. Não deixemos a Justiça só. Somos todos responsáveis perante o Brasil, ainda que desigualmente.[2]

Vê-se, portanto, que FHC reconhece que a atual conjuntura, diversamente do que ocorria no passado, impede que os militares resolvam adotar alguma solução heterodoxa para os graves problemas que atingem o país. Isso acontece justamente por estarem eles absolutamente comprometidos com os alicerces de um Estado democrático de direito.

Por terem uma visão democrática quanto à função que lhes reservou a Constituição, certamente as Forças Armadas sequer deram ouvidos, e muito menos se deixaram contaminar ideologicamente pelas manifestações contra o resultado das eleições presidenciais de 2014. Nesta ocasião, grupos antidemocráticos de manifestantes chegaram a pedir a intervenção militar em relação à reeleição da então presidente Dilma Rousseff.

Ao contrário, levando em conta o princípio da subordinação, as Forças Armadas de hoje demonstram rejeitar qualquer proposta autoritária, seja de esquerda ou de direita, estando perfeitamente conscientes do papel institucional que lhes foi estabelecido no contexto de um Estado democrático, bem como de sua absoluta subordinação aos Poderes constitucionais.

Prova do que afirmamos é a própria intervenção federal decretada, em 2018, pelo então presidente Michel Temer na área da segurança pública do estado do Rio de Janeiro, missão na qual estiveram envolvidas as Forças Armadas como um todo, mas em particular o Exército Brasileiro. Registre-se a preocupação mostrada pelo então comandante da força terrestre, general Eduardo Dias da Costa Villas Bôas, que reconheceu que o frequente emprego das Forças Armadas em operação de GLO não se apresenta como a situação ideal. Em linhas gerais, o que o comandante do Exército Brasileiro, com maestria, pretendeu dizer é que a missão fundamental das Forças Armadas é a defesa da pátria, e que atuar em missão de GLO constitui uma função secundária.

Resta absolutamente comprovado que o protagonismo experimentado hoje pelas Forças Armadas não decorre de algum falacioso interesse do militar pelo poder civil, mas da própria natureza do grave problema que motivou a edição do Decreto nº 9.288, de 16 de dezembro de 2018, que permitiu a intervenção federal na segurança pública do estado do Rio de Janeiro. Ora, é de se questionar: caso pairasse a mínima dúvida a respeito do compromisso das Forças Armadas do nosso país com a democracia, que presidente da República nomearia como interventor o general de Exército Walter Souza Braga Netto? Parece evidente, portanto, a absoluta confiança depositada nas Forças Armadas, não obstante ser pacífico o entendimento segundo o qual "uma solução exclusivamente militar não resolverá o problema da violência".

Villas Bôas, no artigo "Uma solução exclusivamente militar não vai resolver", publicado no jornal *O Globo* em março de 2018, aponta a revalorização da classe policial, o estabelecimento de uma reforma da legislação penal e, principalmente, o engajamento do Poder Judiciário como fatores fundamentais para a melhoria do quadro da segurança pública no país.

Garantia da lei e da ordem e intervenção federal: institutos inconfundíveis

O emprego das Forças Armadas na denominada GLO, previsto pelo artigo 142 da Constituição, não deve em nenhuma hipótese ser confundido com a figura da intervenção federal, que consta no artigo 34 do mesmo texto, instituto este que atinge temporariamente (de modo total ou parcial, a depender da amplitude do instrumento adotado) a autonomia do ente federado. Entre as diversas hipóteses observadas pela Constituição, é importante mencionar o caso previsto no artigo 34, inciso III, segundo o qual a "União não intervirá nos estados nem no Distrito Federal, exceto para pôr termo a *grave comprometimento da ordem pública*", justamente o dispositivo ao qual o Decreto nº 9.288/2018 faz referência.

Excetuando-se o inédito cenário jurídico estabelecido por meio do mencionado decreto, em todos os casos em que as Forças Armadas foram utilizadas na garantia da lei e da ordem no Rio de Janeiro (tais como a ocupação dos Complexos do Alemão e da Maré), a autonomia do estadual não foi afastada por qualquer ato interventivo. Em todas estas ações o comando da segurança pública permaneceu sob a regência do respectivo governador e do secretário de Segurança Pública.

Malgrado toda a sorte de considerações (elogiosas ou críticas, indistintamente) levadas a efeito pelos mais diversos setores do Estado e da sociedade brasileira, e deixando de lado qualquer viés ideológico que possa comprometer uma leitura isenta do quadro jurídico-operacional pertinente àquela parcial intervenção da União na autonomia do estado do Rio de Janeiro, parece-nos que o caminho trilhado pelo Estado no caso avaliado encontra pleno amparo constitucional.

Ademais, sob o prisma operacional, o fato de ter sido nomeado como interventor um general de Exército em nada altera a correção da medida decretada (*ex officio*) pelo presidente da República. Pelo contrário, a natureza da missão impunha mesmo a convocação das Forças Armadas ao centro do problema da criminalidade, cuja gravidade saltava aos olhos de qualquer pessoa minimamente informada. Aliás, para percebê-la, bastava sair às ruas do Rio de Janeiro, evidentemente com a devida cautela para não ser atingido por uma bala perdida. Como bem observou o empresário Roberto Medina no artigo "Intervenção não é desejável, é inevitável", o Rio de Janeiro passava por um momento difícil em que, diante da precariedade do estado, todos deveriam se unir em defesa de uma causa maior. Ele apontava ainda que não existia um plano B para a segurança pública fluminense, a não ser a intervenção federal, porque o estado não tinha forte liderança, competência administrativa ou dinheiro para substituir a medida excepcional tomada em 2018, que deveria continuar o tempo necessário para que a polícia restabelecesse sua capacidade e qualidade de proteger a vida do cidadão.

Apesar de haver divergência a respeito da real existência de motivação para a tomada daquela decisão interventiva, parece-nos que a medida adotada espelhava a realidade fluminense. A respeito disso, a página de opinião do jornal O *Globo*, de 17 de fevereiro de 2018, destacava que a segurança do estado do Rio não havia se degradado de uma hora para outra. Desde 2015, os números vinham mostrando um aumento da criminalidade gerado pela crise financeira e pela inoperância administrativa das autoridades. O mesmo artigo mostra os dados alarmantes do Instituto de Segurança Pública (ISP), que em 2015 registrou uma taxa de 25,4 assassinatos para cada cem mil habitantes, ou seja, 4.200 homicídios dolosos. A taxa aumentou em 20% em 2016, passando para 5.042, e atingiu o seu pico em 2017, apresentando um crescimento de 5,8% em relação ao ano anterior e chegando a 5.332 homicídios dolosos. Este aumento aconteceu também com outros tipos de crimes, segundo o ISP, entre eles o roubo de veículos, celulares e caixas eletrônicos, assaltos a coletivos e os sequestros-relâmpago.

Embora o segmento crítico (e talvez desinformado) insistisse em etiquetar ideologicamente a aludida intervenção, adjetivando-a por meio da inserção do termo *militar*, rotulando-a, incorretamente, de *intervenção militar*, cumpre recordar que a iniciativa dessa excepcionalidade não adveio dos militares, mas do chefe do Poder Executivo Federal, no âmbito de sua competência privativa. Reforcemos, ainda, que o Congresso Nacional, no exercício do imprescindível controle político que lhe é inerente, analisou e aprovou a medida em questão. Vê-se, portanto, que a intervenção federal que estamos analisando, ainda que limitada à área da segurança pública do estado do Rio de Janeiro, não somente encontra previsão nos artigos 49, inciso IV, e 84, inciso X, da Constituição brasileira, como também corresponde a um instrumento presente nas mais diversas legislações constitucionais e infraconstitucionais do mundo democrático.

Exemplo recente de uma intervenção federal, circunscrita à segurança pública, ocorreu em Miami por duas vezes. Na primeira, no início do governo Reagan, em 1981, com uma atuação maciça de efetivos da Guarda Nacional, e, posteriormente, em 2003, por determinação do governo Bush. Em ambos os casos, a operação revelou-se um grande sucesso, debelando a criminalidade que havia tomado conta daquela importante cidade turística norte-americana.

Excepcionalidade da intervenção federal e cooperação institucional

Conforme explicado anteriormente, intervenção federal na segurança pública de um estado federado não significa intervenção militar, muito menos configura a instauração de um estado de exceção no país. Muito pelo contrário: o que se objetivou foi justamente estancar o inegável processo de deterioração da segurança pública, fenômeno que reconhecidamente estava em curso quando da edição do Decreto nº 9.288/2018. A intervenção federal constitui uma medida democrática, prevista expressamente no Texto Constitucional, direcionada para situações excepcionais. Entre elas, a constatação de um grave comprometimento da ordem pública, exatamente a cruel e infeliz realidade diagnosticada, em 2018, no Rio de Janeiro, e que demandava mesmo a adoção de um instrumento jurídico excepcional. A jornalista Miriam Leitão, no artigo "Todas as forças", opina que a crise na segurança pública se tornou um assunto urgente porque o crime criou acordos entre o tráfico de drogas e o tráfico de armas, por exemplo. Tanto as drogas como as armas alimentam o poder dos grupos criminosos que, de certa forma, tiram a soberania do Estado sobre as grandes cidades. Segundo ela, a crise na segurança pública virou uma epidemia, representando um problema generalizado e levando a violência, em termos nacionais, a níveis intoleráveis.

Tendo em vista o princípio da cooperação que deve reger as relações entre os entes federados e os poderes da República, certamente não poderia a União ficar inerte diante do caos instalado na segurança pública do estado do Rio de Janeiro. No presente caso, o mesmo espírito cooperativo deveria orientar a postura institucional do Legislativo e do Judiciário. Afinal, se naquele momento foi conferida às Forças Armadas a missão de pôr fim ao grave comprometimento da ordem pública no estado do Rio de Janeiro, deveriam elas igualmente receber os meios — em todos os aspectos legais possíveis, inclusive no campo da legítima e republicana cooperação institucional — necessários para o cumprimento da tarefa com êxito. Até mesmo porque sabemos perfeitamente que não havia, no país, outra força estatal a ser, em última instância, constitucionalmente convocada para apagar o "incêndio" que efetivamente ameaçava arrasar o corpo social, capaz até mesmo de anular um dos direitos mais básicos dos indivíduos: o de ir e vir. Afinal, diferentemente de Gotham City, não dispúnhamos de um Batman para salvar o Rio de Janeiro.

Assim, por exemplo, entendemos como plenamente possível, em hipóteses excepcionais a serem devidamente analisadas pelo magistrado, que seja expedido mandado de busca e apreensão coletivo para determinada localidade na qual se encontra refugiado o crime organizado. A promotora de justiça Somaine Cerruti, em artigo escrito para o jornal O *Globo* em 15 de abril de 2018, alerta para o fato de que o cidadão fluminense está descrente das autoridades e quer medidas concretas que garantam a segurança da população. Qualquer morador do Rio de Janeiro já sofreu violência direta ou indiretamente, por isso a intervenção federal era mesmo uma boa opção no sentido de que as medidas adotadas comumente não estavam surtindo grande efeito.

A promotora destaca a discussão sobre os mandados de busca coletivos, que são expedidos com base numa localização apontada pela atividade de inteligência nem sempre de modo exato, mas que, por determinação da lei, deveriam indicar o local de busca "o mais precisamente possível". Para entender esta problemática, é necessário também conhecer a realidade de determinados lugares dominados por facções criminosas: muitas vezes os mandados precisam ser expedidos por localidade ou perímetro, já que os moradores dessas áreas são coagidos a obedecer às ordens de marginais, que frequentemente violam suas casas para facilitar a fuga e a ocultação de bandidos, bem como para guardar armas ou drogas. É exatamente para encarar tais especificidades que os mandados de busca coletivos são expedidos. No entanto, isto deve ser feito dentro das normas constitucionais e legais e avaliado por um juiz de direito, ou seja, não existe carta branca nestes casos, tudo passa pela aprovação da Justiça.

> Convém lembrar que a prisão do perigosíssimo traficante Elias Maluco — responsável pelo cruel assassinato do jornalista Tim Lopes — só foi possível por conta de um mandado dessa natureza, após vários dias de buscas realizadas no Complexo do Alemão.
> A sociedade precisa saber que as ações estão e continuarão sendo tomadas dentro da legalidade, e que o Ministério Público do Estado do Rio de Janeiro, na defesa intransigente da sociedade, acompanha todo o planejamento e execução das ações.[3]

Contra este mal — vale dizer, o crime organizado, definido por Michel Temer, em 17 de fevereiro de 2018, como uma metástase que se espalha pelo país e que ameaça a tranquilidade do nosso povo, em entrevista ao jornal *O Globo* — que se pretende controlar, tendo em vista que eliminá-lo seria uma utopia estatal, é preciso muito mais do que militares e policiais armados. Precisamos, sim, nos alinhar com aqueles que estão arriscando a vida por uma sociedade segura e em paz. O Congresso Nacional já havia considerado esta necessidade ao editar a Lei nº 13.491, de 13 de outubro de 2017, que alterou o Código Penal Militar, estabelecendo que os crimes de que trata o artigo 9º do CPM, quando dolosos contra a vida e cometidos por militares das Forças Armadas contra um civil, serão da competência da Justiça Militar da União. Também serão responsabilidade da Justiça Militar se praticados no contexto do cumprimento de atribuições que lhes forem estabelecidas pelo presidente da República ou pelo ministro de Estado da Defesa, de ação que envolva a segurança de instituição militar ou de missão militar ou de atividade de natureza militar, de operação de paz, de garantia da lei e da ordem (GLO) ou de atribuição subsidiária. Portanto, andou bem o Parlamento federal ao conferir essa competência à Justiça Militar da União, essencialmente se considerarmos o argumento externado pelo general Villas

Bôas, então comandante do Exército Brasileiro. Segundo ele, a submissão dos militares das Forças Armadas à competência da Justiça Militar da União torna mais rápida e rígida a punição dos abusos cometidos por eles nas operações de GLO.

Da mesma forma, a Advocacia-Geral da União percebeu a necessidade de apoiar institucionalmente os executores daquela medida interventiva. Conforme demonstra a matéria publicada em 3 de março de 2018, em *O Globo*, a então advogada-geral da União, Grace Mendonça, designou três advogados para assessorarem diretamente o general Braga Netto durante as ações no Rio de Janeiro. Na época, foi feita uma reunião com Claudio Roberto Pieruccetti, procurador-geral do estado, para definir as responsabilidades jurídicas durante a intervenção federal. Ficou decidido que o governo local e a União deveriam atuar em cooperação, mas que isso não afetaria as respectivas competências constitucionais e legais da Advocacia-Geral da União e da Procuradoria-Geral do Estado.

Assim, não há dúvida de que a chave para o sucesso desse tipo de empreitada encontra-se exatamente na cooperação. Não se pode admitir que o Estado, que é por definição uno e indivisível, possa se digladiar em face de seus diferentes órgãos com distintas competências. Até porque, tecnicamente, não existem *três* Poderes. Há apenas *um* poder estatal, cujo exercício funcional, por seu turno, é dividido nas esferas Executiva, Legislativa e Judiciária. Não obstante, o que se observa, na realidade, é uma espécie de autossabotagem do poder estatal.

A realidade é que sem um amparo jurídico, quer sob a ótica legislativa, quer sob o ponto de vista de uma adequada hermenêutica judicial, não há como enfrentar, com a devida e necessária parcela de êxito, o extraordinário nível de sofisticação e abrangência que a criminalidade conseguiu alcançar nos últimos anos.

> A atuação de criminosos sob o controle de bem estruturadas organizações é um dos mais graves problemas do mundo contemporâneo. Em torno delas se estabelece um círculo vicioso de causas e consequências, envolvendo instituições estatais, que torna muito difícil o encontro de soluções. No Brasil, fatores como a exclusão social, o crescimento do narcotráfico, a ineficácia generalizada da segurança pública, a corrupção e a impunidade agravam ainda mais a situação.[4]

Assim, não é razoável supor que um soldado convocado por uma determinação legal (compulsória e incondicional) não possa ostentar as mínimas condições de segurança (pessoal e jurídica) para o cumprimento pleno e efetivo da missão que lhe foi conferida. Nesse particular contexto, não combina com os poderes extraordinários e com sua correta interpretação que, em situações excepcionais, um agente militar do Estado, convocado para essa tarefa, não possa atirar, legal e legitimamente, em um bandido que exiba, em situação de pronto e imediato emprego, um fuzil de guerra. De fato, uma coerente interpretação acerca dos requisitos legais objetivos exigidos para efeito de legítima defesa não pode desconsiderar a realidade dos fatos com a qual convivem os militares e policiais que travam uma verdadeira guerra no território fluminense.

Em situações excepcionalíssimas — como a da intervenção federal no Rio de Janeiro —, o simples porte ostensivo de um fuzil de guerra pronto e preparado para ser imediatamente usado contra as forças militares e/ou policiais do Estado permite concluir que esse criminoso já se encontra em situação de agressão injusta e iminente, caracterizando, assim, um dos requisitos objetivos necessários para a configuração da excludente de legítima defesa. Com efeito, apesar de a intervenção não se traduzir em um estado de exceção, ela se insere em um quadro de absoluta excepcionalidade e, como tal, deve ser interpretada pelos integrantes da magistratura.

Resta evidente, entretanto, que eventuais excessos devem ser coibidos e punidos com extremo rigor, seja administrativamente, pelas próprias autoridades militares e policiais, seja judicialmente, pelos juízes. Aliás, o próprio general Villas Bôas registrou expressamente que as Forças Armadas não aceitam em seu estamento execuções extrajudiciais, violações dos direitos humanos ou desvios de conduta, uma vez que que não combinam com os princípios morais e éticos de seus integrantes.

Não prover aos interventores os meios adequados para a atuação interventiva seria condenar toda a operação ao fracasso, em prejuízo último do titular do poder político, ou seja, o povo brasileiro e, em especial, o fluminense. Ademais, seria também condenar, sem qualquer possibilidade de manifestação, a sociedade estadual a suportar o estado de coisas com as quais ela infelizmente se acostumou a conviver.

Conclusão

O emprego das Forças Armadas na intervenção federal na área da segurança pública do Rio de Janeiro deu-se com pleno amparo jurídico-operacional, não podendo tal medida ser equivocadamente rotulada de intervenção militar e, muito menos, como sendo o início da introdução, no país, de um estado de exceção. Muito pelo contrário, o que se objetivou foi justamente estancar o processo de deterioração da segurança pública, fenômeno que reconhecidamente estava em curso quando da edição do decreto interventivo, instrumento que, em 2018, era compulsório em face da gravíssima situação de descontrole da segurança pública.

A intervenção federal constitui uma medida democrática, prevista expressamente pela Constituição, direcionada para situações excepcionais, tal como a constatação de um grave comprometimento da ordem pública. Foi exatamente esta a realidade diagnosticada no Rio de Janeiro, e que demandava mesmo a adoção de um instrumento jurídico excepcional, cuja chave para o sucesso encontra-se exatamente na cooperação entre as instituições e os poderes da República. Afinal, sem um amparo jurídico, quer sob a ótica legislativa, quer sob o ponto de vista de uma adequada hermenêutica judicial, não há como enfrentar, com um mínimo de êxito, o extraordinário nível de sofisticação e abrangência que a criminalidade alcançou nos últimos anos. Aliás, se a curto e médio prazos nada for feito, a criminalidade poderá conduzir nosso país a uma situação de fragmentação social, com a criação de verdadeiros "Estados paralelos" em solo pátrio.

14

O NARCOTRÁFICO E A LUTA POR "TERRITÓRIOS" E "MERCADOS"

SEGUNDO RAUL JUNGMANN, O BRASIL É o segundo maior consumidor de cocaína do planeta. Isso em boa parte explica, queiramos ou não, a violência decorrente do tráfico ilícito de drogas, no qual atuam organizações criminosas ávidas por consumidores, poder e dinheiro, tais como o PCC (Primeiro Comando da Capital), o CV (Comando Vermelho) e a FDN (Família do Norte).

Há relatos, inclusive, de que na guerra pela hegemonia nacional no lucrativo tráfico de drogas e armas, os chefes do PCC realizam uma espécie de "batismo" nos reclusos em presídios por todo o país. Uma estratégia que, segundo investigações conduzidas pelos Ministérios Públicos e pelas polícias estaduais, teria como objetivo obter pessoal para fazer frente às outras facções que também têm gerência sobre regiões do país.

A propósito, um dos cooptados pelo PCC, segundo informações obtidas pela Inteligência, seria Antônio Francisco Bonfim Lopes, vulgo "Nem", traficante que se encontra preso no presídio de Porto Velho, em Rondônia. Se esse dado for mesmo confirmado, o PCC vai começar a ter controle da Rocinha, um dos principais entrepostos de venda de drogas na cidade. Conforme o artigo de Vera Araújo, publicado em 1º de março de 2018, o PCC, além de vender armas para o bando do Nem, teria também uma parcela dos lucros na venda de drogas da Rocinha.

Trata-se, como se vê, da eterna luta por "mercados ilícitos", o que não raro acarreta coalizões e/ou fusões entre grupos criminosos. Em última análise, o que o PCC pretende é garantir o seu domínio perante o segundo maior contingente de consumidores de drogas do mundo, muitos dos quais se transformarão em vítimas (diretas ou indiretas) do mesmo "negócio podre" que ajudam a financiar. Como bem destacou Raul Jungmann no artigo "Causa e consequência", publicado no jornal *O Globo*, é comum vermos as mesmas pessoas que durante o dia pedem por segurança, à noite financiarem a narcotraficância por meio do consumo de drogas. Polêmicas à parte, e independentemente da classe social do usuário de drogas, não há como negar a relação tráfico/consumo ou consumo/tráfico. Impossível desconsiderar o fato de que o projétil mortal disparado pelo fuzil do traficante é custeado, ainda que parcialmente, pelo "dinheiro sujo de sangue" proveniente do consumo de drogas.

Evidentemente que os narcotraficantes cariocas não se contentam apenas em dominar "territórios" e conquistar "mercados". O Estado paralelo necessita de um contingente criminoso que faça valer, por meio da intimidação, as "regras" por ele ditadas, muitas das quais em uma afrontosa substituição do Direito editado pelo Estado oficial.

Conforme relata Maria Cármem de Sá, em artigo intitulado "A Rocinha e o Camboja", ver meninos trabalhando no tráfico de drogas é cena comum no Rio de Janeiro. O texto mostra que crianças e adolescentes são absorvidos para trabalhar em organizações criminosas dedicadas ao tráfico de drogas, problema considerado pela Organização Internacional do Trabalho (OIT) como uma das piores formas de trabalho infantil. Este fato nos permite afirmar que o Brasil, lamentavelmente, engrossa as fileiras de uma espécie de "milícia" infanto-juvenil mundial destinada ao narcotráfico.

A referida autora, amparada em dados obtidos junto à Anistia Internacional, recorda que existem cerca de 300 mil crianças-soldado em todo o mundo. No entanto, por uma questão meramente terminológica, um jovem que more no Rio de Janeiro e trabalhe numa boca de fumo não está nesta estatística, tendo em vista que a estimativa daquela entidade aplica-se somente a países que estão em situação de conflito armado declarado oficialmente. Isso na prática se mostra incorreto, tendo em vista a seguinte obviedade anotada por Cármem de Sá: "O Rio vive uma situação de guerra, só não oficialmente declarada".

15

A INÉRCIA ESTATAL E O PERIGOSO AVANÇO DAS MILÍCIAS

UM GRAVE PROBLEMA A SER ENFRENTADO pelo Rio de Janeiro e por vários outros estados do país, e que exigirá muito esforço e cooperação do conjunto da sociedade (independentemente da ideologia) e de todos os poderes da República, são as denominadas milícias. Estas organizações criminosas são geralmente constituídas por policiais (militares, civis etc.), bombeiros militares, agentes penitenciários e até mesmo militares das Forças Armadas, cujos métodos de ação nos remetem às famosas máfias, o que eleva ainda mais a dimensão do mal a ser urgentemente combatido.

Segundo Giovanni Falcone, em seu livro *Coisas da cosa nostra: a máfia vista por seu pior inimigo*:

> A máfia sistema de poder, articulação do poder, metáfora do poder, patologia do poder. A máfia que se torna Estado onde o Estado tragicamente se faz ausente. A máfia sistema econômico, desde sempre envolvida em atividades ilícitas e lucrativas que podem ser exploradas metodicamente. A máfia organização criminal, que usa e abusa dos tradicionais valores sicilianos. A máfia que, num mundo onde o conceito de cidadania tende a se diluir, enquanto a lógica da posse tende a tornar-se mais forte, onde o cidadão, com seus direitos e deveres, cede passagem ao clã, à clientela, portanto, apresenta-se como uma organização de futuro garantido.[1]

Conforme a reportagem "Associação explosiva", de Vera Araújo, publicada no jornal *O Globo* em 28 de janeiro de 2018, a Subsecretaria de

Inteligência da extinta Secretaria de Segurança Pública do Estado do Rio de Janeiro fez um levantamento que mostra que 42 policiais militares da ativa eram parte dos 143 milicianos presos em 2010. Ou seja, conforme asseveram as pesquisadoras Alba Zaluar e Isabel Siqueira Conceição, no artigo "Favelas sob o controle das milícias no Rio de Janeiro — Que paz?", pessoas que teriam a função de cumprir a lei passaram a agir contra a lei, não apenas para transformar a segurança num negócio lucrativo, como também para explorar os trabalhadores urbanos mais vulneráveis, sem garantias legais na habitação, sem acesso à Justiça e à informação.

No que se refere à legislação penal, esse fenômeno delituoso encontra-se previsto no artigo 288-A do Código Penal, disposto de forma autônoma, ou seja, independentemente do vasto leque de delitos passíveis de serem perpetrados pelos milicianos. O crime de constituição de milícia privada consiste, segundo o referido artigo, em "constituir, organizar, integrar, manter ou custear organização paramilitar, milícia particular, grupo ou esquadrão com a finalidade de praticar qualquer dos crimes previstos neste Código". Esse delito sujeita o miliciano a uma pena de quatro a oito anos de reclusão.

Segundo a CPI *das Milícias*, o termo em questão pode ser definido da seguinte forma: grupos armados controlados por componentes das Forças Armadas e/ou das instituições de segurança pública que praticam extorsão e exploração irregular de serviços públicos para fins econômicos escusos.

Em termos de origem geográfica, é corrente entre os estudiosos do assunto que o fenômeno discutido teria surgido e se popularizado a partir de uma iniciativa ocorrida na comunidade de Rio das Pedras, na Zona Oeste do Rio de Janeiro, quando, então, expandiu-se rapidamente para outras áreas da cidade. Rio das Pedras, como pioneira na "aparentemente bem-sucedida" experiência, começou a se notabilizar pela "segurança local" que oferecia aos moradores, configurando, romanticamente, "uma espécie de oásis em meio à barbárie", nas precisas e metafóricas palavras de Marcelo Burgos, no artigo "Favela, cidade e cidadania em Rio das Pedras".

Segundo o que ficou reportado pelo deputado Marcelo Freixo no relatório final da Comissão Parlamentar de Inquérito instaurada pela Assembleia Legislativa do Estado do Rio de Janeiro (Alerj) para investigar a ação das milícias no âmbito do estado, o surgimento dessas organizações criminosas guarda estreita relação com a omissão estatal quanto à promoção de políticas públicas de inclusão social e econômica e com a conivência das autoridades encarregadas de garantir a segurança pública. No mesmo sentido, Alba Zaluar e Isabel Siqueira Conceição, no artigo citado anteriormente, observam que as milícias constituem um efeito do mau funcionamento das políticas de segurança pública. Desse modo, é possível afirmar que foi justamente o descompromisso estatal com o campo da segurança pública que deu oportunidade à emergência das milícias como uma "romântica" solução para o problema da violência.

Diferentemente do que afirma o coronel PM Luis Cláudio Laviano, então comandante geral da Polícia Militar do Estado do Rio de Janeiro, para quem uma "visão romântica sobre as milícias nunca existiu", fato é que, quando do "nascimento" delas, algumas autoridades públicas chegaram mesmo a denominá-las de "grupos comunitários de autodefesa".

O *Relatório final da CPI das Milícias*, elaborado em 2008 pela Alerj, mostrava que a cúpula da segurança, por falta de recursos, não tinha entre as suas prioridades a ação e o combate à segurança privada de ruas e espaços públicos. Por conta disso e da postura permissiva das autoridades, criou-se um ambiente propício ao aparecimento e crescimento de milícias. Segundo o mesmo relatório, o ex-prefeito César Maia teria dado às milícias a denominação de grupos comunitários de autodefesa. O delegado Marcus Neves, importante figura no combate às milícias, em depoimento à CPI, revelou que primeiramente viu as milícias como um mal menor.

Ademais, *o Relatório final da CPI das Milícias* também informava que uma das causas que permitiram que as milícias chegassem ao atual estágio reside no descontrole da segurança privada ilegal, fenômeno que se originou em práticas antigas, remontando a uma cultura já histórica de violência contra as camadas populares. A denominada "polícia mineira", formada por um grupo de "justiceiros" e "matadores", era responsável por exterminar os elementos considerados indesejáveis pela comunidade, como os autores de delitos, usuários de drogas e ladrões. A partir dessa estratégia de atuação, as milícias passaram a oferecer "serviços de segurança", quer sob o prisma "preventivo" ou "repressivo", usando a intimidação como um dos fatores de criação do medo perante as pessoas.

Alba Zaluar e Isabel Siqueira Conceição recordam que, desde a década de 1970, já existiam grupos de extermínio na Zona Oeste do Rio de Janeiro que investiam em negócios imobiliários e ofereciam proteção. Entretanto, a principal diferença entre as milícias e os grupos de extermínio é que elas têm um controle sobre o território e desenvolvem atividades comerciais que vão além dos serviços de segurança, entre elas a exploração do transporte alternativo, a venda inflacionada de botijões de gás e o famoso "gatonet" (sinal pirata de TV a cabo).

Em determinado momento histórico, cientes da possibilidade de elevar o "lucro fácil" decorrente daquelas atividades criminosas iniciais, os milicianos decidiram expandir os "negócios" da organização criminosa. A propósito, para uma ampla noção do problema que as milícias causam nos campos da segurança pública e do desenvolvimento, cumpre mencionar a reportagem assinada por Rafael Galdo no jornal O Globo, em 22 de dezembro de 2017. A matéria apresenta uma síntese da vasta lista de ações ilícitas encetadas por esses grupos criminosos e mostra como a quadrilha que age na região de Seropédica, na Baixada Fluminense, foi capaz de interromper a obra de duplicação de uma ponte na BR-465 para exigir R$ 35 mil da empreiteira contratada pelo Departamento Nacional de Infraestrutura de Transportes (DNIT).

Há, inclusive, relatos dando conta de uma possível associação entre as milícias e o narcotráfico. O delegado Alexandre Herdy, então titular da Delegacia de Repressão às Ações do Crime Organizado, na matéria já citada de Vera Araújo, conta que muitos traficantes começaram a monopolizar alguns serviços, que eram da seara de milicianos, assim como as milícias começaram a agir em espaços que eram controlados apenas pelo tráfico.

Essa associação, uma vez detectada pela inteligência policial, merece ser tratada e combatida com extremo rigor legal e urgência, principalmente se considerarmos o quanto pode ser nociva para o cotidiano do estado e das comunidades. O artigo "Tráfico e milícia têm de ser combatidos com rigor e urgência", publicado no jornal O Globo em 30 de janeiro de 2018, bate na mesma tecla do perigo da associação das milícias com o tráfico de drogas. Nesta dobradinha, traficantes adotam as mesmas práticas dos milicianos e estes partem para o comércio das drogas. Quem sai perdendo são os moradores que pagam mais caro em suas comunidades por serviços considerados essenciais.

Para Rivaldo Barbosa, então chefe da Polícia Civil do Estado do Rio de Janeiro (PCERJ) e ex-diretor da Divisão de Homicídios da mesma instituição, é mais difícil esclarecer os assassinatos cometidos por milicianos.

> A milícia usa o homicídio para impor sua força, amedrontar moradores. A associação com o tráfico fez os crimes se tornarem mais frequentes e cruéis. Juntos, milicianos e traficantes são responsáveis por cerca de 80% dos assassinatos praticados no estado. Eles também estão se unindo para praticar roubos de cargas. O traficante Arafat (Carlos José da Silva Fernandes), chefe do tráfico do Complexo da Pedreira, fazia parcerias com milicianos da comunidade Três Pontes, em Santa Cruz, para realizar esses assaltos – afirmou o diretor da DH, que, sozinho, prendeu 33 milicianos no ano passado.[2]

Mais grave ainda é saber que muitos milicianos, "insatisfeitos" por estarem à margem do Estado, buscam estender seus tentáculos criminosos ao Estado formal, notadamente ao Poder Legislativo. A CPI *das Milícias* também ouviu candidatos e parlamentares que apareceram em denúncias, depoimentos e relatórios dos órgãos de segurança como associados à atuação das milícias. Todos negaram qualquer culpa e a maioria declarou ser um líder comunitário, como se atuassem em defesa dos interesses da comunidade. Quase todos reconheceram que apoiaram candidatos oriundos dos órgãos de segurança pública. E, de fato, ao investigar os dados sobre as votações dos candidatos que foram citados, o resultado é que tiveram uma quantidade importante de votos nas áreas de controle das milícias.

Conforme se observa, tendo em vista a inércia do Estado brasileiro, o amplo leque criminoso das milícias não se resume mais à simples exploração do transporte alternativo ou à venda de botijões de gás. Segundo o que é relatado por Chico Otávio e Vera Araújo em "Minha casa, minha milícia", essas organizações criminosas também passaram a invadir áreas de proteção ambiental para obter lucros com construções irregulares. Como se vê, elas estão diversificando suas atividades e expandindo seus negócios ilegais.

Diante desse contexto delituoso demasiadamente complexo, notadamente porque as milícias configuram um exemplo concreto da promiscuidade identificada entre agentes policiais e o crime organizado, urge que o Estado concentre todos os esforços possíveis no sentido de priorizar a adoção de estratégias destinadas a desestruturar definitivamente o avanço de grupos milicianos.

16

O CONCEITO DE GRAVIDADE DELITIVA E
A PENA PRIVATIVA DE LIBERDADE

O COLUNISTA DENIS LERRER ROSENFIELD, NO artigo "Onda retrógrada", publicado em 27 de novembro de 2017 no jornal O *Globo*, traz à tona uma antiga discussão a respeito do manejo da pena privativa de liberdade no contexto da segurança pública: afinal, prendemos muito ou pouco?

Em resposta a esta pergunta é preciso, de uma vez por todas, entender que o foco da questão não deve se concentrar no aspecto quantitativo. Não se trata, portanto, de saber se prendemos muito ou pouco. O que se deve é refletir a respeito da efetiva necessidade da pena de prisão especificamente para determinados delitos.

Esse dilema brasileiro (prender ou não prender, eis a questão), típico de Estados fracos, acaba por repercutir, a toda evidência, nas decisões tomadas pelo Estado-juiz. Este tem a tendência atual de evitar o encarceramento, principalmente por conta da indiscutível falência do sistema prisional.

Ainda que a proposta de não encarceramento seja parcialmente válida, uma vez que essa espécie de pena, à luz da moderna teoria da sanção penal, incontestavelmente deve ser reservada apenas para os delitos mais graves, o cerne da reflexão está em identificar o que se entende por infrações penais graves, em relação às quais a prisão torna-se justificável e legítima. Isso não desconsidera, evidentemente, o caráter excepcional da sanção privativa de liberdade. Vale dizer, é realmente fundamental que o Estado priorize outros instrumentos de resolução de conflitos.

Assim, precisamos estabelecer, com a devida urgência, um norte conceitual acerca da denominada gravidade delitiva. No Brasil, tendo em vista que cada vez mais nos acostumamos a conviver com a violência, e também por conta da constatada desordem do sistema carcerário, o que se observa é que a concepção do que é grave se torna cada vez menos rígida, gerando uma sensação de impunidade. O problema é incentivado pelo próprio Estado, que cada vez mais ignora a necessidade da medida de prisão, além de permanecer praticamente inerte quanto à solução a ser dada ao conhecido deficit de vagas nas instituições prisionais, fato identificado pela própria CPI do sistema carcerário brasileiro.

Em 2015, a investigação realizada pela CPI do sistema carcerário brasileiro observou um enorme deficit de vagas no país, faltando, naquela ocasião, cerca de 250 mil. Segundo o relatório final da CPI, as delegacias de polícia civil ainda são repositório de grande quantidade de população carcerária, que permanece sob custódia dentro delas em vez de ser mantida nas unidades do sistema carcerário.

Ademais, outro grave problema detectado pela aludida Comissão Parlamentar de Inquérito, e que afeta sobremaneira o sistema prisional, é a morosidade do Poder Judiciário. Há relatos de presos que, não obstante terem cumprido os requisitos legais para a progressão de regime, continuam a aguardar uma decisão judicial que a reconheça, o que igualmente contribui para a carência de vagas. Na realidade, a omissão estatal em proferir, em tempo hábil, uma sentença reconhecendo o direito do preso à progressão de regime deságua não apenas no sistema carcerário, mas também no da segurança pública como um todo.

Entretanto, o descaso brasileiro com a área vai muito além da questão inerente ao deficit de vagas. O Brasil, segundo dados apontados no *Relatório final da CPI do sistema carcerário brasileiro*, elaborado em 2015, não dá valor à possibilidade reintegradora da pena. Afinal, no país apenas 16% dos presos trabalham e só 11% estudam. Assim, a prisão, na maioria dos casos, passa a ter como finalidade a imposição de sofrimento à pessoa que violou a ordem jurídico-penal, problema que, de certa maneira, explica o elevado índice de reincidência no país.

De fato, sem a concretização de uma política que efetivamente promova a ressocialização dos presos, o Estado brasileiro permanecerá enxugando gelo. É preciso, pois, que o país reflita a respeito de tão importante tema, e que entenda de uma vez por todas que a reintegração do preso é fundamental para garantir a segurança da sociedade e, principalmente, resguardar a dignidade humana dos indivíduos encarcerados.

17

Insegurança pública, fobia social, crueldade humana e risco de autoritarismo

A coordenadora da Rede de Justiça social Janaína Camelo Homerin, no artigo "O papel de uma legislação mais responsável na redução do fluxo de entrada no sistema prisional", explica que a maneira como a sociedade percebe a segurança e a justiça é influenciada pela falência institucional dos órgãos responsáveis, gerando um sentimento de impunidade e insegurança. A socióloga Celi Scalon complementa que "estudos de atitude realizados no Brasil constatam que tanto entre as elites como entre o povo, a falta de segurança é identificada como um dos maiores problemas do país",[1] de modo que o medo da violência faz parte da vida nas cidades e no campo.

A pesquisadora Priscila Farfan Barroso afirma no seu artigo "O sentimento de insegurança e a armadilha da segurança privada: reflexões antropológicas a partir de um caso no Rio Grande do Sul" que os moradores das grandes cidades têm suas vidas sociais limitadas pelo medo da violência urbana. Blindar os carros, deixar de sair à noite e colocar grades nas casas são algumas das medidas que os moradores vêm tomando, muitas delas influenciadas pelas informações na mídia sobre assaltos, sequestros, estupros, guerras do tráfico e outros acontecimentos violentos. O sentimento de insegurança leva o medo a sair da esfera individual para emergir no debate público e faz com que as pessoas cobrem medidas concretas de prevenção da criminalidade e melhores estratégias para o cuidado com a inviolabilidade de seus patrimônios.

Na ótica de Julita Lemgruber, Ignacio Cano e Leonarda Musumeci, em artigo publicado no Centro de Estudos de Segurança e Cidadania (CESeC), a mídia, ao não atuar como veículo para debates fundamentais, acaba colaborando para que o sentimento de inoperância das instituições e impotência dos cidadãos aumente, alimentando a percepção de falência do Estado e impunidade. Por conseguinte, isso dá a sensação de que a próxima vítima da violência, direta ou indireta, pode ser qualquer um.

Segundo o empresário Flávio Rocha, no artigo "Vote em mim", publicado em 26 de março de 2018 na *Revista Época*, a degradação da segurança pública seria uma consequência de anos de governo de esquerda, os quais teriam celebrado uma parceria entre o ente estatal e o crime organizado, cujo objetivo seria "amordaçar a polícia e armar os bandidos no Rio de Janeiro". Nesse contexto, a população, cansada de ser vítima de balas perdidas e de crimes de diversas naturezas, passa a aceitar, como solução para o problema, a lógica do "bandido bom é bandido morto". É o que mostra a pesquisa do Ibope feita em fevereiro de 2018. De 2.002 pessoas entrevistadas, 50% "concordam" ou "concordam totalmente" que "bandido bom é bandido morto", contra 37% que se opõem.

De acordo com a pesquisa *Medo da violência e autoritarismo no Brasil*, realizada pelo Fórum Brasileiro de Segurança Pública, e publicada pela *Folha de S. Paulo* em 6 de outubro de 2017, os brasileiros são afeitos a apoiar teses autoritárias e esta propensão se vê reforçada pelo quadro crítico da segurança pública no país. Os números são alarmantes: são cerca de 60 mil mortes por ano, quantidade que chega a ultrapassar os de cidades que estão em guerra civil, e pelo menos 50 milhões de adultos já conheceram uma pessoa que foi assassinada.

Some-se, como ingrediente adicional, a sensação de insegurança e medo presente na população brasileira, fenômeno identificado, por exemplo, por pesquisas de vitimização realizadas pelo Instituto Latino-Americano das Nações Unidas para Prevenção do Delito e Tratamento do Delinquente

(Ilanud) e pelo Instituto de Segurança Pública (ISP) da extinta Secretaria de Segurança Pública do Estado do Rio de Janeiro. Não é por acaso que a falta de segurança é identificada como um dos maiores problemas do país, conforme estudo elaborado por Celi Scalon. Para a socióloga, o problema da falta de segurança é apontado como um dos mais graves pela elite e pelo povo, embora o que diferencie os dois grupos é que a elite aponta também a corrupção, enquanto o povo, o desemprego.

Natália de Oliveira Fontoura, Patricia Silveira Rivero e Rute Imanishi Rodrigues, em seu artigo "Segurança pública na Constituição Federal de 1988: continuidades e perspectivas", afirmam que, diante desse contexto, a legitimidade estatal passa a ser socialmente questionada, ou porque não consegue manter o restrito controle do uso da coerção, ou porque o próprio Estado se vê participante de atos ilegais que geram violência.

Segundo recorda Maria José Tonelli, psicóloga social e professora da Fundação Getulio Vargas (FGV), a organização do Estado deve ser uma troca na qual o indivíduo deve abrir mão de sua liberdade absoluta para receber a proteção estatal. O fenômeno, segundo a pesquisadora, está apoiado no estudo de Freud sobre a relação existente entre os mecanismos do medo e da adesão ao autoritarismo.

Tonelli afirma que os indivíduos buscam soluções mágicas quando se veem sem a proteção de suas necessidades fundamentais de segurança, dando abertura ao surgimento de saídas "salvacionistas", bem como a adesão a teses autoritárias.

Nessa linha de raciocínio, a reportagem "Crença no extremo", assinada por Igor Mello no jornal *O Globo*, relata a inclinação de eleitores em votar em candidatos alinhados com o discurso do "bandido bom é bandido morto". Isso mostra, segundo Marlon Alberto Weichert, que não apenas a elite conservadora, mas uma parcela expressiva da sociedade, incluindo aí a população pobre e marginalizada, acredita no uso da violência abusiva como saída.

Ademais, nesse contexto conturbado, a sociedade, encurralada pelo crime, notadamente pelo narcotráfico, cuja disputa territorial constitui uma das suas marcas registradas, começa a traçar e adotar estratégias destinadas à própria sobrevivência e/ou autoproteção, comportamento social perfeitamente explicável.

Conforme observa a jornalista Lu Lacerda no artigo "Uma cidade sob o terror", publicado no jornal O *Globo* em fevereiro de 2018, o "momento carioca nunca esteve tão acompanhado de Fobus (o deus do medo), com violência, doenças, como zika e febre amarela, insegurança, desemprego — o que se transforma em desesperança, atingindo diretamente o coração de cada um",[2] e aumentando a falta de perspectiva no futuro. No artigo "Violência traz sintomas físicos e psicológicos a moradores do Rio", publicado no jornal O *Globo* em 15 de abril de 2018, de autoria de Rafael Galdo, a terapeuta Marina Sá relata que o dia a dia agressivo rouba o sossego da cidade e diminui os espaços de convivência social.

Não é por acaso que, entre 120 países pesquisados pela FGV Social em 2016, o Brasil aparece como o 7º com a maior sensação de insegurança do mundo: uma média de 63% (dados da Gallup) dos brasileiros não se sentem seguros de andar sozinhos à noite onde moram, conforme explica Ancelmo Gois em "A Síria dos trópicos II", jornal O *Globo* de 11 de fevereiro de 2018.

Rafael Galdo, no mesmo artigo, assevera que há muitas doenças psicológicas que surgem a partir do medo e da falta de segurança decorrentes das estatísticas da criminalidade. Lu Lacerda afirma também que, segundo o cardiologista Claudio Domênico: "Tudo isso afeta a cabeça das pessoas e, quando a cabeça não anda boa, surgem problemas, tais como ansiedade, pânico, arritmia, dor no peito, hipertensão".[3]

Herika Cristina da Silva, pesquisadora do Instituto de Psiquiatria (Ipub) da Universidade Federal do Rio de Janeiro (UFRJ), citada por Rafael Galdo no referido texto, relata que vítimas ou testemunhas de casos de violência podem ser acometidas por uma série de transtornos, tais como: ficar mais irritado e triste, manter-se isolado, evitar os lugares que lembrem o trauma. Em casos mais graves, as vítimas podem desenvolver síndrome do pânico, depressão, ansiedade e Transtorno do Estresse Pós-Traumático (TEPT). Segundo a pesquisadora, as pessoas que sofrem destes transtornos não falam sobre o assunto, por isso são mais difíceis de diagnosticar.

O professor Rubens Penha Cysne, no artigo "Polícias mundiais e crimes locais", recorda que Bertrand Russel, já em 1970, sugeriu que os Estados

Unidos tomassem para si as funções de "polícia mundial". O raciocínio era concebido a partir da tese de Russel segundo a qual descentralizar a posse das tecnologias de destruição e violência acabava submetendo todos a um risco permanente e a centralização diminuiria este risco. Em termos mundiais, o maior problema é o uso de armas nucleares nas guerras entre Estados; nas cidades, um problema parecido ocorre quando se observa o uso de armamento pesado pelas facções criminosas que lutam entre si.

A concretização de áreas geográficas com leis próprias sustentadas pelo armamento disponível no local gera o enfraquecimento do Estado formal. Estas lutas entre facções criminosas por este poder relativo produzem uma insegurança constante e uma destruição do bem-estar coletivo. O medo cotidiano de ser vítima de uma bala perdida substitui o medo distante de uma bomba nuclear, diz Bertrand Russel.

> A descentralização interna do uso da força legitimada traz ainda dois riscos adicionais. Primeiro, possíveis coalizões dos estados informais contra o Estado formal. Segundo, uma crescente representação política organizada dos estados informais junto ao Estado formal, minando-o pelas bases. Nos dois casos, contam os estados informais com a vantagem de não terem que se ater às regras cívicas definidas pelo Estado formal, o que facilita sobremaneira a sua ação.[4]

A notícia publicada em O Globo em 12 de novembro de 2017, de autoria de Selma Schmidt, relatava que, tendo em vista o quadro de violência que assola a capital fluminense, o cidadão carioca vem cada vez mais adotando, por ele próprio, soluções para se proteger. O comerciante Oscar Alfena Júnior apelou para um dispositivo de segurança: um aparelho com botão de pânico que repassa tudo o que ele fala para a central de monitoramento de uma empresa de segurança que, verificando o risco, pode contatar a polícia. Além do comerciante, o uso do botão de pânico vem sendo adotado por escolas, creches, casas e condomínios.

Se por um lado a insegurança pública incentiva a criatividade do cidadão, que, cansado de esperar por uma solução estatal, passa a adotar as mais inusitadas estratégias de "autoproteção", por outro é forçoso reconhecer que o mesmo fenômeno também é capaz de provocar no indivíduo os sentimentos mais primitivos, dando margem a atos de barbárie. Estes atos certamente não condizem (ou, pelo menos, não deveriam condizer) com o atual estágio de evolução humana, que não mais admite o exercício da denominada vingança privada, justamente por caber ao Estado o monopólio da justiça.

Nesse contexto, cumpre lembrar, com pesar e preocupação, a reportagem "Suspeito de roubo é amarrado a poste e agredido na Ilha", veiculada por Adriano Araújo no jornal O *Dia* de 2 de dezembro de 2017, que mostrava como um grupo de pessoas, após impedirem um roubo, agrediram o suspeito e o amarraram num poste.

O fenômeno do "justiçamento" constitui um problema extremamente grave e merecedor da nossa reflexão, posto que atenta contra um dos alicerces sobre os quais a República está fundada, o da dignidade da pessoa humana, presente no artigo 1º, inciso III, da Constituição. O "justiceiro", ao agir assim, demonstra um inquestionável empobrecimento espiritual, moral e ético, típico de épocas remotas da vivência humana. E aquele que é "justiçado", não obstante o crime por ele praticado, continua ostentando o status de sujeito de direitos, não podendo ser objeto de qualquer "justiçamento social".

Como bem explica Paulo Nogueira da Costa Jr. no artigo "Barbárie", publicado em 8 de dezembro de 2017 no jornal O *Globo,* as garantias individuais, a proteção ao abuso de autoridade, o direito à defesa e a presunção de inocência são direitos de todo cidadão. De fato, em um Estado democrático de direito, o exercício da autoridade somente pode ocorrer sob o prisma estritamente legal, sem qualquer possibilidade de redundar em violência ilegal.

18

Negação ao direito de autodefesa: a lógica elitista de um Estatuto do Desarmamento

ALÉM DE TANTOS PROBLEMAS ESTRUTURAIS E sistêmicos que afetam mais diretamente a área da segurança pública, somam-se a eles iniciativas que, ao contrário de suas românticas intenções, acabam por impedir o cidadão de exercer o mais elementar direito à autodefesa. Elas o desarmam e conferem à bandidagem, de certa maneira, o "monopólio" das armas, o que se outorga através do Estatuto do Desarmamento (Lei nº 10.826/2003). Este texto normativo, inclusive, foi reprovado em referendo popular por mais de 60% do povo brasileiro.

No artigo "Onda retrógrada", Denis Rosenfield alerta para o barulho dos politicamente corretos, que para ele representam uma minoria de intelectuais e artistas que vivem num mundo à parte. O país vive uma inversão de valores que deixa o cidadão comum desarmado e sem direito à legítima defesa, enquanto os bandidos exercem seu poder de fogo ostentando armas militares. Com efeito, não há como desconsiderar, nesse contexto, os problemas gerados pela adoção de um suposto "Estatuto do Desarmamento", o qual, desde o início de sua vigência, acabou por conceder aos criminosos quase que a exclusividade da "aquisição" e do "porte" de armas de fogo no país, algumas delas, inclusive, de uso privativo das Forças Armadas.

Não é por outro motivo que o cidadão, inconformado com essa situação paradoxal, que permite ao bandido ter livre acesso às armas de fogo, tem publicado nas redes sociais, com inegável toque de ironia, que os militares têm sido flagrados nas favelas do Rio com armas que são de uso exclusivo dos traficantes. Apesar do tom de brincadeira, é possível dizer que a última frase retrata o pensamento geral do brasileiro quanto à necessidade de se rever o referido Estatuto.

Segundo o artigo "Anos de chumbo", de Ney Marino Monteiro, a instituição da Lei do Desarmamento levou a uma espécie de "lei do bandido", reforçando no Brasil o crime organizado urbano. Por conta da insegurança, o cidadão brasileiro começou a se curvar diante de algumas "regras", tais como: a proibição de usar seu celular em bancos, o uso de películas e blindagem nos automóveis e a proibição do uso de caixas eletrônicos, que explodem frequentemente.

A propósito, convém encerrar, quanto à temática armas de fogo, o perverso ciclo de desonestidade intelectual. A bem da verdade, se a simples posse de armas de fogo fosse o real motivo da violência presente no país, a Suíça seria o Estado mais violento do planeta, considerando que lá praticamente todo cidadão maior de idade possui armas (particularmente, fuzis militares).

Embora os Estados Unidos possuam, estatisticamente, mais armas de fogo *per capita*, é a Suíça, seguida por Israel, que, à frente da nação estadunidense, possui mais cidadãos armados. Na América, há cidades na qual há apenas cinquenta armas de fogo; mas também há outras em que elas simplesmente não existem, o que não justifica a falsa afirmação segundo a qual os Estados Unidos constituem o país mais armado do mundo. Resta fundamental, portanto, deixar definitivamente de lado as pseudoanálises (e respectivas conclusões equivocadas) baseadas em meros "achismos" ou em percepções reducionistas de realidades extremamente complexas.

Mesmo nos Estados Unidos, considerados a maior democracia do mundo, não faltam exemplos de casos de extrema imposição legal (coercitiva e coativa) da força pelas instituições policiais em situações em que o Estado tem o dever de fazer presente a sua autoridade. Esta ação é historicamente respaldada e complementada por uma Justiça extremamente atuante e capaz, e que não faz distinção, no que concerne a uma pedagógica punibilidade, entre os delinquentes por faixa etária.

Apesar de os Estados Unidos se constituírem no berço da democracia, uma vez que foi o primeiro país do mundo a possuir uma Constituição escrita e cuja Declaração de Independência (1776) traduziu a força motriz inaugural da própria Revolução Francesa (1789), tal fato histórico não impede que a nação estadunidense ostente a maior população carcerária do mundo, com cerca de 2,1 milhões de presos. Os EUA também têm uma das legislações penais e processuais penais mais severas, o que inclui a própria previsão de pena capital para determinados delitos e, ao mesmo tempo, representa a maior economia do mundo e um dos países mais desenvolvidos do planeta.

No Brasil, segundo o artigo "Prendemos muito ou pouco?", de Emerson Garcia, publicado em 13 de março de 2018 no jornal *O Globo*, diversos segmentos estatais resistem à aplicação da pena privativa de liberdade e evitam o encarceramento baseados na ideia de que a prisão deve ser reservada aos crimes mais graves. No entanto, a ideia quanto ao grau de gravidade tem sido cada vez mais fraca e subjetiva, gerando a sensação de impunidade. Emerson Garcia relata que há juízes que decidem pela soltura de muitos presos nas audiências de custódia simplesmente para diminuir a população carcerária. E conclui dizendo que o Estado brasileiro vem ignorando perigosamente a necessidade de medida de prisão que está sob seu poder.

Curioso observar que expressiva parcela das autoridades (do Legislativo, do Judiciário e do Executivo) que se manifestam favoravelmente ao Estatuto do Desarmamento são justamente os integrantes de uma elite que, excepcional e legalmente, podem portar armas de fogo. Isso reflete mais uma das tantas hipocrisias da nossa nação, muito bem retratada na frase "faça o que eu mando, mas não faça o que eu faço". A propósito, posicionando-se a favor do desarmamento, o artigo "Controle necessário", publicado em *O Globo* em 20 de novembro de 2017, explica que muitas das propostas de revogação parcial do Estatuto do Desarmamento acontecem quando o Brasil está numa crise de segurança alarmante. O texto afirma que o objetivo dessas propostas seria apenas aplacar o pânico dos cidadãos, dando a falsa ideia de que estando armados eles ficarão mais seguros. No entanto, a segurança não dependeria apenas de armas, mas das circunstâncias, números de bandidos, dentre outros fatores. Segundo o mesmo artigo, esta visão deturpada só interessaria à indústria de armas, que colocava o Brasil em 2012 como o quarto lugar entre os maiores exportadores de armas de fogo.

Não obstante os cidadãos dos Estados Unidos e da Suíça possuírem mais armas de fogo que os brasileiros, ambos os países, com os respectivos dados oficiais relativos às correspondentes taxas de homicídio, apresentam-se, comparativamente, em posição muito inferior à do Brasil.

Tal aspecto, por si só, refuta qualquer argumento partidário do Estatuto do Desarmamento, cuja consequência concreta, até o momento, tem sido retirar, apenas do indivíduo comum — justamente aquele que se encontra em situação fragilizada diante da violência que assola o país —, o legítimo direito e a real possibilidade de se autoproteger contra os bandidos, em relação aos quais o Estado insiste em permanecer inerte.

O senador Flávio Bolsonaro, no artigo "Uma escolha pela vida", jornal *O Globo* de 20 de novembro de 2018, lembra que, em 2005, 59 milhões de brasileiros votaram pelo direito de escolherem, cumprindo os requisitos legais, ter uma arma. Ele sugere que o Congresso possa criar uma nova legislação que garanta a vontade popular de acesso às armas, reduzindo a burocracia e restaurando o poder do cidadão de exercer a legítima defesa. Para Flávio, pessoas legalmente armadas são capazes de salvar vidas.

> Em 1996, quando uma arma podia ser comprada no balcão da Mesbla, a taxa de homicídios por arma de fogo no Brasil era de 14,6 por 100 mil habitantes. Em 2015, com toda a política de controle de armas — exceto para bandidos — implementadas por governos socialistas, a taxa foi de 20,4. Um crescimento de quase 40% em vinte anos, segundo o Ipea. No mesmo período, as taxas explodiram no Piauí (+733%), Maranhão (+592%) e Minas Gerais (+294%).[1]

Um país que se autoproclama democrático deveria, no mínimo, respeitar a vontade popular amplamente majoritária e expressa, de forma inequívoca, em referendo destinado especificamente a essa finalidade.

De qualquer modo, no presente momento, os indivíduos desprovidos de proteção (em termos mais amplos, de segurança) continuam proibidos de se autodefender, uma vez que lhes é expressa e rigorosamente vedado o direito ao porte de arma de fogo. Trata-se daquilo que denominamos de Estado "nem-nem", ou seja, *nem* protege, *nem* permite que o cidadão se autodefenda.

Nesse aspecto, vale lembrar que a segunda emenda à Constituição Americana, aprovada em 15 de dezembro de 1791, e embora elaborada em um contexto histórico completamente diverso dos dias atuais, expressamente consagra o direito inerente a todo e qualquer cidadão de se autodefender. Notadamente a partir da óbvia constatação de que o Estado não possui condição de se fazer presente em cada fração do território norte-americano, raciocínio aplicável a todo e qualquer país, em especial aos que não conseguem prestar um adequado serviço de segurança pública.

Assinala-se que a interpretação corrente a respeito da Constituição dos EUA continua, de modo inequívoco, a assegurar o porte de arma de fogo a todos os cidadãos americanos, entendimento da Suprema Corte Americana amparada no sagrado princípio da autodefesa. O que se discute em solo americano, convém sublinhar, é apenas o tipo de arma de fogo (e respectiva munição) adequado a essa finalidade. Não há qualquer divergência, entre as várias correntes de pensamento dos Estados Unidos, quanto ao inconteste direito de cidadãos portarem armas em solo pátrio.

Em contraposição, o Brasil, de forma incoerente, afirma, inclusive através de inúmeras decisões do Poder Judiciário, não ser responsabilidade do Estado conferir proteção individual a cada cidadão, fazendo com que ações por danos materiais e morais — sobretudo aquelas em que se postula o pagamento de uma indenização em decorrência da morte de pessoas vítimas de uma criminalidade que o Estado não combate de modo eficaz — sejam todas julgadas improcedentes.

Precisamos, portanto, refletir a respeito do tema para tomarmos, definitivamente, uma posição: ou o Estado permite o porte de armas de fogo a todos os cidadãos, de modo que eles possam se defender, ou o ente estatal cumpra, em toda a sua plenitude, a sua tarefa de garantir a cada um dos brasileiros o direito fundamental à vida.

19

SEGURANÇA PÚBLICA E DESENVOLVIMENTO ECONÔMICO

ATÉ MESMO A CORRUPÇÃO — NÃO obstante a gravidade de tal conduta e seus perversos efeitos para a economia de um país — não é fator absolutamente determinante para afetar o crescimento econômico e o desenvolvimento social. Entretanto, com toda certeza, a ausência de parâmetros (e, sobretudo, de níveis) mínimos de segurança pública o é, na medida em que estabelece uma relação negativa na equação "custo-benefício", própria do denominado ambiente de negócios.

> Ou seja, as nações que pretendem ter um desenvolvimento socioeconômico verdadeiro e um protagonismo internacional não podem, em nenhuma hipótese, se eximir de fazer um combate contra a *corrupção* e à *insegurança pública*. Esta é a derradeira ameaça, que, a exemplo de um câncer em fase avançada de metástase, espalha-se pelo corpo social, encastelando-se como um vírus em cada uma das células que compõem o tecido que é compartilhado por todos os integrantes da coletividade, putrefando, em última análise, o bem mais precioso que o ser humano possui em sua vida (e que se chama *esperança*), afastando, por via de consequência, os investidores produtivos que vivem, a exemplo de qualquer componente individual ou grupal humano, deste mesmo sentimento.[1]

Evidentemente, não há como deixar de reconhecer que o problema da segurança pública no Brasil está entre os mais graves do mundo. Prova disso é que, em 2016, não obstante constarem, nas estatísticas oficiais, cerca de 61.500 assassinatos no Brasil — número superior aos mortos no conflito da

Síria, país que se encontra formalmente em guerra civil —, tais dados não incluíam outras 71 mil pessoas desaparecidas, muitas das quais, provavelmente, também foram vítimas de homicídio, cujos cadáveres jamais serão encontrados. Verifica-se, no caso, aquilo que se convencionou chamar de subnotificação de registros, fenômeno que se soma ao complexo quadro acima, minando a credibilidade dos já impressionantes números de mortos. As estatísticas refletem, de modo geral, a ausência de capacidade do Estado em manter a ordem pública e garantir o direito à vida.

Observa-se, portanto, um verdadeiro clima de "alerta geral", a afastar os investimentos produtivos. E isso ocorre independentemente do fato de nosso país ostentar extraordinárias oportunidades de negócios, possuir a maior fronteira agrícola do mundo, ter mão de obra abundante e barata, vastidão territorial pouco explorada e todos os demais requisitos básicos para fomentar o ambiente propício à prosperidade econômica.

Nesse cenário, resta evidente e conclusivo não haver as condições mínimas para a prosperidade econômica, tendo em vista a ausência de um ambiente propício à livre iniciativa, seja do capital ou do próprio trabalho. É preciso reconhecer que, naqueles locais em que não é possível prover ordem e segurança, simplesmente inexiste espaço para o imprescindível desenvolvimento socioeconômico.

Ou seja, a segurança pública e, portanto, a imposição da ordem estatal, com a correspondente efetividade do ordenamento jurídico, revela-se uma condição indispensável para o crescimento e desenvolvimento econômicos.

Essas condições históricas, quando efetivamente existiram no Brasil, independentemente de outras considerações de matizes político-ideológicas, permitiram a derradeira viabilização do desenvolvimento econômico. Prova do que ora se afirma é que o ano de 1973 foi o período em que o Brasil teve o maior crescimento econômico anual de sua história. Foi o ano em que atingiu extraordinários 13,9% de crescimento do Produto Interno Bruto (PIB), taxa superior, inclusive, ao estrondoso e surpreendente crescimento da economia chinesa, que também é propiciada e turbinada por um ambiente de reconhecido controle no que concerne à segurança pública.

Durante todo o período em que os militares estiveram no poder (1964-1985), é preciso reconhecer que o crescimento econômico brasileiro foi o maior de toda a história nacional, atingindo uma taxa anual de crescimento do PIB superior à média de 7%. Este crescimento permitiu alavancar nosso país da posição inicial de 46ª economia do mundo em 1964 — ocasião em que o PIB da Argentina, era, inclusive, maior que o brasileiro — para o 10º lugar entre as maiores economias do planeta, o que reconhecidamente constituiu uma verdadeira revolução.

De forma diversa, no contexto atual, marcado pela crise de segurança pública, fica estrategicamente difícil, por exemplo, fabricar ou estocar produtos em grande escala, uma vez que essas mercadorias acabam por se tornar objeto de cobiça da criminalidade nas fábricas ou estabelecimentos comerciais. Isso aumenta os custos de produção e distribuição, reduzindo, assim, a produtividade e a competitividade, fatores indispensáveis ao crescimento econômico de forma geral. Tendo em vista os elevados índices de ocorrências criminais relativas a esses delitos, as empresas acabam por produzir manufaturados em menor quantidade, fazendo com que o preço individual de cada produto naturalmente se eleve.

O mesmo raciocínio se aplica à dinâmica intrínseca às exportações e importações, reduzindo os imprescindíveis superavits comerciais ou, por outra via analítica, diminuindo a capacidade de importação de maquinários e outros meios indispensáveis ao aumento da produtividade de nossas fábricas. Esse sistema acaba provendo um pernicioso processo de desindustrialização, tal como vem ocorrendo no Brasil.

Por outro lado, os excessivos e descabidos mecanismos de regulação do Estado, em vez de funcionarem como salvaguarda contra o ambiente de insegurança pública, atuam, ao reverso, como fator de desestímulo aos investimentos produtivos. Isso impede (ou pelo menos dificulta) que muitos produtos sejam adquiridos de modo legal — em função dos múltiplos controles burocráticos que o Estado impõe —, fazendo com que o mercado informal, desprovido dos exagerados e dispendiosos mecanismos regulatórios, cada vez mais tenha uma capacidade real de competir com o comércio formal. A competição desleal destrói as bases da economia salutar, construtiva e fundada em um pacto social verdadeiramente democrático.

Também há de se reconhecer a existência de certa despropositada hostilidade, por uma parcela da sociedade, em relação aos investidores, especialmente os estrangeiros, uma vez que eles, frequentemente, são vistos, preconceituosa e equivocadamente, como usurpadores das riquezas nacionais. Esse pensamento afasta o ingresso de grandes volumes de capitais absolutamente indispensáveis para o crescimento e o desenvolvimento econômico do Brasil. É evidente concluir que, quando não somos, por qualquer motivo, bem-vindos em algumas nações, temos mais restrições a retornar e/ou a nos instalar em caráter definitivo nesses países.

Não obstante o indiscutível potencial econômico brasileiro — em função de seu amplo território (o quinto maior do mundo, com 8.516.000 km²), grande população (a sexta maior, com 208 milhões de habitantes, segundo levantamento divulgado pelo IBGE em 27 de fevereiro de 2018), farta mão de obra (ainda que, reconhecidamente, não devidamente qualificada) e maior fronteira agrícola (ainda a ser explorada) do planeta —, é fato que todas essas qualidades acabam por se tornar secundárias e pouco atrativas, em função da real e permanente crise de credibilidade que paira sobre o Brasil. Os motivos são os mais diversos, mas o principal é não conseguirmos estabelecer um nível adequado de segurança, condição básica para o crescimento e desenvolvimento econômicos, abrangendo não só a segurança pública, mas, também, a segurança e efetividade jurídicas.

É o momento, portanto, de se refletir a respeito das prioridades nacionais, focando no combate sem tréguas ao clima de insegurança (pública e jurídica), fazendo valer a máxima inscrita na bandeira nacional, e que preconiza a ordem como condição indispensável para o progresso.

A história é rica em demonstrar, com sólidos argumentos e dados, que a consolidação do desenvolvimento e do crescimento econômico, em todas as nações que celebraram seu exitoso advento, somente foi possível após a imposição da ordem pública estatal.

Por efeito conclusivo, resta reconhecer que, enquanto não for resolvido o gravíssimo problema da segurança pública, o Brasil estará irremediavelmente condenado às baixas taxas de crescimento e, consequentemente, a uma condição de subdesenvolvimento anacrônico.

20

AS CONSEQUÊNCIAS DA INSEGURANÇA PÚBLICA E DA DESORDEM PARA A ECONOMIA

É NOTÓRIA A RELAÇÃO EXISTENTE ENTRE segurança pública e crescimento econômico, de modo que, quanto mais deficiente for a prestação desse serviço público essencial, menos crescimento o país experimentará.

A título de ilustração, a deficiência em questão impacta o setor de transportes públicos, problema que está alcançando até mesmo o recém-criado sistema de BRT (*Bus Rapid Transit*), cuja organização inicial está dando lugar à completa desordem.

Conforme notícia veiculada por Luiz Ernesto Magalhães ("Sucesso do BRT em 22 estações da Zona Oeste que podem ser fechadas foi passageiro"), em novembro de 2017 o consórcio que administra o serviço de BRT na cidade do Rio de Janeiro havia anunciado que poderia fechar todas as 22 estações do eixo da avenida Cesário de Melo, entre Campo Grande e Santa Cruz, em função da absoluta falta de segurança para garantir o pleno funcionamento do sistema.

Vários motivos têm contribuído para este quadro. Entre eles, os prejuízos por conta das estações depredadas, a diminuição da frota das empresas proprietárias dos veículos e a queda do número de usuários pagantes resultante do calote e do aumento da concorrência com o transporte pirata. Estes problemas chegaram a causar o prejuízo de R$ 800 mil por mês. Segundo a matéria de Ernesto Magalhães, o Consórcio BRT decidiu que pretende manter os serviços entre a rodoviária de Campo Grande e os bairros da Barra e do Recreio. Mas tudo depende de melhores condições de segurança.

Além das frequentes depredações, há relatos de que, por falta de fiscalização, diversos passageiros ingressam nas plataformas de embarque sem efetuar o devido pagamento da tarifa, pondo em risco a sobrevivência econômica do serviço, problema que pode culminar até mesmo na desativação de algumas estações.

Mais grave ainda é constatar que os corredores expressos do BRT estão sendo utilizados por carroças puxadas por animais, comprometendo, de modo contundente, a segurança viária. Da mesma forma, áreas destinadas a determinadas estações têm sido ocupadas pelo comércio irregular de ambulantes, que transformaram o espaço público em verdadeiros "mercadinhos".

Na reportagem "A que ponto chegamos", os jornalistas Pedro Zuazo, Gustavo Goulart e Renan Rodrigues mostraram um panorama do estado de algumas estações de BRT em dezembro de 2017. Em Santa Eugênia, Paciência, o corredor estava sendo utilizado por uma carroça levando pai e filha e as pessoas estavam entrando sem pagar com a conivência dos funcionários. Em Olaria, a estação Cacique de Ramos havia sido depredada por um grupo de vândalos e se encontrava fechada, mas os motoristas estavam "quebrando o galho" para os moradores da região parando no asfalto. No entanto, a distância dos degraus para o chão colocava diversos passageiros em perigo. A plataforma da estação Cesarinho, em Santa Cruz, havia se transformado numa enorme loja de ambulantes e não contava com funcionários para vender bilhetes. Já a estação Cesarão 3 tinha sido depredada e ainda estava com as vidraças estilhaçadas, equipamento destruído e cacos pelo chão.

Tendo em vista a crise de segurança pública, o segmento educacional — escolas Parque e Corcovado, ambas localizadas na Zona Sul do Rio de Janeiro, por exemplo — está adotando iniciativas destinadas a garantir a integridade física de seus alunos, professores e funcionários em casos de ocorrência de tiroteios nas proximidades de suas instalações. As instituições estão preparando-os, ou melhor, treinando-os, para situações que muito se assemelham às estratégias tomadas pela população civil (inglesa e alemã, por exemplo) durante os bombardeios ocorridos na Segunda Guerra Mundial.

As medidas de salvaguarda implementadas pelas escolas não nos parecem exageradas, fundamentalmente se considerarmos que a região metropolitana do Rio de Janeiro teve 640 tiroteios só no primeiro mês de 2018, o que nos dá uma média de vinte episódios por dia. Esses confrontos, não raro, acarretam mortes de pessoas inocentes e fechamento de vias públicas tais como as linhas Amarela e Vermelha e a avenida Brasil, importantes vias de escoamento do trânsito da cidade, cujos frequentes bloqueios levam pânico à população e causam sérios prejuízos à economia do estado. Em situações mais graves, quando a adoção de estratégias de proteção torna-se insuficiente, a saída acaba sendo o próprio fechamento de estabelecimentos de ensino. Isso aconteceu, por exemplo, com o Colégio Santa Mônica, no Rio de Janeiro, responsável pelo atendimento de alunos carentes, todos com bolsa integral, que por medida de segurança desativou a unidade localizada no Complexo da Maré.

Por conta da insegurança pública, e devido ao aumento de roubos em condomínios cometidos por bandidos fingindo ser funcionários da Companhia Estadual de Gás (Ceg), a concessionária mudou os protocolos de atendimentos ao usuário. Agora, quando o cliente marca uma visita, ele recebe um WhatsApp com uma senha e a foto de técnico, que deve mostrar seu RG na portaria antes de subir.

Conforme se observa, esse quadro de insegurança acaba por incentivar a adoção, por parte das empresas, de uma série de providências destinadas a evitar a ação dos criminosos. Segundo os repórteres Glauce Cavalcanti e Bruno Rosa, na matéria "Novo código de conduta", publicada no jornal *O Globo* de março de 2018, a insegurança faz com que o setor produtivo tenha que pagar um preço alto por conta da violência no Rio de Janeiro, o que inclui gastos com segurança privada e seguro e prejuízos diretos que são fruto dos atos de vandalismo e roubos.

> Instalação de geradores de energia para evitar perdas por corte de luz durante operações militares, mudança nos horários de troca de turno nas fábricas, jornada de produção encerrada mais cedo, executivos usando uniforme de técnicos ou operários, restrição de circulação de frota e funcionários em vias de alto risco, planos

para blindar caminhões. A escalada da violência provocou mudanças na rotina de empresas instaladas no estado, resultando em custos extras e exigindo planejamento. A adoção de medidas para evitar situações de insegurança é ainda mais forte entre as multinacionais e os executivos estrangeiros, afirmam especialistas.[1]

Em um estado em que algumas fábricas instaladas na Baixada Fluminense, para não terem suas cargas roubadas, precisam pagar uma mesada para os criminosos da região, não é de se estranhar que o comércio varejista carioca tenha gastado com segurança, no ano de 2017, R$ 1,5 bilhão, que representa um aumento de 25% em relação ao ano anterior, conforme dados obtidos pelo Clube de Diretores Lojistas, que entrevistou 750 lojistas das zonas Norte, Oeste, Sul e Centro do Rio de Janeiro.

Na mesma matéria, Glauce Cavalcanti e Bruno Rocha ainda dão o exemplo da Piraquê, que tem uma fábrica em Queimados, na Baixada Fluminense, além de um centro de distribuição em Madureira, na Zona Norte. A empresa gasta com segurança cerca de R$ 1,5 milhão por ano, além de sofrer perdas com o roubo de cargas. O seu diretor de marketing, Alexandre Colombo, explicou que, mesmo dobrando o efetivo na escolta dos caminhões, chegaram a ter uma média de um roubo por semana, o que levou a empresa a gastar 70% mais para renovar o seguro da carga.

Em relação ao roubo de cargas no estado do Rio de Janeiro, dados do Instituto de Segurança Pública (ISP), compilados por Luiz Ernesto Magalhães, mostravam que em 2017 o número de ocorrências era maior que nos últimos trinta anos: os onze primeiros meses do ano mostraram uma média de 27 casos de roubo de carga por hora.

Esse quadro também esclarece o motivo pelo qual o Carnaval do Rio atraiu, em 2018, apenas 1,1 milhão de turistas, enquanto o de Veneza contou com 3 milhões de pessoas.

A insegurança afugenta a celebração de novos negócios, conforme reconhece, inclusive, Luiza Helena Trajano, presidente do Conselho de Administração do grupo Magazine Luiza, que tem cerca de 800 filiais espalhadas pelo Brasil, mas nenhuma no Rio de Janeiro. Ela afirma que não monta uma loja na cidade devido aos índices de violência.

Nem mesmo carros-fortes estão a salvo do terror imposto pelos criminosos. De acordo com a matéria elaborada por Patrik Camporez ("Quando nem mesmo carros-fortes estão a salvo"), publicada no jornal O *Globo* em 12 de fevereiro de 2018, e segundo relatórios internos do setor de transportes de valores, a maior parte dos ataques dos criminosos, 90%, é feita com o uso de explosivos desviados ou contrabandeados da exploração de minério. Entre 2015 e 2017, as operações federais apreenderam 85,3 toneladas de explosivos clandestinos no país. Patrik Camporez também menciona que a onda de crimes na rede bancária fez o setor aumentar em R$ 9 bilhões os gastos com segurança nos últimos anos.

Como se vê, os casos concretos acima mencionados demonstram, em primeiro lugar, como o país, por conta da insegurança pública, perde inúmeras oportunidades de negócios. Da mesma forma, as ilustrações anteriores sinalizam que o problema acarreta um aumento de custos para as empresas.

PARTE II – CORRUPÇÃO

I

Raízes coloniais da corrupção no Brasil

É DA ESSÊNCIA DO SER HUMANO buscar a origem das coisas com as quais ele convive. Questionar a respeito dos motivos que determinam que algo seja como se apresenta na realidade é próprio da natureza do homem. Nesse sentido, qualquer breve análise, exatamente o propósito do presente texto, da origem da corrupção brasileira deve ser empreendida a partir dos contornos da própria sociedade na qual o fenômeno se desenvolve. Assim sendo, não há como desconsiderar as raízes coloniais do nosso país.

A corrupção no Brasil, apesar da ampla e recente divulgação, por parte da mídia, dos mais diversos escândalos envolvendo os recursos públicos, é um fenômeno presente no cotidiano nacional desde muito tempo. Sob um prisma histórico-cultural, na opinião de boa parte dos estudiosos, muitas das práticas corruptas que de certa forma estão enraizadas no Estado brasileiro guardam profunda relação com o modo pelo qual foram conduzidas as pioneiras medidas colonizadoras impostas por Portugal. Com efeito, uma perfeita compreensão do problema da corrupção em solo pátrio demanda uma incursão mínima a respeito da gênese da formação da ética nacional.

As razões de Portugal e Espanha terem se constituído, ao longo da história, em Estados altamente centralizadores e, consequentemente, burocráticos, deve-se, em grande medida, às invasões muçulmanas que atingiram a Península Ibérica. Por conseguinte, essa acabou sendo a principal e mais profunda herança lusitana que a sociedade brasileira, desde o seu descobrimento, recebeu e incorporou ao seu cotidiano, inclusive aperfeiçoando muitas de suas práticas concentradoras de poder. Isso fez com que se tornasse, em muitos aspectos, uma coletividade culturalmente ainda mais burocratizada e corrupta em relação à sua matriz.

Portugal e Espanha, após as respectivas revoluções (Revolução dos Cravos, em 1974; Transição Espanhola, em 1975) e depois de seus ingressos na União Europeia, se libertaram das antigas amarras centralizadoras, reconstituindo suas sociedades em novas bases liberais e democráticas, com muito menor ingerência estatal. O mesmo não aconteceu no Brasil e em grande parte das ex-colônias espanholas na América, que continuam prisioneiros desse lamentável legado.

O patrimonialismo, segundo assevera Raymundo Faoro no livro *Os donos do poder: formação do patronato político brasileiro*, seria a herança que o mundo ibérico nos teria legado. Ainda de acordo com Faoro, esse fenômeno resulta de uma relação entre Estado e sociedade, na qual o primeiro atua como instrumento de opressão sobre o tecido social, objetivando, assim, a reprodução de um sistema de privilégios destinados ao estamento burocrático, caracterizado por administrar o ente estatal à revelia de regras impessoais e racionais.

Do patrimonialismo resulta o fato de que a corrupção é parte integrante do dia a dia de nossa instituição histórica, assevera Fernando Filgueiras no artigo "A tolerância à corrupção no Brasil: uma antinomia entre normas morais e prática social". O pesquisador mostra que a patronagem, o nepotismo, o clientelismo e o patriarcalismo são relações tipicamente corruptas travadas entre o Estado e a sociedade. O patrimonialismo é um dos elementos estruturais da sociedade brasileira e fruto de uma herança deixada pelos portugueses.

Conforme anota Adriano Gianturco na matéria "Mais Estado, mas que tipo de Estado?", publicada no jornal *O Globo* em 30 de janeiro 2019, o Estado brasileiro trata pessoas e territórios como sua propriedade, modelo que gera confusão entre o público e o privado, conluio que, conforme demonstrado por Faoro, vem de longe.

No livro *Estado, administração pública e sociedade, novos paradigmas*, Rogério Gesta Leal lembra dos denominados capitães-mor, importantes figuras da época das capitanias hereditárias, existentes no Brasil do século

xvi. Eles eram ligados diretamente à Corte portuguesa e tinham como única preocupação extrair lucros do território colonial. Para isso, contavam com as regras previstas nas Cartas de Doação e nos Forais, nas Ordenações do Reino e, principalmente, no Código Manuelino. Como se vê, desde o princípio o Brasil careceu de uma característica mais comunitária na exploração de seus recursos, o que demonstra o aspecto privativista presente na formação da ação administrativa no território nacional.

A bem da verdade, a *corrupção* — palavra que provém do latim *corruptione*, que agrega a ideia de corromper, e que pode significar decomposição, putrefação, desmoralização, suborno — no Brasil começou mesmo antes de seu descobrimento. Principalmente se considerarmos que nos impérios português e espanhol, chamados "impérios papeleiros" por causa da burocracia, havia um núcleo de corrupção muito grande, de desvio de verbas, negociatas e "dribles" na Justiça.

Aliás, por falar em leis, é oportuno registrar que o Direito português, naquela ocasião, encontrava-se absolutamente moldado para atender aos interesses do Estado, sendo que a manipulação ardilosa do ordenamento jurídico para se alcançar esse objetivo escuso era frequente, conforme observa Antonio Frederico Zancanaro no livro *A corrupção político-administrativa no Brasil*. Em virtude dos mais recentes fatos, como o Mensalão e o Petrolão, que noticiaram a ampla e profunda participação de diversas autoridades públicas nas mais diversas ilicitudes, notadamente no que se refere à manipulação da máquina estatal para atender a interesses de certas empresas, não é incongruente afirmar que essa terrível herança ibérica se mantém até os dias atuais. Como se vê, a referida origem semântica do vocábulo "corrupção" evidencia muito bem o resultado concreto decorrente das mais diversas ações que conduzem a uma espécie de "podridão" do Estado.

Nesse contexto histórico, é preciso mencionar que o primeiro registro "oficial" da corrupção e do nepotismo no Brasil remonta à carta escrita, em 1º de maio de 1500, por Pero Vaz de Caminha, escrivão da armada de Pedro Álvarez Cabral, por meio da qual o grande navegador comunicava ao rei d. Manuel i o descobrimento das novas terras. Nessa missiva, considerada uma "certidão de nascimento" do nosso país, o famoso escrivão usou de sua proximidade com o alto escalão português para solicitar que seu genro, Jorge de Osório, que estava preso na ilha de São Tomé, pudesse ser libertado. O episódio histórico em questão era extremamente comum nas fases colonial e imperial, sendo ainda hoje, em pleno período republicano, frequentemente observado. Isso explica a nossa afeição pelos chamados apadrinhamento, compadrio, favorecimento e toda uma série de comportamentos que integram o nosso rol de ações que traduzem, em última análise, o denominado nepotismo. Prática cuja origem confunde-se com a gênese do próprio Estado, e que ensejou até mesmo a edição, pelo Supremo Tribunal Federal, da Súmula Vinculante nº 13, aprovada em 21 de agosto de 2008, que objetiva impedir que o gestor público nomeie, por exemplo, pessoas de sua família ou com as quais tenha parentesco até o terceiro grau para exercerem cargos ou funções na estrutura do Estado.

Ainda nos tempos coloniais, parece bem evidente que a fundação da nossa primeira capital, a cidade de Salvador, em 1549, configura um outro exemplo fulgente de corrupção. Na época, houve algo muito comum nos dias atuais, ou seja, o superfaturamento de obras públicas a partir de negociatas com empreiteiras.

O que se percebe, portanto, é que a troca de favores entre políticos, funcionários públicos, senhores de engenho, fazendeiros e traficantes de escravos era comum desde o Brasil Colônia. Estas relações caracterizavam, por assim dizer, o famoso "toma lá, dá cá", frase que se tornou uma das marcas registradas do país.

A "TROCA DE FAVORES" ENTRE OS SETORES PÚBLICO E PRIVADO

Interessante citar o texto "As Tetas do Estado e a Corrupção", de Gil Castello Branco, publicado em setembro de 2017 no jornal *O Globo*, que retrata um pouco da relação espúria entre os setores público e privado:

A economista americana Susan Rose-Ackerman, da Universidade de Yale, é referência internacional no debate sobre corrupção. Aos 74 anos, já escreveu nove livros e dezenas de artigos sobre o assunto. Sobre o Brasil, Rose-Ackerman foi categórica: "É preciso quebrar o elo entre contratos do setor público e políticos". Para ela, não basta punir os atuais corruptos, pois outros surgem: "É preciso identificar o que está sendo 'comprado' com a 'propina'".

Há vários anos, oligarquias políticas e um grupo restrito de empresários usufruem de vantagens e privilégios, à custa do interesse público. Como o Estado brasileiro é paquidérmico, ineficiente e corporativo, são muitas as oportunidades de "negócios" envolvendo a concessão de facilidades em troca de suborno. A lista inclui financiamentos generosos de bancos públicos, subsídios abundantes, isenções fiscais bilionárias, contratos e aditivos viciados com governos e empresas estatais, acesso facilitado a fundos públicos e áreas do patrimônio da União, programas sucessivos de refinanciamento de dívidas, dentre outras possíveis benesses.

Outro foco de corrupção envolve as 151 empresas estatais que movimentam cerca de R$ 1 trilhão por ano. Atuam com muito dinheiro, muita ingerência política e pouca transparência. Entre 2003 e 2014, dos cerca de 890 mil contratos da Petrobras, 784 mil foram celebrados com dispensa de licitação. Não por acaso, políticos engalfinham-se por cargos em suas diretorias. O procurador do Ministério Público de Contas junto ao TCU, Júlio Marcelo, levanta a questão: "Por que não vender Banco do Brasil, Caixa, Petrobras e outras mais de 400 empresas públicas, federais, estaduais e municipais, que gravitam em torno do Estado brasileiro?"

Outro elo da corrupção são os subsídios e as isenções fiscais. [...] os subsídios passaram de R$ 31 bilhões em 2007 para R$ 115 bilhões em 2016. A maior parte não foi destinada à redução da pobreza, e sim a programas de incentivo ao setor produtivo, alguns justificáveis outros não. Somam-se aos subsídios as isenções fiscais que o governo concede para setores da economia e regiões do país. [...] Lula foi um dos denunciados

> pela edição da MP 471, que prorrogou incentivos fiscais para montadoras instaladas no Norte, Nordeste e Centro-Oeste.
>
> Mesmo com tantas facilidades, muitos não pagam o que devem. Os débitos de pessoas físicas e jurídicas com a União chegaram a R$ 1,8 bilhão em fins de 2016, sendo R$ 403,3 milhões de débitos previdenciários. Políticos que, direta ou indiretamente, devem R$ 532,9 milhões à União foram responsáveis por aprovar um novo Refis com descontos generosos de juros e multas.
>
> Áreas do patrimônio da União, recursos dos fundos de pensão, FGTS, Finep, Fundo Partidário e fundos constitucionais, são outros instrumentos de barganha. Os 35 partidos políticos emolduram essas aberrações.
>
> Como diz Susan Rose-Ackerman, é preciso identificar tudo o que está sendo "comprado" com a "propina", de forma a estancar esses elos imorais. No Brasil, a solução passa pela redução do Estado. O ambiente prostituído, de boquinhas e mamatas, tem sempre o Estado no meio.

Laurentino Gomes, no livro *1822: Como uma rainha louca, um príncipe medroso e uma corte corrupta enganaram Napoleão e mudaram a história de Portugal e do Brasil*, ilustra que, quando da chegada, em 1808, da família real portuguesa, d. João, ao desembarcar no Rio de Janeiro, recebeu de presente de um traficante de escravos o terreno da Quinta da Boa Vista. Em reconhecimento ao "agrado" recebido, a família real portuguesa assegurou a Elias Antônio Lopes, o "despretensioso" doador, o status de amigo real, sendo certo que este favorecimento era visto como fundamental para conquistar e manter o apoio político.

No período em que d. João VI esteve no Brasil, a corrupção alastrou-se consideravelmente, fruto, em grande medida, da própria percepção negativa a partir da qual o Brasil era retratado pela elite portuguesa. Conforme a mesma pesquisa de Laurentino Gomes, d. João triplicou as despesas da despensa da Casa Real nos treze anos que viveu no Brasil.

Ele conta também que, em oito anos, d. João VI distribuiu mais títulos de nobreza do que em setecentos anos de monarquia portuguesa. Naquela ocasião, o fato de o rei e seus ministros usarem o dinheiro público para fins particulares não era entendido como corrupção pela grande maioria da população. Pessoas ligadas ao rei e seus parentes eram agraciados com empregos públicos, sendo o nepotismo uma prática comum e, particularmente à época, legal.

Naquela ocasião, segundo relata José Murilo de Carvalho, na reportagem "As raízes da corrupção no Brasil", determinadas práticas clientelistas, tais como o favorecimento dos amigos à margem da lei, eram consideradas pela elite política como fundamental para manter e conquistar apoio político.

Outro legado da época joanina, segundo nos relata Laurentino Gomes, é a prática da denominada *caixinha* (ou *taxa de oxigênio*, para usar uma expressão mais atual). Segundo Laurentino Gomes, no já citado *1822*, cobrava-se uma comissão de 17% sobre todos os pagamentos ou saques do Tesouro público e se o interessado não aparecesse com a quantia os processos imediatamente paravam de andar.

De fato, tendo em vista o patrimonialismo que tanto caracterizou a formação do Estado português, não é de se estranhar que esse cenário corrupto e de confusão entre o público e o privado tenha influenciado sobremaneira o processo de colonização desencadeado pela metrópole e nos deixado uma herança e marcas indeléveis. Conforme afirma Antonio Frederico Zancanaro, "o Brasil é filho legítimo de Portugal"; assim, tendo sido gerado nas entranhas portuguesas, o Estado-filho efetivamente herdou os elementos culturais presentes na formação da Pátria-mãe.

D. Pedro I, embora mais maleável e gentil que seu genitor, era rodeado por pessoas, digamos, pouco recomendáveis, tendo em vista sua conhecida queda pela esbórnia. Esses indivíduos de reputação pouco confiável ostentavam posições importantes no Império. Por exemplo, o famoso Chalaça, apelido do português Francisco Gomes da Silva, era considerado um dos homens mais poderosos daquele período, além de ter sido companheiro de farras de d. Pedro I.

Afirma-se que a marquesa de Santos, amante de d. Pedro I, cobrava uma espécie de *taxa de oxigênio* — expressão que ficou nacionalmente conhecida na operação Lava Jato, especificamente no processo penal contra o ex-governador do estado do Rio de Janeiro, Sérgio Cabral — para fazer indicações a cargos públicos, o que ocorria em conluio com o próprio monarca, segundo alguns jornais da época.

D. Pedro I era chamado pela imprensa de "caro imperador"; não por ser "querido" pela população, mas porque esbanjava o dinheiro dos impostos. Nota-se, portanto, que a roubalheira colonial aguçava a criatividade do cidadão, cujo tom irônico deu origem a alguns jargões populares que chegaram aos nossos dias, indicando a permanente suspeita de corrupção generalizada que pairava sobre o Império. "Quem furta um pouco é ladrão. Quem furta muito é barão. Quem mais furta e mais esconde, passa de barão a visconde."

D. Pedro II, embora fosse um homem culto, poliglota e apreciador das artes, não possuía muita aptidão para governar. Entediava-se com as coisas de Estado, fazendo "vista grossa" para diversas mazelas nacionais, inclusive para a corrupção eleitoral. Da mesma forma como já acontecia desde d. João VI, passando por d. Pedro I, no Segundo Reinado as vendas de títulos de nobreza também eram corriqueiras. A época foi repleta de festas custeadas pelo dinheiro público, as quais aconteciam como se o país estivesse às mil maravilhas.

A partir de 1884, o governo de d. Pedro II foi ficando insustentável, notadamente por conta da denominada Questão Militar (1884-1887), episódio que teve como estopim a descoberta de corrupção em um destacamento do Exército, localizado no Piauí. Embora se falasse muito em corrupção e crise, ainda assim, em 9 de novembro de 1889, o imperador ofereceu uma grande festa para os oficiais de um navio chileno, quando 3 mil convites foram disputados pela elite do Rio de Janeiro. Esse evento, conhecido como o último baile da ilha Fiscal, localizada na Baía da Guanabara, em frente ao mosteiro de São Bento, foi provavelmente a gota d'água para a derrocada do Império. Como se sabe, em menos de uma semana, precisamente no dia 15 do mesmo mês e ano, o Império ruiu definitivamente. Entretanto, o advento republicano não afastou as oligarquias do poder, fenômeno ainda hoje observado em diversos estados da federação.

Segundo Marco Antônio Villa, em seu artigo "O idealismo da Constituição", publicado no jornal *O Globo* em 10 de janeiro de 2017, o federalismo brasileiro foi desastroso desde o início, uma vez que o país não acreditava no republicanismo como uma alternativa de poder. Distribuir as responsabilidades do governo central para as províncias era uma reivindicação antiga das elites locais.

> Hoje, em boa parte dos estados, Executivo, Legislativo e Judiciário são territórios controlados com mão de ferro por poderosas famílias. A parentela pode até divergir, mas os interesses fundamentais dos senhores do baraço e do cutelo, como escreveu Euclides da Cunha, continuam preservados. Os cidadãos não passam de reféns dos oligarcas que transformaram os estados em fontes de riqueza privada.[1]

Observa-se, portanto, que o fenômeno da corrupção no Brasil tem uma origem cultural, e é herança portuguesa, que se baseava numa dominação tradicional do patrimônio, e por um modelo de poder privatista e centralizador. Segundo diversos estudiosos, esta característica levou à formação de uma estrutura contrária aos interesses sociais e contra a garantia dos direitos fundamentais. Não obstante, seria injusto conferir apenas às nossas inegáveis raízes coloniais — fruto, em grande medida, do modelo de colonização concebido por Portugal — os motivos explicativos do retrato sombrio de um Estado. Perfil que, ao longo dos séculos, desde a sua origem mais remota, foi sendo construído, consciente ou inconscientemente, para *se* servir *do* cidadão, ao invés *de* servi-lo.

Segundo Dwight Cerqueira Rozani, em seu artigo "Corrupção, improbidade administrativa e Poder Público no Brasil", não houve nenhum pacto político com as populações e o Estado não se preocupou em dar ao Brasil mais estabilidade na ordem pública, um modelo de ocupação racional da terra ou de valorização da vontade do povo. A dominação portuguesa optou pelo patrimonialismo e não se interessou em forjar um pacto político, levando a práticas administrativas que privilegiam o poder central em detrimento dos interesses da coletividade.

Malgrado a periodicidade com a qual os casos de corrupção são descobertos no Brasil, cada um mais grave e escandaloso do que o outro, torna-se necessário reconhecer que esse fenômeno não se reveste de qualquer novidade. Sem exagero, é possível dizer que o mal em questão frequenta a *Terra Brasilis* desde a época da colonização, de modo que a corrupção brasileira afigura-se como um resultado da moral predatória predominante no Estado patrimonial, que acabou formando padrões de comportamento sociopolítico contra a ética da república.

Não é por acaso que o ministro Celso de Mello, do STF, registrou que os fatos revelados no âmbito da operação Lava Jato sugerem a existência de uma aliança perigosa entre alguns agentes empresariais e determinados setores do Poder Público com o objetivo de cometer delitos que vulnerabilizam a ordem jurídica instituída pelo Estado. Esta afirmação mostra que, em grande medida, as práticas corruptas observadas nas fases colonial e imperial permanecem, em pleno século XXI, ditando as mesmas regras no seio da República Federativa do Brasil.

Como disse Fernando Henrique Cardoso no artigo "Crise sem trégua", publicado no jornal *O Globo* em 19 de setembro de 2017, no Brasil "a crise global da política é reforçada por uma crise moral, decorrente da divulgação de um sistema generalizado de corrupção, uma prática antiga, antes baseada na nomeação de cargos, mas que se agravou com desvios de recursos de estatais". Antônio Carlos Wolkmer completa explicando que a composição social elitista, viciada e arcaica perpetua as relações sociais baseadas nos desvios de comportamento do homem brasileiro. A base dessas relações viciosas está no coronelismo, na ética da malandragem, no clientelismo, no apadrinhamento e no nepotismo.

Como se vê, um país que, por herança de sua formação, constitui um Estado altamente centralizado, burocratizado e clientelista — e cujo sistema político encontra-se bem distante dos princípios da ética e da moral —, acaba por funcionar como um autêntico indutor da corrupção.

DIREITO, ÉTICA E MORAL

Os egípcios, os babilônios, os chineses e os próprios gregos não estabeleciam distinção entre os campos do Direito e da moral, segundo afirma Paulo Dourado de Gusmão no livro *Introdução ao estudo do direito*.

Ainda de acordo com Gusmão, os romanos, organizadores do Direito, definindo-o a partir da influência da filosofia grega, consideravam-no como *ars boni et aequi* (a arte do bem e do justo), mostrando que o grande jurisconsulto romano Paulo, talvez compreendendo a particularidade do Direito, sustentava que *non omne quod licet honestum est*, ou seja, o permitido pelo Direito nem sempre está de acordo com a moral.

Sílvio Venosa, em *Introdução ao estudo do Direito: primeiras linhas*, dissertando sobre o vocábulo *moral*, explica que esta palavra vem do termo *mos* (plural *mores*), que pode ser entendida como o conjunto de práticas, costumes, usos e padrões de conduta em determinado segmento social. Isso significa que o padrão moral se modifica de acordo com cada povo, época e setor da sociedade. Com efeito, pondera Venosa que a moral de um povo está diretamente ligada ao seu conteúdo histórico, ou seja, o que se considera de acordo com a moral hoje pode não ter sido no passado e poderá não sê-lo no futuro.

A moral, ainda segundo os ensinamentos de Sílvio Venosa, é composta de regras de conduta para o aperfeiçoamento e bem-estar da sociedade. Assim, o termo em questão, figurativamente, exigiria um comportamento correto e os seus desvios seriam transgressões da regra moral, um distanciamento de um proceder aceitável e justo. Para o autor, tanto a moral quanto o Direito são revestidos de conteúdos éticos.

O termo ética, por sua vez, deriva do grego *ethos*, que, segundo Ana Paula Pedro, em seu artigo "Ética, moral, axiologia e valores: confusões e ambiguidades em torno de um conceito comum", pode apresentar duas grafias, quais sejam, *êthos* ("evocando o lugar onde se guardavam os animais, tendo evoluído para 'o lugar onde brotam os *actos*, isto é, a interioridade dos homens'") e *éthos* (que "significa comportamento, costume, hábito, caráter, modo de ser de uma pessoa").

O filósofo Adolfo Sánchez Vasquez, no seu livro *Ética*, explica que ambos os termos acima referidos (*ethos* e *mos*) aludem a uma espécie de conduta humana adquirida pelo denominado *hábito*, isto é, de modo *não natural*. Nesse sentido, a moral decorreria de padrões culturais vigentes em uma determinada sociedade, sendo constituída por regras tidas como fundamentais para o convívio social, definindo, pois, o comportamento socialmente aceito.

Archimedes Francisco Delgado, em seu artigo "A liderança e a ética militar", explica que é comum uma certa confusão entre as palavras *moral* e *ética*, fazendo com que sejam utilizadas como sinônimo. Isso acontece porque elas se originam de palavras gregas com significados parecidos. Como já foi dito, a palavra ética provém do termo *ethos*, que encontra sentidos diferentes de acordo com a forma como é escrito. Já o termo moral é proveniente de *mos*, que se refere ao comportamento segundo costumes, normas e leis, conforme afirma Ernest Tugendhat. Esta definição causa confusão por ser muito próxima à de *éthos*, que significa, costumes, hábitos, comportamento e caráter.

Adolfo Sánchez Vasquez, no mesmo livro, argumenta que as duas expressões significam um comportamento humano que foi adquirido pelo hábito e não de forma natural. A moral define o comportamento socialmente aceito. Ela é baseada no padrão cultural vigente e é composta pelas regras que são consideradas necessárias para o convívio dos integrantes de uma sociedade. Já a ética seria o ramo da filosofia que estuda os fundamentos da moral. A conclusão é que a moral, além de constituir o objeto de estudo da ética, atua como fundamento para o que chamamos de comportamento ético. Como se vê, mesmo sendo conceitos diferentes, estas palavras estão relacionadas de forma muito próxima.

Em sua acepção abrangente no dicionário Aurélio, o vocábulo *ética* traduz o estudo dos juízos de apreciação referentes à conduta humana suscetível de qualificação do ponto de vista do *bem* e do *mal*, seja relativamente a determinada sociedade, seja de modo absoluto.

Sob essa ótica, é obrigatório deduzir que, em certas situações, o conceito amplo de ética, como valor da coletividade, em suas variadas expressões, abrange não só a denominada *moral social* (conjunto de costumes e convenções sociais), como igualmente o próprio Direito. Ana Paula Pedro, ao mesmo tempo em que admite que os conceitos de ética e *moral* sejam distintos e independentes entre si, reconhece, por outro lado, a existência de uma estreita articulação entre ambos, tendo em vista que a

> moral é objeto de estudo da ética. A autora considera inclusive que entre as duas existe uma relação de circularidade, uma vez que a ética implica moral, assim como a moral implica ética.
>
> Uma vez registrada a relação existente entre ética e moral, cumpre explicar, posto que é de suma importância para a compreensão do Direito, que as normas éticas, tais como as normas morais e as normas jurídicas, estruturam-se como um juízo de dever-ser específico. Ou seja, elas se apresentam como uma percepção interpretativa de um determinado fato social, por intermédio de uma valoração subjetiva inerente ao mundo cultural, produzindo, em consequência, uma previsão normativa comportamental. Tal quadro de ideias permite afirmar, exatamente como considera o professor Sílvio Venosa no livro já citado, que ordem jurídica e ordem moral estão intimamente relacionadas, embora sejam normativamente distintas.
>
> De fato, conforme mostram Eduardo C. B. Bittar e Guilherme A. de Almeida no texto *Curso de Filosofia do Direito*, a ordem moral efetivamente se distingue da ordem jurídica. No entanto, isso não significa dizer que haja, entre ambas, um distanciamento. Ao contrário, a moral e o Direito aproximam-se sobremaneira e são complementares para orientar o comportamento humano.

Por conta disso tudo, não é inconsequente afirmar que parece existir uma certa confusão entre a história do Brasil e o tema corrupção. Afinal, desde o descobrimento, passando pelos períodos colonial e imperial, assim como nos diversos momentos da fase republicana, o país convive quase que diariamente com os mais variados casos envolvendo malversação e desvio de dinheiro público. Basta abrir os jornais para ler, em diversas páginas, uma gama de episódios de corrupção, os quais têm em comum dois aspectos distintivos: em primeiro lugar, o mais profundo desapego aos preciosos valores que efetivamente devem orientar um Estado que se autoproclama democrático de direito. Em segundo lugar, observa-se como determinadas práticas do Estado e da sociedade brasileira encontram-se, de modo geral, ancoradas na desonestidade, na exploração alheia, na fraude como instrumento negocial/contratual, na ótica privatista, no desprezo à lei e, dentre outros fatores que tão bem nos distinguem, na nossa "atávica aversão à impessoalidade". A última característica restou identificada por Roberto Damatta no livro *O que faz o Brasil, Brasil?*, quando ele analisou o modo ser do brasileiro, tão bem retratado no seu famoso "jeitinho", isto é, na incrível sagacidade que desenvolvemos para contornar as leis, em especial aquelas que insistem em desconsiderar a realidade social para a qual foram concebidas.

Significa dizer, pois, que não obstante o transcurso de mais de quinhentos anos desde a chegada das naus capitaneadas por Pedro Álvares Cabral, parece que o Estado e a sociedade brasileira, de um modo geral, permanecem "leais" às mesmas ações de outrora. Principalmente o "jeitinho" todo especial de se "resolver" as coisas, e que tanto caracteriza (de maneira negativa, obviamente) a nossa gente. Esse padrão de comportamento foi fortemente influenciado pelo modelo de organização estatal imposto a ferro e fogo por Portugal em solo brasileiro, cujo desapego original pelos princípios da ética e da moral lamentavelmente ainda permanece.

2

Ação, reação e omissão do indivíduo ante a "propinocracia" brasileira

Comenta-se muito sobre a operação Lava Jato e a extensa lista de ilicitudes que a investigação trouxe à tona. Formidável que uma série de fatores — especialmente o perfeito entrosamento entre a Polícia Federal, a Receita Federal, o Ministério Público Federal e a Justiça Federal — tenha permitido que se avançasse e chegasse aos resultados produzidos em termos de condenação penal e recuperação de dinheiro público desviado. Apesar da infeliz realidade nacional, vê-se que o Brasil, ainda que de forma tímida e extremamente pontual, tem evoluído no combate à corrupção.

Segundo anota Deltan Dallagnol em seu livro *A luta contra a corrupção*, uma pesquisa do Instituto Ipsos, realizada em junho de 2016, mostra que 72% dos entrevistados acreditam que a Lava Jato pode transformar o Brasil num "país sério". Entretanto, em tom pessimista, o referido autor demonstra não acreditar nisso, afirmando que: o máximo que se obtém com a operação é a prisão dos responsáveis e a recuperação apenas de parte do dinheiro desviado. Ele ainda complementa que a Lava Jato atua nas consequências, mas não consegue ir direto na causa.

Não obstante a posição acima, não há como desconsiderar que a partir do avanço da legislação penal e processual penal aplicável aos casos de malversação de recursos públicos, da introdução de novos instrumentos de controle por parte do Estado e, sobretudo, diante da solidez de algumas instituições nacionais, podemos sim afirmar que começamos a quebrar o paradigma de que a lei não atinge os "poderosos". Este sentimento ainda habita em boa parte da população brasileira. O ministro Celso de Mello lembra que um dos dogmas fundamentais da República é garantir a igualdade de *todos* perante as leis do Estado. Sem, contudo, privilegiar ninguém, nem mesmo os que estiverem em posições elevadas ou cargos mais importantes da organização estatal. Absolutamente ninguém tem o direito de não cumprir as leis e transgredir a Constituição.

A corrupção ainda é um crime de baixo risco no Brasil, observa Deltan Dallagnol. Isso porque o sistema de Justiça Penal ainda se apresenta brando quando se trata de réus de colarinho-branco. A impunidade — característica típica de Estados de origem patrimonial, gênese histórica do nosso país — e a corrupção andam de mãos dadas, o que explica, pelo menos em parte, a maneira como os cidadãos encaram o fenômeno em questão. Para Dallagnol, nem o Mensalão nem a Lava Jato mudaram o Brasil. O país, na verdade, tem um sistema que gera condições para favorecer a corrupção e isso foi se repetindo ao longo da história.

A advertência de Dallagnol, segundo a qual "é preciso atuar sobre o sistema", sinaliza como o tema em foco precisa ser urgente e eficientemente enfrentado. Mostra também que a sociedade brasileira não pode simplesmente desistir, e muito menos declinar, desse grande desafio que é o combate contínuo e permanente à corrupção. Precisamos, acima de tudo, de uma profunda mudança na forma como encaramos o ilícito em pauta. Quanto a isso, convém lembrar: compete a cada um de nós, individualmente, atuar de modo ético, ou seja, agindo de maneira a não alimentar o sistema corrupto. Até mesmo porque, conforme bem pontuou o ministro Luís Roberto Barroso, do STF, na matéria "Falha no Direito Penal brasileiro criou um país de ricos delinquentes", é impossível não sentir vergonha pelo que está acontecendo no Brasil em termos de corrupção. Principalmente se admitimos que esse fenômeno, no nosso país, caracteriza-se por ser endêmico, sistêmico e apartidário. No Brasil, a corrupção tem sido praticada de forma sistematizada e profissional, envolvendo agentes públicos, membros do Congresso, empresários, empresas privadas e uma imensa distribuição de dinheiro desviado tanto para o financiamento de campanhas quanto para o enriquecimento pessoal.

Barroso também afirmou que uma das razões da corrupção no Brasil é a existência de um Direito Penal que não está preparado para punir os crimes de colarinho-branco, o que acabou criando um país de ricos delinquentes. Com efeito, o sistema punitivo, segundo o ministro, teria deixado de "cumprir seu grande papel", realimentando, então, o quadro de impunidade com o qual convivemos. A tolerância a essas práticas corruptas configura um ingrediente a mais para a manutenção e/ou perpetuação delas.

Aliás, oportuno recordar a relação existente entre impunidade e Estado patrimonial, uma das características que, segundo diversos pensadores, teria marcado o processo de formação do nosso país. Zancanaro, por exemplo, assevera que referido patrimonialismo proporciona uma segurança para aquele que manipula o poder em favor próprio e facilita a impunidade. Ele mostra que essa realidade histórica foi herdada pelo Brasil de seu modelo de colonização, mas hoje é lamentavelmente mantida, traduzindo algo completamente incompatível com os postulados de um Estado democrático de direito.

No Brasil, o indivíduo — principalmente o de colarinho-branco —, ao decidir enveredar pela trilha da corrupção, considera a pequeníssima possibilidade de ter a sua conduta criminosa descoberta. Ele pondera, ademais, a probabilidade de efetivamente vir a ser condenado, caso seja flagrado em sua prática delituosa. Por fim, avalia o grau de severidade da reprimenda (sanção penal, civil e administrativa) passível de lhe ser atribuída pelo Estado em decorrência de seu comportamento ilícito.

Entretanto, ante o inegável caráter sistêmico da corrupção brasileira, é necessário reconhecer que o país precisa de muito mais do que um arcabouço jurídico anticorrupção que elimine — ou pelo menos reduza a níveis toleráveis — a impunidade. Até mesmo porque a existência de normas jurídicas, por mais importantes e perfeitas que elas possam ser, não nos garante, por si só, qualquer sucesso no combate à corrupção. De fato, tendo em vista a gravidade da situação a ser enfrentada, o Brasil demanda reformas igualmente sistêmicas e profundas que efetivamente consigam minar o mal em questão em todas as suas vertentes. Nesse sentido, o professor de anticorrupção e criminologia da University of West London, Graham Brooks, assevera que a dimensão da corrupção "verde e amarelo" é fruto de uma perversa combinação de grandes benefícios e baixíssima punibilidade. Isso a torna extremamente sedutora e atraente, de modo que o retrato da "propinocracia" brasileira abrange não apenas as práticas que foram descortinadas no âmbito da operação Lava Jato, mas passa também pelo que denominamos de *reatividade cidadã* frente ao agigantamento e ao perdularismo do Estado e sua promiscuidade com o crime organizado. O jurista Ives Gandra Martins assinala que a sociedade deve buscar os seus direitos de cidadania lutando contra a corrupção e mostrando que nenhuma autoridade pode estar acima da lei.

Apesar da indiscutível importância que se lhe deve atribuir, é preciso reconhecer que a Lava Jato, segundo Graham Brooks, apenas expôs a ponta do iceberg e uma pequena parte da cultura brasileira da corrupção. Uma cultura que não busca apenas o dinheiro ilícito, mas o poder, e que se espalha pelo nosso país, sobretudo, por ausência de valores éticos e morais, fatores fundamentais para a construção de uma essência cidadã.

Em se tratando do tema corrupção, é possível concluir que, como diz William Shakespeare, "há mais coisas entre o céu e a terra do que supõe a nossa vã filosofia". Na verdade, essa prática constitui uma grave "doença" que efetivamente contaminou o organismo estatal e, de certa forma, o próprio corpo social. Algo extremamente preocupante, uma vez que, segundo a pesquisadora Camila Souza Novaes, uma significativa inversão moral ocorre quando a corrupção vira um comportamento padrão, uma norma.

A corrupção no Brasil é sabidamente difusa, albergando todas as camadas da sociedade, independentemente de classe e posição social, e abrangendo comportamentos de diversas naturezas. Trata-se, pode-se dizer, de um fenômeno extremamente amplo e que obviamente merece ser estudado em profundidade, o que não poderá ser realizado nos estreitos limites do presente texto, cujo objetivo principal é tão somente provocar reflexões sobre os comportamentos adotados pelo cidadão brasileiro diante da "propinocracia" nacional. Efetivamente, nós, os brasileiros, possuímos a nossa cota de participação, seja por ação, reação ou omissão, na "empresa da corrupção". E não faltam exemplos concretos de como isso ocorre.

Assim, da mesma forma que determinados planos de saúde privados podem ser considerados autênticos "vilões" na relação consumerista travada com os respectivos clientes — na exata medida em que algumas empresas do setor não cumprem fielmente os contratos firmados —, alguns consumidores desse serviço, por sua vez, também agem de modo fraudulento. Isso acontece quando, por exemplo, solicitam ao médico a emissão de dois recibos relativos à mesma consulta, fracionando-a de modo a não atingir o limite máximo de ressarcimento a ser efetuado pela operadora, dentre tantos outros expedientes que, inegavelmente, também correspondem a uma forma de corrupção.

De fato, a corrupção encontra-se enraizada na sociedade brasileira, sendo perceptível desde as pequenas fraudes, tais como a sonegação de impostos, a consulta a livros e textos não autorizados em provas (a famosa "cola"), a aquisição de mercadorias pirateadas e muitas outras práticas que estão no nosso catálogo de ações tidas como socialmente adequadas e/ou normais.

Entretanto, também é preciso considerar que a corrupção ostenta um viés de natureza reativa à exagerada e desnecessária intervenção estatal na vida dos indivíduos, gerando verdadeiras "armadilhas" impostas, propositalmente ou não, pela absurda burocracia do Estado.

Essa reatividade enseja inúmeras mazelas e comportamentos ilícitos. Por exemplo, dá margem a uma suposta legitimidade da sonegação tributária. Assim, enquanto nos países desenvolvidos a percepção dominante é a de que o povo paga seus tributos em prol da própria sociedade, nos países autoritários o sentimento é de que a tributação é destinada ao Estado.

No Brasil, muito por conta da "propinocracia" que impera entre nós, existe, de forma nitidamente peculiar, uma consciência coletiva segundo a qual os tributos são pagos de forma diversa das duas concepções anteriores. Para os brasileiros, a arrecadação tributária é endereçada diretamente ao governo — e em exclusivo benefício daqueles que o compõem —, inexistindo qualquer compromisso (ou contraprestação direta) deste para com a coletividade, seja por meio da representação social ou estatal.

Esse singular ponto de vista nacional acaba por constituir um interessante círculo vicioso de reatividade cidadã em relação à obrigatoriedade legal do pagamento de tributos. Esta postura supostamente legitima o fenômeno da sonegação e retroalimenta, em última análise, a corrupção em sua concepção ampliada, bem como a estruturação de sua sistemática efetiva e difusa no seio social.

Ademais, em um país extremamente burocratizado e com uma "inflação legislativa", que efetivamente tortura e sufoca o cidadão, o descumprimento de normas jurídicas, muitas vezes por mero desconhecimento, passa a ser uma constante. No Brasil, a norma de direito, frequentemente, não cumpre minimamente o papel para a qual foi concebida. Aliás, quanto mais burocratizado for um determinado país, mais corrupto ele será, ou no mínimo tenderá a sê-lo. Há, por assim dizer, segundo Ives Gandra, uma relação direta entre burocracia e corrupção.

A lógica brasileira tem sido exatamente assim: quanto mais burocracia, mais reação e mais corrupção, fenômeno que Susan Rose-Ackerman, em seu livro *The Economics of Corruption: an Essay in Political Economy*, denomina de *corrupção burocrática*, algo que ocorre quando os cidadãos contatam servidores públicos para demandar serviços e favores ilegais.

Interessante frisar que o que se contesta — e que se condena veementemente no texto ora desenvolvido — é o excesso cruel e muitas vezes desumano de ingerência estatal em todo e qualquer assunto, desde os mais comezinhos até os mais complexos. Fato que acaba criando absurdas e demagógicas situações, induzindo a uma espécie de corrupção reativa, comportamento comumente adotado pelo indivíduo em razão das incontáveis incoerências de um Estado que insiste em se agigantar, descuidando-se, por outro lado, daquilo que ele deveria organizar e gerir, tal como a essencial segurança pública. Afinal, no Brasil, como explica Sérgio Magalhães, no artigo "Não há lugar para jogadas", "o Estado é escasso onde é necessário; e é excessivo onde é dispensável".

Na percepção do senso comum do brasileiro, o ente estatal existe apenas para lhe tomar dinheiro, o que se dá, por exemplo, por meio da criação de tributos injustos e de diversas retribuições pecuniárias ilegítimas e, igualmente, para puni-lo (em sentido amplo), provocando reações que, de certa forma, também contribuem para a "corruptocracia nacional".

Ora, em uma oportuna comparação analítica, é sempre verdadeira a afirmação segundo a qual não se constitui e nem se desenvolve um autêntico ente familiar apenas por intermédio da permanente cobrança e punição de seus filhos. Muito pelo contrário, o objetivo primordial de uma família é educá-los para que se transformem em cidadãos conscientes, socialmente responsáveis, autônomos e independentes do próprio núcleo familiar.

Em uma parábola análoga à presente afirmação, é possível dizer que o Estado brasileiro tem uma predileção por criar mecanismos punitivos (e não educativos) que geram uma natural reatividade a ele, fazendo com que o cidadão, em última análise, não se identifique com a nação na qual está inserido. De fato, um país historicamente constituído para servir-se do cidadão, em vez de servi-lo, não viabiliza as condições indispensáveis para a construção de uma genuína cidadania, aspecto fundamental para o combate à corrupção, cuja efetividade demanda o engajamento de todos, indistintamente.

É importante reconhecer, sem falso moralismo e sem a nossa natural hipocrisia, que o Brasil possui um absoluto descompromisso histórico com a cidadania, fazendo com que o país ostente o falacioso título de "democrático", quando, em essência, o Estado não cumpre os requisitos mínimos que possibilitam essa adjetivação, a saber: a prevalência do império da ordem constitucional e legal, a garantia dos direitos individuais para todos os brasileiros (sem distinção de qualquer natureza) e a ampla e irrestrita liberdade de ir e vir assegurada pelo Estado.

De igual modo, observa-se um certo imobilismo do cidadão como combustível para o mesmo fenômeno, conduta omissiva que também funciona como entrave para a implementação de uma efetiva luta contra a corrupção. Definitivamente, o povo brasileiro precisa se indignar com a corrupção, não podendo permanecer inerte diante das permanentes crises de naturezas ética e moral que pairam sobre a República, as quais exigem um contínuo e inconclusivo processo de refundação do país.

A propósito, cumpre considerar que a construção de uma essência cidadã — o que também abarca a tomada de comportamentos ativos contra a corrupção — é pressuposto fundamental para se obter um verdadeiro regime democrático. Portanto, não podemos nos contentar passivamente com uma democracia de cunho meramente formalista, na qual essa "doença" continua ditando as regras do jogo.

Em suma, corrupção por ação, reação e omissão — esta última representada pela conhecida passividade do povo brasileiro, que já incorporou culturalmente a corrupção como um elemento imutável, sobretudo na política — traduzem comportamentos que comprometem os frágeis alicerces da esperança de se construir uma nação verdadeiramente democrática. Desse modo, uma luta contra a corrupção não requer apenas alterações no aparato estatal. Demanda algo mais profundo, que consiste exatamente na edificação de uma cultura política democrática, na qual o indivíduo, personagem fundamental nesse processo, exerça efetivamente sua cidadania.

Precisamos, portanto, reconhecer que a maior mudança deve ocorrer em cada um de nós, de modo que o poder do exemplo individual continua sendo a melhor solução para sairmos desse cenário alarmante no qual o país se encontra mergulhado, provendo, enfim, a necessária dignidade ao povo brasileiro, que tanto almeja por transformação.

3

As incoerências do Estado brasileiro e a reatividade do cidadão

Entre as incontáveis incoerências de um Estado que efetivamente não se preocupa em servir ao cidadão, vale refletir a respeito de uma iniciativa anunciada com acentuado marketing, e que tão somente aparenta modificar uma percepção social a respeito do ente estatal: o sentimento de que o Estado simula se preocupar com o bem-estar do indivíduo.

Nesse sentido, muito embora seja obrigatório que todos os cidadãos obtenham seus respectivos documentos, notadamente o registro geral (RG), também conhecido como carteira de identidade, cumpre trazer à baila uma incoerência detectada no famoso Poupatempo. Através desse serviço é possível agendar, via internet, dia e horário para a apresentação pessoal do interessado, com ou sem os seus responsáveis, de acordo com a faixa etária. Como se disse, trata-se, em uma análise superficial, de uma providência extremamente pertinente e muito bem engendrada.

Entretanto, incoerentemente, esse dia/horário não é de livre escolha daquele que procura agendar o serviço. Na verdade, ao proceder ao agendamento, o cidadão vê-se obrigado a se submeter ao dia/horário que o sistema disponibiliza. Caso não possa comparecer na data fixada pelo próprio Poupatempo, ele precisará enfrentar uma verdadeira *via crucis* tecnológica. Ou seja, terá de ingressar novamente na internet, de modo que o programa pertinente gere outra data, e assim sucessivamente até que aquela estabelecida pelo Estado finalmente coincida com a possibilidade de o usuário apresentar-se ao posto designado. E, mais grave, o posto de atendimento não funciona aos sábados e domingos, dias em que o trabalhador, presumivelmente, possui plena disponibilidade para poder cumprir as obrigações impostas pelo ente estatal.

Como se vê, trata-se de um Estado que acredita firmemente que o cidadão encontra-se à sua inteira disposição, a qualquer hora do dia ou da noite, para fazer aquilo que ele determina como uma obrigação indeclinável, uma vez que sem os respectivos documentos o indivíduo praticamente "inexiste", ficando privado de realizar uma série de atividades. Entretanto, o mesmo Estado desconsidera que as pessoas têm inúmeras outras atribuições, inclusive de trabalho, não podendo permanecer à disposição do dia e da hora impostos pela burocracia estatal. A propósito, conforme anota Ives Gandra da Silva Martins, o administrador público passou a nutrir uma desconfiança em relação ao administrado. Isso levou à criação de mecanismos de controle da vida do cidadão cada vez mais complicados. Em determinadas situações, para se conseguir uma autorização governamental, é necessária a ajuda de um especialista, quando na realidade a orientação deveria partir da própria administração pública.

Idêntico problema é observado, por exemplo, na área da saúde. Ainda que, pelo menos em tese, o Sistema Único de Saúde (SUS) tenha sido concebido para materializar a garantia à saúde, gratuita e universal, elevada a direito social e fundamental pela Constituição de 1988, e em que pese ser considerado um dos maiores sistemas públicos de saúde do mundo, não se desconhece o grande caos (administrativo, financeiro etc.) com o qual a instituição convive.

Conforme amplamente noticiado pela mídia brasileira, infelizmente são corriqueiros os casos de descuido e abandono nas unidades públicas de saúde, bem como as consequências advindas desse descaso: filas absurdas, falta de medicamentos básicos e mortes de pacientes totalmente evitáveis.

Não raro, mesmo uma simples consulta médica a ser obtida junto ao sistema pode demorar vários meses somente para ser agendada. E o que é ainda pior: em muitos casos, nem sequer o atendimento será efetivamente realizado, mesmo diante do prévio agendamento.

Em virtude desse precioso tempo perdido entre a constatação dos primeiros sintomas da doença e o diagnóstico a ser providenciado junto a um médico público, corre-se o risco de o remédio cuja receita se desejava obter tornar-se absolutamente desnecessário, seja porque a doença "curou-se" por si mesma, seja porque se tornou crônica; ou pior, seja porque, ao final de tanta espera por um atendimento, o paciente tenha sucumbido à enfermidade.

Em uma nação na qual o povo não tem acesso a médicos de forma minimamente satisfatória, é inadmissível que essa exigência legal para a aquisição de medicamentos esteja listada entre as mais rigorosas do mundo. Fatalmente isso pode descambar — e configura uma hipocrisia não reconhecer esse fato como corriqueiro — para a falsificação e o oportunismo.

Embora todos os remédios que contenham hormônios, incluindo os anticoncepcionais, exijam receita médica na Alemanha e na Inglaterra, novamente a diferença entre a realidade desses países e a do Brasil salta aos olhos, uma vez que lá basta dirigir-se a um ginecologista, cujo preço da consulta é totalmente acessível à população, para se conseguir, de imediato e sem nenhuma dificuldade, a prescrição devida. Em alguns casos, nem mesmo é preciso saber qual é o nome do remédio a ser adquirido, bastando informar nas farmácias a necessidade de medicamento contra tosse, gripe ou dor de cabeça, por exemplo, conduta que, no Brasil, é simplesmente vedada ao balconista, mesmo quando diplomado em farmacologia.

E mais: a principal razão pela qual as pessoas procuram os médicos nos referidos países está diretamente ligada ao preço que pagarão pelo remédio, tendo em vista que o medicamento, quando adquirido mediante receita médica, é simplesmente mais barato. Ademais, o sistema de fornecimento gratuito de medicamentos funciona corretamente em várias nações desenvolvidas, ao contrário do que se observa por aqui.

Essa discrepância se repete quando é necessário realizar um simples exame de sangue, uma vez que o interessado precisará obter a respectiva requisição médica, ainda que decida pagar pelo exame, ou seja, mesmo que não haja qualquer ônus para a rede pública de saúde ou para as operadoras privadas.

Ainda em relação aos medicamentos, cumpre registrar que a Agência Nacional de Vigilância Sanitária (Anvisa) é muito mais rigorosa que o *Food and Drugs Administration* (FDA) dos Estados Unidos, instituição reconhecidamente competente. Para comprovar o que ora se afirma, basta analisar o exemplo da melatonina, uma molécula antiga e onipresente na natureza, e que apresenta múltiplos mecanismos de ação e funções em praticamente todo organismo vivo. Tal substância não somente regula o sono, mas também atua como um potente antioxidante, sendo ainda eficaz no controle da enxaqueca. Da mesma forma, há evidências de que ela auxilia no combate à obesidade, na redução de tumores (especialmente o câncer de mama) e no tratamento do diabetes tipo 2.

Liberada nos Estados Unidos, a melatonina tornou-se tão popular no tratamento da insônia que já é utilizada por mais de 3 milhões de pessoas, de acordo com o *National Center for Complementary and Integrative Health*. Por aqui, ainda não há medicamento com esse princípio ativo registrado na Anvisa. A própria legislação do órgão regulador, no entanto, permite, mediante indicação médica, a importação e o consumo do hormônio em questão. No Brasil, a substância é comercializada apenas por farmácias de manipulação, igualmente dependente de complexa requisição de um profissional, o que indubitavelmente restringe seu acesso à maior parte da população.

Mesmo sendo de uso relativamente seguro, com poucos efeitos colaterais e contraindicações, podendo, inclusive, em alguns casos, substituir medicamentos mais perigosos, de uso controlado, a melatonina continua inexplicavelmente proibida no Brasil, ao passo que, nos Estados Unidos, é vendida livremente em qualquer farmácia.

Outro exemplo que se pode listar é pertinente à substância Palexia Tapentadol, um analgésico de última geração para tratamento de dores crônicas, que vem substituindo, com inúmeras vantagens em termos de eficácia e efeitos colaterais, o Tramadol (Tramal). Embora amplamente testado e aprovado pelos mais rigorosos procedimentos do FDA, o referido analgésico ainda não foi liberado (para produção ou comercialização) pelos técnicos da Anvisa. São frequentes os meandros burocráticos da agência reguladora para autorizar, no Brasil, a comercialização e a produção de novos medicamentos já amplamente utilizados em países que são referência na área médica.

Além disso, não há como ignorar que as empresas farmacêuticas também possuem seus próprios interesses. Isso pode configurar um grande problema para os pacientes, uma vez que pode afetar a isenção profissional do médico responsável pela prescrição, criando um incentivo para que ele receite medicamentos da empresa com a qual mantém relações, e que não necessariamente são mais baratos ou eficazes que seus correspondentes.

Aliás, sabe-se que 30% (ou mais) de todo o orçamento da indústria farmacêutica são investidos em marketing e publicidade. Por meio do oferecimento de vantagens, tais como viagens, brindes, amostras grátis, inscrição em congressos e eventos, dentre outras benesses, esse mercado cria um vínculo com o profissional de saúde que pode, muitas vezes, comprometer sua neutralidade no momento da prescrição medicamentosa.

De fato, há denúncias que apontam que alguns médicos se posicionam, em eventos científicos, favoravelmente às drogas de laboratórios que estão patrocinando sua viagem e hospedagem; que recebem "salários por fora" de laboratórios a título de colaboração pela participação em congressos ou outros eventos; que aceitam presentes, dinheiro e convites de viagem patrocinados por laboratórios, receitando remédios dos patrocinadores como contrapartida; que laboratórios interferem na pauta de eventos e de publicações médicas em troca de patrocínio etc. Essas práticas, além de configurarem violação ao disposto na Resolução nº 1.595/2000, do Conselho Federal de Medicina, cujo artigo 1º proíbe "a vinculação da prescrição médica ao recebimento de vantagens materiais oferecidas por agentes econômicos interessados na produção ou comercialização de produtos farmacêuticos ou equipamentos de uso na área médica", demonstram também que a imposição de receita médica parece nada significar em termos de segurança para o paciente.

Essa exigência indiscriminada de receita para obtenção de remédios, quando imposta a um povo que tem extrema dificuldade no que se refere ao acesso a médicos, significa condená-lo à falsificação e, portanto, à corrupção (em seu sentido amplo); ou, eventualmente, e de forma mais grave, à perpetuação da doença ou mesmo à morte pela impossibilidade de se adquirir o medicamento. Mais paradoxal ainda é a pouco conhecida — porém, inexplicável e desmedida — restrição legal quanto à validade das receitas médicas vinculada à geografia de cada estado-membro da federação, em função de o médico emissor possuir um número (controlado) que é regional (CRM) e não nacional. Significa dizer que uma receita médica emitida no Rio de Janeiro não possui validade nas farmácias situadas nas cidades paulistas.

Trata-se, pois, de mais uma das inúmeras incoerências do Estado brasileiro, o qual, conforme afirmado antes, não serve ao cidadão, mas, ao contrário, dele se serve, sob o argumento de que "tudo é feito em benefício da população". Na realidade, o que acontece é que os órgãos de regulação se autoprotegem, de modo que cada vez mais a máquina administrativa fique "inchada" de servidores públicos, criando e fortalecendo o que se convencionou denominar por arrogância do subdesenvolvimento, um dos tantos fenômenos incentivadores da corrupção.

4

Agigantamento do Estado e corrupção

É CONSAGRADA A TESE SEGUNDO A qual o agigantamento do Estado encontra-se intimamente associado à corrupção, tanto no sentido de sua indução caracterizadora quanto no de sua manutenção reprodutiva. De fato, essa é a flagrante e inconteste realidade brasileira, a exemplo de tantas outras nações subdesenvolvidas ou, em uma terminologia artificialmente construída e em absoluta desconexão com a realidade, em permanente via de desenvolvimento. Existe, portanto, uma correlação direta entre os fenômenos do agigantamento estatal e da corrupção, no sentido da desmedida e permanente presença estatal na vida cotidiana.

Um dos motivos da multiplicação desenfreada de casos de corrupção pode ser atribuído, em grande parte, à indevida intromissão do Estado na vida do cidadão e na economia, isto é, ao denominado agigantamento estatal. Nesse sentido, é importante registrar que a excessiva regulamentação em uma nação, além de funcionar como elemento primordial para a construção originária das bases para a instalação da corrupção (em todas as suas dimensões), opera, igualmente, como um autêntico mecanismo incentivador do fenômeno em pauta, impedindo, em última instância, que a livre concorrência entre as empresas possa atingir o objetivo final da eficiência e, consequentemente, o próprio desenvolvimento socioeconômico de uma sociedade.

De acordo com as reflexões de Otaviano Canuto, ex-diretor executivo do Banco Mundial, o Brasil é caracterizado por possuir um capitalismo de compadrios, no qual dificuldades são geradas com o intuito de se vender facilidades, concebendo um tipo verdadeiramente amplo e genérico de corrupção.

Assim, a amplamente difundida concepção segundo a qual a corrupção, em alguns casos, é a única (ou, pelo menos, a principal) forma de se fazer negócios no Brasil retroalimenta o problema, principalmente em função de uma pretensa legitimidade decorrente do capitalismo de compadrios. Isso explica o motivo pelo qual muitos empresários, mesmo estando presos pela operação Lava Jato, continuam a proceder de modo igualmente corrupto em seus negócios, demonstrando, pois, a absoluta inexistência de qualquer efeito pedagógico decorrente da privação de suas liberdades através das prisões (preventiva ou temporária) decretadas pela Justiça Federal.

O mesmo compadrio parece explicar o fato de um jovem de dezenove anos, que no fim de 2017 comentava nas redes sociais sobre o seu mau desempenho escolar no período próximo ao vestibular, ter sido nomeado gestor financeiro do Ministério do Trabalho, órgão no qual ele coordenava uma verba de R$ 473 milhões por ano. Após o episódio ter sido divulgado pela imprensa, descobriu-se que o rapaz em questão seria filho de um aliado de um determinado deputado federal.

Conforme bem adverte a escritora Ana Maria Machado no artigo "Do Estado magnânimo ao nosso desânimo", a consolidação desse regime de compadrios — que, convém registrar, historicamente perdura em nosso país — foi retomada e exacerbada no segundo mandato de Lula, servindo para inchar a máquina pública de maneira irresponsável. Isso veio acompanhado pelo governo Dilma, através de uma grandeza seletiva do Estado, que se encheu de isenções para os amigos, permitindo que o Brasil lograsse atingir um nível sem precedentes na história de "desperdício de recursos, vista grossa para compadres, corrupção em relações promíscuas e criminosas entre políticos, empreiteiros, empresários protegidos e retrocesso econômico".[1]

O fato revela a hedionda interface existente entre os segmentos público e privado, caracterizando, assim, aquilo que Susan Rose-Ackerman denomina de *corrupção política* (também chamada de "grande corrupção"). Esta espécie de corrupção alcança altos níveis governamentais e se identifica, por exemplo, quando a atividade legislativa é inescrupulosamente exercida em benefício dos próprios agentes políticos e/ou de determinados grupos econômicos. Segundo a tese *Economia da corrupção, teoria e evidências: uma aplicação ao setor de obras rodoviárias no Rio Grande do Sul*, defendida por Ricardo Garcia na Universidade Federal do Rio Grande do Sul (UFRGS), a corrupção política se transforma em algo endêmico quando a aplicação de recursos não se dá mais no mercado e sim na própria esfera política, levando os empresários a buscar suas rendas no mercado político, não no segmento privado.

Após um processo de relativa intervenção estatal, que se fez necessário em certo período histórico, essa fase foi reimplantada e mesmo ampliada durante o governo do Partido dos Trabalhadores (PT). Neste período, o dissimulado propósito de se estabelecer uma política de poder, em substituição a uma legítima política de Estado, teve como objetivo construir novos e renovados meios de controle sobre o cidadão, redesenhando, assim, a lógica perversa da corrupção.

O governo petista, em absoluto descompasso com o seu discurso moralista, ao assumir o poder, quase que imediatamente repetiu, com muito mais ênfase e notável eficiência, os mesmos e tão condenados (de forma unânime, pelos integrantes do próprio partido) métodos instrumentais de utilização do Estado e da máquina pública em favor da perpetuação de seus aliados no poder. Segundo o ministro Celso de Mello, a teoria do Estado patrimonial é incompatível com a concepção republicana de poder.

Reproduzindo, através de uma autêntica cartilha, uma série de procedimentos — de moralidade pública, no mínimo, duvidosa — pautados por diversos governos brasileiros, mormente quando da respectiva chegada ao poder, o PT adicionalmente introduziu um rol de inovações muitas vezes não percebidas pelo povo brasileiro, notadamente em face da camuflagem de seus objetivos. Esse fenômeno operou-se por intermédio de um conjunto de medidas muito bem elaboradas e com requisitos especiais de invejável sutileza — e em absoluto descompromisso com o bem-estar do cidadão, mas sempre com um consistente discurso "de que tudo é feito em benefício do povo" —, os quais objetivavam estabelecer, em última análise, alterações fundamentais na legislação, ampliando, em favor de seus interesses, a burocracia e o próprio custo da máquina estatal.

A título de exemplo, o PT modificou, sem qualquer explicação técnica minimamente defensável, o formato e o tamanho das cédulas de real, sob o argumento de que, copiando a modelagem da moeda da União Europeia (o euro), facilitaria a identificação dos valores impressos no dinheiro brasileiro. Porém, esse proceder apenas ampliou, na prática, os custos (em função do maior tamanho das cédulas) para a Casa da Moeda do Brasil, obrigando-a à readaptação das máquinas de impressão, o que aumentou, consequentemente, o gasto público.

Gerou-se, ainda, uma adicional burocracia bancária — e um consequente custo extra para as instituições financeiras, o que, obviamente, foi repassado para os clientes — em função da dificuldade de adaptação das máquinas de contabilizar notas com tamanhos diferentes (embora com o mesmo valor), dentre tantas outras complicações que até hoje geram efeitos negativos.

Não satisfeito, o governo petista alterou o modelo-padrão de tomada elétrica para um tipo *sui generis*, gerando um enorme custo adicional para a população, que se viu obrigada, em curtíssimo espaço de tempo, a comprar adaptadores especiais para o funcionamento dos novos eletrodomésticos. Essa alteração acarretou, em paralelo, enormes problemas para a indústria, que foi obrigada a substituir, em seus estoques, os novos modelos de tomadas elétricas, o que se deu com o respectivo aumento de custos.

Descontente com essas inovações inúteis, e que não trouxeram nenhum benefício real para a população brasileira (ainda que o marketing governamental tenha convencido os mais ingênuos quantos a eventuais vantagens decorrentes dessas pequenas medidas), a gestão do PT também se destacou por ter sido um período governamental de intensa inauguração de novas empresas paraestatais. Empresas estas que geraram um prejuízo de oito bilhões de reais aos cofres públicos, mais especificamente ao Tesouro Nacional.

Um exemplo desse tipo de companhia é a Empresa de Planejamento e Logística, concebida para desenvolver a tecnologia do trem de alta velocidade no trecho entre as cidades do Rio de Janeiro e de São Paulo, mas que, a toda evidência, nada projetou, criou ou apresentou de relevante (em termos de resultados verificáveis) até o presente momento.

Ademais, conseguiram, com grande campanha de marketing político, trazer para o Brasil os Jogos Pan-Americanos (2007), a Copa do Mundo (2014) e os Jogos Olímpicos (2016), cujos legados foram, sobretudo, uma corrupção que atingiu números estratosféricos e sem precedentes em toda a história brasileira. Principalmente por meio de procedimentos de superfaturamento de obras, o que superou até mesmo o audacioso plano de enriquecimento pessoal (e de projeto de poder) de Juscelino Kubitschek e de seus aliados, em relação aos reconhecidos desvios de verbas públicas durante a construção de Brasília.

A propósito do assunto, o doutor em economia Ricardo Garcia explica que a corrupção teria se institucionalizado a partir da gestão de Juscelino Kubitschek, mormente por meio do denominado Plano de Metas, ocasião em que se forjou a famosa frase "cinquenta anos em cinco". Neste período, diversas obras foram colocadas sob suspeita de estarem maculadas pelo conhecido e hediondo vício do superfaturamento, dentre outros problemas com os quais convivemos até hoje. No período de Juscelino houve um crescimento, tanto financeiro quanto político, das empreiteiras nacionais, que assinaram contratos num ambiente com ausência de correção monetária e muita inflação. Houve uma grande política de investimentos em obras civis e rodoviárias que gerou uma série de denúncias em relação à transparência dos contratos firmados. Foi uma época de contratos superfaturados, nos quais o valor de um único contrato era repassado para vários. Retornando à corrupção petista, não se pode duvidar da elevada inteligência, ainda que direcionada em desfavor da população, de diversas medidas e iniciativas propostas durante esse período governamental. Por suas sutilezas extremas e por uma bem difundida propaganda, o PT conseguiu convencer boa parte do eleitorado nacional quanto ao pretenso propósito benéfico dessas ações, direcionadas a um suposto favorecimento das camadas mais humildes da população.

Seria injusto, todavia, concluir que todas essas artimanhas políticas tenham sido exclusividade dos governos titularizados pelo PT, uma vez que, sabidamente, são de inconteste origem cultural remota e um fenômeno que figura como uma constante na história do Brasil. De fato, em todas as fases da República, antes ou depois da promulgação da Constituição Federal de 1988, a corrupção esteve presente no noticiário nacional. A sensação que se tem é que, a cada dia que passa, esse mal se apresenta com mais frequência e intensidade no que se refere ao volume de dinheiro público desviado.

Entretanto, é correto deduzir que a dimensão, o montante e a grandeza de escala nunca foram elevados a níveis de tamanha magnitude, permitindo a correta qualificação coloquial de "corrupção astronômica" para o particular período governamental petista. Para comprovar o que se afirma, basta apontar, como exemplos emblemáticos, os episódios investigados no âmbito da CPI dos Correios (que revelaram a existência de um esquema de fraude em procedimentos licitatórios), o Mensalão (que, em suma, trouxe à tona a nefasta prática de compra de votos no Parlamento Federal) e o Petrolão, cuja enorme gravidade permitiu que lhe fosse concedido o desonroso título de o "maior caso de corrupção do mundo em todos os tempos".

Nesse cenário, a única saída para o problema da corrupção é a redefinição do papel e da função do Estado, tornando-o menos prepotente, menos perdulário e mais eficiente. Segundo o consultor econômico Cláudio Frischtak, em artigo no jornal *O Globo* publicado em 21 de agosto de 2017, o Estado brasileiro tem como características ser perdulário, ineficiente, volumoso e capturado por interesses inconfessáveis.

Em suma, o novo Estado, segundo Ana Maria Machado, não deve tentar se meter em fazer o que não é de sua competência. Não é à toa que, diante desse agigantamento estatal, o ministro Luís Roberto Barroso defenda uma redução do tamanho do Estado, por ser este muito grande, caro, ineficiente e corrupto.

Segundo afirma Ana Maria Machado no artigo já citado, é urgente e fundamental realizar as reformas estruturais que vêm sendo adiadas há décadas, o que inclui, por exemplo, a simplificação da enorme quantidade de leis, instruções normativas e portarias que impedem o desenvolvimento.

Prosseguindo no mesmo raciocínio a respeito das peculiaridades da "propinocracia" brasileira, cumpre lembrar que a presença massiva do Estado — e, particularmente, de seus agentes — na vida cotidiana gera, em contrapartida, efeitos perversos e alimentadores da corrupção, possibilitando que criminosos "assumam e substituam" funções estatais.

A explicação para esse fenômeno é simples: a relação promíscua entre agentes públicos e privados faz com que estes últimos, sem maiores riscos, tomem para si e passem a desempenhar determinadas atividades "reguladoras" do próprio Estado. Elas geram uma "renda" que, ao final, transforma-se em propina a ser dividida entre os protagonistas (e mesmo eventuais coadjuvantes) de cada episódio ilícito. Aqueles que se negam, por considerações morais e, sobretudo, retidão de caráter, a participar diretamente desse conluio criminoso, acabam indiretamente contribuindo, por omissão, para a mesma ilicitude. É o caso dos ambulantes que oferecem nas ruas das cidades do país produtos falsificados, roubados ou fruto de contrabando. Segundo Antônio Werneck, no artigo "Os donos das calçadas", esses vendedores sofrem apenas eventuais repressões das polícias e guardas municipais e quase nunca são condenados pela justiça.

Em determinados momentos da vida do cidadão, a supérflua presença do Estado ocasiona incongruências inacreditáveis. É o que acontece, por exemplo, com alguns semáforos implantados sem qualquer estudo técnico, e de modo absolutamente desnecessário, nas vias públicas. Eles colocam em risco potencial a vida dos condutores de veículos automotores que por ali passam, e que são obrigados a cumprir a regra insculpida no Código de Trânsito Brasileiro, sob pena de pesadas punições pecuniárias.

Esse problema dá margem a um pensamento corrente na sociedade brasileira, segundo o qual haveria, no país, uma espécie de "indústria da multa", provocadora de uma profunda indignação individual e coletiva. O fato é relatado por Elinei Winston Silva, na matéria "Indústria da multa", que, em tom de repulsa, afirma ter sido multado por ter avançado o sinal de trânsito às duas horas da madrugada de uma segunda-feira, na avenida das Américas, local que, segundo afirma, encontrava-se sem veículos ou pessoas.

Ora, nesses dispensáveis sinais de trânsito, o indivíduo depara-se com o seguinte quadro: ou cumpre a norma jurídica, parando o veículo no local designado, geralmente mal-iluminado por conta da inércia do mesmo ente, ocasião em que se torna "presa" fácil para criminosos da "iniciativa privada", ou "opta" pela desobediência normativa, avançando, então, o semáforo vermelho. No último caso, passa a ser alvo de um Estado "tomador", que lhe aplicará uma pesada multa de natureza administrativa, cujo propósito, longe de ser a segurança viária, ostenta nítido caráter punitivo e arrecadatório. Efetivamente, em situações assim, quem precisa de um inimigo? Esse questionamento levou o saudoso Ricardo Boechat a afirmar que o Estado é o maior inimigo do povo.

De fato, o Estado brasileiro é contumaz em criar e montar "armadilhas burocráticas" para surpreender o indivíduo. Conforme amplamente noticiado, uma das grandes fontes de corrupção, em função da elevadíssima e histórica burocratização, reside no segmento de compra, venda e emplacamento de veículos automotores, dentre outras providências que o cidadão precisa buscar junto ao Departamento de Trânsito (Detran), serviços que, em muitos casos, são propositalmente difíceis de serem agendados e realizados sem o auxílio de intermediários "especializados", os quais contam com grande conhecimento e influência junto à referida autarquia.

Um exemplo é a burocracia para se adquirir um automóvel usado. Para isso é necessário comparecer a um cartório, que obviamente precisará estar aberto no dia do comparecimento, o que nem sempre ocorre, tendo em vista o grande número de feriados existentes em nosso país. Em seguida, na mesma *via crucis*, será preciso comparecer ao Detran para fazer a devida transferência de propriedade veicular, o que dependerá de agendamento prévio — isto se não houver nenhum problema relativo à informatização do sistema —, conforme dia e hora disponibilizados pelo órgão. Com isso, já são pelo menos dois dias úteis que o eventual comprador precisará faltar ao trabalho, o que torna mais barato contratar um "intermediário" (o famoso "despachante") e pagar as despesas pertinentes (relativas ao cartório, ao próprio Detran etc).

Trata-se, como se vê, de uma forma extremamente complicada e burocrática de se adquirir um veículo, razão pela qual algumas pessoas, ao comprarem um automóvel, "optam" por manter o nome original do vendedor, vale dizer, não efetuar a devida transferência de propriedade. Decisão que leva a riscos como a própria multa aplicável (e respectiva pontuação na CNH) prevista na Legislação de Trânsito para o descumprimento da norma em questão.

Interessante notar que, por conta desse inexplicável "emperramento administrativo", há pessoas que estão preferindo não adquirir um carro, mas sim alugá-lo junto a uma locadora, evitando, pois, as "armadilhas" da burocracia e dos correspondentes custos a ela associados.

A mesma "engrenagem travada" é observada, por exemplo, no serviço de emissão de passaporte. Como se sabe, para se obter o documento de viagem, exige-se do indivíduo uma série de outros documentos — carteira de identidade, certidão de nascimento ou casamento, título de eleitor e último comprovante de votação, documento que ateste quitação com o serviço militar, cadastro de pessoas físicas (CPF), passaporte anterior, se existente, todos em original e cópia —, muitos dos quais absolutamente redundantes, não obstante a existência de legislação que determina que as cópias autenticadas valham como originais.

Em suma, não basta o denominado RG (registro geral) emitido pelo Estado, no qual já constam todos os dados da certidão de nascimento, além do CPF. Desconfiado de si mesmo, uma vez que considera insuficiente um documento por ele expedido, o ente estatal exige que se lhe apresente também a certidão de nascimento (pré-requisito legal para a expedição do RG).

Além do mais, como se não bastasse o alto custo do passaporte para o cidadão, o seu prazo de validade (ampliado para dez anos, após as mais diversas críticas dos cidadãos) é bem inferior ao praticado em outros países, fazendo com que haja uma arrecadação permanente de taxas para a realização do serviço, sem que se observe, no entanto, a correspondente melhoria do sistema.

A burocracia do Estado brasileiro também promove um interessante fenômeno, denominado de "etiquetamento" do cidadão. De fato, cada vez mais somos identificados por uma infinidade de números, os quais, em essência, representam "etiquetas" das mais variadas naturezas: demográfica (certidão de nascimento, por exemplo), eleitoral (título de eleitor), militar (certificado de alistamento militar), fiscal (CPF), trabalhista (CTPS, carteira de trabalho e previdência social), dentre outros documentos que "entulham" a vida das pessoas.

Trata-se de um Estado que efetivamente complica a vida do cidadão, que em muitos casos decide, reativamente, tomar iniciativas que acabam por alimentar o fenômeno da corrupção.

Dentre tantos outros ingredientes que caracterizam a "propinocracia" nacional, não há como deixar de aludir à promiscuidade estatal no que se refere ao enfrentamento da criminalidade, dando brecha, em muitos casos, à celebração de inescrupulosos "acordos" entre agentes do Estado e marginais da lei. Muitos destes acordos buscam obter uma aparente sensação de "segurança pública". Esse fenômeno é comumente chamado de verdade inconveniente, ou seja, um fato incontestavelmente verdadeiro, mas pouco comentado e pesquisado a fundo.

Isso configura mais uma das tantas singularidades do binômio corrupção/violência no Brasil, fato demonstrável, por exemplo, pela existência de certa simbiose entre autoridades públicas e facções criminosas, as quais, em muitos casos, efetivamente assumiram o "controle" de alguns presídios existentes no país.

Outra característica da corrupção brasileira é que ela não ostenta qualquer viés ideológico, na exata medida em que não distingue as clássicas e tradicionais concepções políticas de direita ou de esquerda. Exemplos do que ora se afirma podem ser constatados através do fato de que tanto a direita (encarnada, outrora, por Getúlio Vargas e Juscelino Kubitschek) quanto a esquerda (como João Goulart, dentre outros) tiveram envolvimento com altos índices de corrupção institucionalizada em seus respectivos governos.

Mais recentemente, o PT e várias outras agremiações ditas de esquerda, autointituladas defensores da luta contra a corrupção, envolveram-se no que se revelou o maior e mais extraordinário empreendimento institucional de corrupção em nosso país: o conhecido Petrolão, quase que totalmente desnudado pela operação Lava Jato.

Indubitavelmente, pode-se afirmar que nos Estados em que se observa uma presença estatal massiva — quer da direita intervencionista, quer da esquerda participativa — a corrupção apresenta-se em sua completa magnitude. Em contraste, é exatamente na concepção de Estado liberal, e da sua correspondente e verdadeira acepção democrática de regime político, que o fenômeno em questão ostenta menores níveis.

Curioso observar que, muito embora todos os diagnósticos conduzam à mesma conclusão de que a razão primária da corrupção brasileira é o extraordinário gigantismo do Estado, o vício cultural nacional — preconizador de um

Estado onipresente e onipotente, prestador de um extenso rol de serviços públicos (muitos dos quais de péssima qualidade) — continua a prevalecer na expressiva maioria dos cidadãos. Este fato torna o combate às raízes matriciais da corrupção "verde e amarelo" uma tarefa de dificílima execução prática, criando-se, assim, um círculo vicioso, cuja ruptura impõe-se como um desafio urgente.

Nesse contexto analítico, o mesmo Estado do qual se deseja que preste todos os tipos de serviços e atividades acaba, na prática cotidiana, não conseguindo viabilizar justamente aquelas prestações consideradas mais fundamentais. Serviços que estão universalmente associados às funções essenciais de qualquer Estado, particularmente as relativas à projeção de sua soberania territorial no espaço de suas fronteiras, garantindo a missão básica de prover ordem interna.

Em um país em que a burocracia impera, não é de se estranhar o elevado índice de corrupção com o qual infelizmente convivemos. Não é à toa que pesquisa realizada pelo movimento *Agora!*, em parceria com o instituto Ideia Big Data, mostra que 49% da população brasileira, quando entrevistada em 2018, esperava que o próximo governo tivesse como prioridade acabar com a corrupção.

Registre-se, ainda, que a corrupção alcança, sem exceção, todos os segmentos da estrutura do Estado, mormente as empresas paraestatais, entes cuja quantidade exata o Brasil sequer conhece, o que fez com que o Tribunal de Contas da União (TCU) encomendasse à Fundação Getulio Vargas um mapeamento que as contabilizasse. Não é por coincidência que grandes escândalos de corrupção têm no seu epicentro autarquias, empresas públicas e sociedades de economia mista.

Observamos também que a Petrobras — nossa principal empresa paraestatal, e o principal alvo da operação Lava Jato — já tinha enfrentado outras investigações conduzidas por Comissões Parlamentares de Inquérito (CPI) instaladas no Congresso Nacional. Dirigentes da empresa, criada, em 1953, por Getúlio Vargas, vêm sendo convocados para esclarecimentos desde os governos de Juscelino Kubitschek e de João Goulart. Após o período relativo às administrações militares, em que inexistem registros de desvios de recursos públicos dignos de menção, a petrolífera brasileira também protagonizou escândalos nos governos Sarney e Collor.

EMPRESAS PARAESTATAIS

Paraestatal, correspondente ao prefixo grego *para* (ao lado), traduz a ideia de instituição que foi concebida como instrumento de intervenção (caráter temporário) e não de participação (caráter definitivo) do Estado na economia, consoante o disposto no artigo 173 da Constituição de 1988 ("Ressalvados os casos previstos nesta Constituição, a exploração direta de atividade econômica pelo Estado só será permitida quando necessária aos imperativos da segurança nacional ou a relevante interesse coletivo, conforme definidos em lei"). Muito embora coloquialmente se classifique a Petrobras como uma empresa *estatal*, tecnicamente inexistem no Brasil empresas pertencentes ao Estado. Há tão somente instituições componentes da administração pública indireta (*autárquica*, de direito público, como são, de um modo geral, as prestadoras de serviço público, e as *paraestatais*, providas de natureza jurídica de direito privado, como são exemplos as empresas públicas, como a Caixa Econômica Federal, e as sociedades de economia mista, tais como o Banco do Brasil e a Petrobras).

Com isso, obviamente, não se pretende afirmar que a denominada administração direta seja imune ao mal da corrupção. É evidente que esse carcinoma encontra-se alojado em vários órgãos do corpo estatal, sendo a causa de uma espécie de "metástase nacional".

Entretanto, forçoso reconhecer que as chamadas paraestatais, por realizarem diversas operações comerciais e financeiras, oferecem múltiplas oportunidades de fraudes e financiamentos escusos a projetos políticos e eleitorais de objetivo duvidoso, mantendo, ainda, o alto padrão de vida de uma parte das classes empresarial e política, independentemente do partido.

Não obstante essa infeliz realidade, e embora a probabilidade de se eliminar por completo a corrupção seja remotíssima, a possibilidade de reduzi-la a níveis toleráveis é real e viável. Malgrado o advento de instituições verdadeiramente independentes e autônomas — legados incontestes do Regime Militar, que logrou criar e conceber um Poder Judiciário Federal (Lei nº 5.010/1966), um Ministério Público efetivamente independente (Lei Complementar nº 40/1981) e uma Polícia Federal forte e respeitável (Lei nº 4.878/1965) —, é inegável que ainda não conseguimos eliminar o mal da corrupção do cotidiano nacional.

Muito pelo contrário, é sabido que essa doença, de forma surpreendente, foi alçada a níveis inéditos na história brasileira, particularmente durante a denominada era PT, obtendo, inclusive, o específico apelido de corrupção lulopetista. De fato, a reintrodução das mazelas varguistas (e de seus herdeiros políticos) pelo governo do Partido dos Trabalhadores foi realizada em patamares simplesmente inimagináveis. O Mensalão, revelado em 2005, foi apenas a ponta do iceberg de um golpe contra o Tesouro que continuou em proporções maiores com as investigações realizadas na operação Lava Jato sobre o sistema de corrupção lulopetista.

Esse quadro impõe, portanto, uma conscientização e, igualmente, uma urgente mudança de comportamento por parte da própria sociedade. Aliás, soa um tanto evidente que um dos mecanismos alimentadores da corrupção é a presença desnecessária, massiva e invasiva do Estado (e de seus agentes públicos) na vida diária das pessoas. Conforme amplamente difundido pelo senso comum, criam-se "dificuldades" para se obter "facilidades". Afinal, segundo o jargão próprio dos corruptos, "quem quer rir, precisa fazer rir".

5

Corrupção e crescimento socioeconômico

A CORRUPÇÃO NÃO COMPROMETE APENAS os valores jurídicos considerados essenciais para o perfeito funcionamento de um Estado democrático de direito. De fato, seus efeitos perniciosos, além de atentarem contra o arcabouço ético das nações, comprometem sobremaneira o desenvolvimento socioeconômico dos países, figurando também como um óbice à paz social. Nesse sentido, os autores do artigo "Combate à corrupção: uma análise de impacto legislativo das propostas do Ministério Público", publicado em agosto de 2016 pelo Núcleo de Estudos e Pesquisas do Senado, asseveram que a corrupção impacta negativamente a gestão pública e aumenta a desigualdade econômica e exclusão social, afetando diretamente o bem-estar dos cidadãos.

No Brasil, como exemplos contundentes do que ora se afirma, cabe recorrer aos emblemáticos casos do Mensalão e da operação Lava Jato, os quais revelaram a simbiose que efetivamente há entre políticos, agentes públicos, empresários, "marqueteiros", "doleiros" e uma enorme gama de pessoas que, em comum, podem ser adjetivadas como corruptas.

José Antônio Martins, autor do livro *Corrupção*, explica que o importante a ser considerado no caso do Mensalão foi a observação de que a corrupção estava inserida na lógica da ação política do governo; havia, portanto, algo de estrutural. E a saída de pessoas corruptas de um determinado governo não muda essa lógica de ação política, porque a engrenagem da corrupção se mantém independentemente delas.

Mais do que isso, a Lava Jato demonstrou, de modo inquestionável, que corrupção e ambiente de negócios são temas que guardam uma estreita relação não apenas no Brasil, mas também em vários países. Afinal, de acordo com o Escritório das Nações Unidas para o Combate ao Crime Organizado e às Drogas, a corrupção é um complexo fenômeno jurídico, social, cultural, político e econômico que afeta, em algum grau, todos os países do mundo.

Sob o prisma jurídico-penal, a corrupção encontra definição junto aos artigos 317 e 333 do Código Penal brasileiro (Decreto-lei nº 2.848/1940). Conforme se observa, o CP pátrio classifica a corrupção em passiva (cometida pelo servidor público que solicita ou recebe vantagem indevida em razão de uma determinada função que desempenha) e ativa (praticada pelo particular que oferece ou promete vantagem indevida a funcionário público, para determiná-lo a praticar, omitir ou retardar ato de ofício).

Não obstante as dimensões a partir das quais o problema em questão pode ser analisado, mostra-se também relevante examiná-lo sob a perspectiva econômica. Com efeito, diversos organismos internacionais (Banco Mundial, Organização para a Cooperação e Desenvolvimento Econômico — OCDE, Transparência Internacional etc.) passaram a pesquisar as consequências da corrupção em relação à economia mundial. Segundo o que restou pesquisado por Ricardo Garcia na já citada tese, o combate à corrupção se transformou numa das principais linhas de ação do Banco Mundial desde 1996. O Banco destaca que o combate à corrupção deve constar como uma das preocupações fundamentais das políticas públicas, uma vez que os elevados níveis de corrupção aumentam o custo de operacionalização de vários negócios, afugentando os investidores e tendo efeito catastrófico sobre o crescimento econômico.

Em relação ao binômio corrupção/ambiente de negócios, o Brasil, como era de se esperar, vai muitíssimo mal. Conforme ranking divulgado pelo Banco Mundial (*Doing Business*), em 31 de outubro de 2017, o Estado brasileiro encontra-se na 125ª posição, entre as 190 nações avaliadas quanto à atratividade de novos negócios, perdendo, inclusive, para todos os países do denominado Brics (Rússia, 35ª, China, 78ª, África do Sul, 82ª, e Índia, 100ª), bem como para praticamente todas as principais nações da América do Sul (Chile, 55ª, Peru, 58ª, Colômbia, 59ª, Uruguai, 94ª, Paraguai, 108ª, Argentina, 117ª, e Equador, 118ª).

A título de ilustração, somente em burocracia tributária, perdem-se, segundo o mencionado estudo, 1.958 horas por ano com pagamento de tributos e taxas (e correspondentes burocracias de todas as naturezas), posicionando o Brasil, nesse quesito, em 184ª lugar entre 190 países do *ranking*. Como exemplo típico de burocracia que atormenta a vida do cidadão está o caso corriqueiro das restrições sofridas pelo consumidor nas trocas de produtos entre lojas da mesma rede de varejo. A regra de muitas das marcas é autorizar a troca apenas na unidade em que a mercadoria foi comprada alegando que isso acontece por conta das normas de recolhimento do imposto sobre circulação de mercadorias e serviços (ICMS).

Perfeitamente explicável, portanto, a razão pela qual o Brasil, em 2016, ocupava a 79ª posição no Índice de Percepção da Corrupção (IPC), segundo pesquisa realizada e publicada pelo site *Transparency International*. Tal estudo analisa o tema no setor público de cerca de 180 países. Tendo em vista a deflagração, por parte de algumas autoridades, de ações destinadas a conter os avanços da operação Lava Jato, o mesmo Índice, relativo ao ano de 2017, lançou o Brasil para a 96ª posição. Entretanto, como "nada é tão ruim que não possa piorar", no IPC de 2018 o Estado brasileiro ocupa a 105ª colocação entre 180 países avaliados, representando a terceira queda anual seguida.

Diante de tão péssima colocação, é preciso reconhecer que o Estado que se deseja "passar a limpo" necessita muito mais do que uma simples alteração das históricas e escusas relações entre os setores público e privado, ainda que essa medida seja reconhecidamente fundamental para se promover a mudança que tanto se almeja.

Somente uma transformação de grande monta na própria concepção estrutural do Estado — e, particularmente, na maneira como a sociedade encara o problema em questão — será capaz (e, ainda assim, gradativamente, ao longo de gerações) de alterar radicalmente a postura político-estatal. Só desta forma o Brasil poderá forjar as mesmas condições que historicamente permitiram que os Estados Unidos e os principais países europeus, bem como o Japão, ostentassem as respectivas qualidades de verdadeiras nações democráticas e desenvolvidas social e economicamente.

Não obstante a posição defendida por alguns estudiosos, tais como Nathanial Leff e Samuel Huntington, os quais argumentam que a corrupção poderia atuar como uma espécie de "lubrificante" para economias providas de uma engrenagem "travada", predomina o entendimento que preconiza justamente o contrário, ou seja, que tal fenômeno, na sua essência e de modo geral, provoca efeitos prejudiciais ao sistema econômico.

Em contraposição aos estudos que mostram que seria possível identificar algo de positivo na corrupção, o professor alemão Johann Graf Lambsdorff, um dos criadores do Índice de Percepção da Corrupção adotado pela Transparência Internacional, entende que a busca pelo lado bom da corrupção não faz o menor sentido. Lambsdorff repudia a tese esposada em 2015 por Huang, da Universidade Feng Chia, em Taiwan, que publicou um artigo na revista acadêmica *North American Journal of Economics and Finance* com o provocativo título "Corrupção é ruim para o crescimento econômico? Evidência de países da Ásia e Pacífico", no qual o pesquisador afirma que o produto de seus estudos mostra que não necessariamente a corrupção faz mal ao sistema econômico.

Paolo Mauro, em artigo para o *The Quarterly Journal of Economics*, ao estudar a correlação entre corrupção e crescimento econômico, afirma que a existência daquela compromete (ou mesmo inibe) o investimento proveniente do setor privado. Isso acontece fundamentalmente em virtude da elevação de riscos e custos provocada pelas práticas corruptas, reduzindo, por conseguinte, o nível de crescimento econômico do Estado. Conforme estudo elaborado por Sanjeev Gupta, Hamid Davoodi e Rosa Alonso-Terme, a corrupção afeta não apenas o crescimento econômico, mas também a distribuição de renda.

Por sua vez, em entrevista à revista *Veja* em 13 de maio de 2015, o economista americano Robert Klitgaard adverte que um crescimento rápido em um ambiente de elevada corrupção até é possível, a exemplo do que acontece na China, sendo que o combate à corrupção pode mesmo ensejar, pontualmente, uma queda no desempenho da economia. Todavia, essa situação rapidamente será remediada, e os benefícios serão enormes, na medida em que os frutos do crescimento forem igualmente repartidos por todos. Prossegue o economista alertando que, depois de décadas de crescimento acelerado, a renda *per capita* chinesa poderia ser muito maior do que é atualmente, caso a corrupção estivesse há anos sob controle. Em contraste, o que se observa é a concentração dos ganhos nas mãos de poucos, além da destruição de diversas cadeias de produção. Ao final, com precisão, Robert Klitgaard arremata que um país precisa ter a corrupção sob controle se quiser crescer.

Conforme se observa pela alusão à China, a corrupção não é exclusividade do Brasil, ainda que a sua intensidade em nosso país não encontre muitos paralelos na geografia global, pelo menos entre os países de grande envergadura econômica e populacional.

Com efeito, todos os países que, de alguma forma, almejam se desenvolver social e economicamente, bem como ampliar sua influência e respeito internacional, devem se engajar com vigor na luta contra a corrupção. De fato, ela é um dos principais obstáculos ao crescimento socioeconômico. Conforme explica Deltan Dallagnol em seu livro *A luta contra corrupção*, a corrupção promove uma "seleção artificial", ao contrário da livre concorrência que apoia as empresas mais eficientes com uma "seleção natural". Na seleção artificial, as licitações se tornam jogos de cartas marcadas e as empresas honestas são deixadas de lado em detrimento daquelas que aceitam fazer negócios escusos. Os corruptos podem ser campeões nacionais no Brasil, mas perdem no mercado global no qual as regras anticorrupção são verdadeiramente aplicadas.

Akylai Karimova recorda que, no contexto internacional, dentre outros problemas (falta de oportunidades e acesso à boa educação, mercado de trabalho precário, conflitos entre grupos étnicos, turbulência política etc.), a corrupção deixa uma parte expressiva da população marginalizada e vulnerável. Não é desarrazoado dizer que a corrupção que hoje mantém a sociedade brasileira atônita, perplexa e rendida é a mais grave e preocupante forma de violência que existe. De certo modo, e sem qualquer exagero, é lícito asseverar que o fenômeno em questão mata mais do que os fuzis que estão nas mãos dos narcotraficantes que tanto aterrorizam as cidades brasileiras.

A corrupção guarda relação direta com as mais flagrantes violações aos direitos humanos. Basta analisar, por exemplo, o cruel e caótico sistema prisional brasileiro, cenário de horror para os frequentes massacres que acontecem nos presídios do país. Estes locais, segundo afirmação tornada pública pelo então ministro da Justiça, José Eduardo Cardozo, se assemelham às masmorras medievais, nas quais impera a absoluta e recorrente degradação da dignidade humana, e cuja verdadeira "administração", por conta da corrupção, não se encontra no âmbito do Estado, mas nas mãos de diversas organizações criminosas, tais como o Primeiro Comando da Capital (PCC) e o Comando Vermelho (CV).

Na mesma linha de raciocínio, Deltan Dallagnol mostra que a corrupção mata em silêncio, pois se esconde e acaba não sendo responsabilizada pelas mortes que causa e pelas diversas mazelas sociais que produz, tais como falta de medicamentos, buracos nas estradas, miséria e crimes de rua. Para o ministro Celso de Mello, o mal da corrupção deforma a prática política e os valores da República. E, principalmente, compromete a execução de políticas públicas em áreas importantes como educação, segurança pública e saúde, prejudicando o desenvolvimento do país e ofendendo o princípio da democracia.

No caso do Brasil, a corrupção, de forma muito bem diferenciada e aguda, enraíza-se em todas as camadas do Estado, fazendo vítimas e privando grande parte da população das necessidades mais básicas, que vão desde uma alimentação mínima a um serviço de saúde pública adequado. Enquanto isso, os corruptos enriquecem à custa do bem público, aumentando cada vez mais o nível de desigualdade e de exclusão social, gerando, assim, uma absoluta falta de confiança nas instituições, inclusive na própria Justiça.

> [...] Os últimos trinta anos da propalada era democrática vêm sendo marcados por incertezas e desgovernos com vários escândalos; anões do orçamento, dos Correios, Mensalão e, recentemente, o Petrolão.
> Mais uma vez o povo brasileiro se vê enganado pelas promessas políticas, vivendo uma aparelhada democracia de conveniência, em que todos os direitos são garantidos à classe dirigente numa verdadeira ditadura oligárquica de dois partidos majoritários [...] Democracia defendida por uma imprensa soberana, formadora de opinião, que chama de democracia, tão somente a sua liberdade

de expressão e o voto direto dos cidadãos que, em sua maior parte, não sabem o valor do voto e muito menos o que é democracia, pois só têm deveres, desconhecendo os seus direitos.
Assim, vivemos mais um "faz de conta". [...].
Nas últimas décadas, restou para os cidadãos que vivem do seu trabalho, sustentar programas sociais, de cunho populista, sem contrapartida para a sociedade, amparando desempregados acomodados, famílias de presidiários, prostituição etc, medidas de investimento eleitoral, garantindo votos da massa beneficiada, para o propósito de perpetuação no poder dos partidos dominantes.[1]

Um país que há muito é dominado por uma elite econômica, que gasta muitíssimo mal os recursos do Tesouro e que concebe políticas públicas quase sempre destinadas à concentração de renda e à obtenção de capital para abastecer financeiramente quem está no poder, permite inferir que a corrupção não é apenas uma forma ilícita e imoral de enriquecimento. Ela serve também como uma espécie de estrutura para garantir estabilidade e sustentação — independentemente do partido político — a um esquema de perpetuação de organizações criminosas vinculadas ao Estado. Tal como expôs o ministro Celso de Mello, a conquista e a preservação temporária do poder não autorizam quem quer que seja, mesmo aqueles que possuem altos postos na hierarquia do Estado, a fazer uso de expedientes juridicamente marginais ou meios criminosos.

Esse cenário impede o efetivo desenvolvimento socioeconômico, diminui a arrecadação de tributos, bem como contribui para a péssima qualidade dos serviços prestados. Não é por acaso que Armínio Fraga, em matéria no jornal O Globo, em 2 de novembro de 2017, referindo-se de modo geral, mas dando ênfase ao nosso país, recorda que o peso da corrupção nas ineficiências econômicas vai além dos desvios de recursos. Para Fraga, é certo que, além do custo direto, há também o de natureza indireta, isto é, a corrupção acaba levando a ações de má qualidade.

Por tudo isso, parece-nos que a razão quanto ao debate a respeito dos benefícios ou malefícios da corrupção pública que assola o Brasil encontra-se bem sintetizada em frase atribuída ao grande estadista Theodore Roosevelt (1858-1919), 26º presidente dos Estados Unidos da América (1901-1909), na qual ele assevera que a exposição e punição da corrupção pública é uma honra, não uma desgraça, para uma nação. E que a maior vergonha está em não corrigir os erros e permanecer tolerante à corrupção.

É fundamental, portanto, que sejam implementadas amplas e profundas reformas institucionais, notadamente nos planos político, jurídico, administrativo e econômico, objetivando a edição de normas que efetivamente conduzam a uma saudável relação entre o público e o privado, de modo a impedir aquilo que o ministro Celso de Mello denominou, em inquérito tramitado no STF, de "captura do Estado e de suas instituições por uma organização criminosa".

6

A CORRUPÇÃO PRETÉRITA E DA ERA PT: UM QUADRO COMPARATIVO

OBJETIVANDO RETRATAR, EM SEUS ASPECTOS MAIS amplos e evidentes, a "propinocracia" brasileira, é inevitável não mencionar que a absoluta ausência de um sentimento democrático em nosso país, aliada a uma reconhecida e histórica cultura nacional de corrupção, tem conduzido a certa desmoralização daqueles que, verdadeira e desinteressadamente, defendem (ou defenderam) um genuíno regime democrático para o nosso Estado.

Nessa linha de raciocínio, não obstante os eventuais erros e excessos cometidos pelo Regime Militar durante sua longa permanência no poder, os quais restaram ampliados, em grande medida, pelo próprio desacordo causador de diversas disputas internas — castellistas/legalistas *versus* grupos anticorrupção/desenvolvimentistas radicais —, fato é que os baixos níveis de corrupção verificados naquele período governamental explicam, para espanto dos que desconhecem a verdadeira história da nossa nação, os elevados índices de confiança popular atribuídos às Forças Armadas (59%). Comparativamente, segundo levantamento realizado em 2016 pela FGV, consubstanciado no *Relatório ICJ Brasil*, as instituições clássicas da democracia (Poderes Executivo, Legislativo e Judiciário) ostentam, respectivamente, 10%, 11% e 29%. Conforme afirmou o general Villas Bôas, em artigo publicado no jornal *O Globo* em 26 de março de 2018, a nomeação do general Braga Netto para a função de interventor na segurança pública do estado do Rio de Janeiro demonstrou a credibilidade atribuída às Forças Armadas.

Na nossa percepção, os baixos índices de corrupção observados durante a administração castrense (1964-1985) têm suas raízes em diversos fatores, destacando-se o elevado nível de educação moral e cívica presente nas academias militares, assim como a própria convivência — muito próxima, convém frisar — entre os integrantes das Forças Armadas, a fomentar uma espécie de "controle indireto e recíproco" sobre a vida pessoal de cada um dos componentes das fileiras militares. Com efeito, é possível inferir que o combate à corrupção passa necessariamente pela educação, como fator de prevenção primária. Conforme anota Gil Castello Branco na matéria "Educação *versus* corrupção", a correlação existente entre os países com melhores resultados na educação e os países menos corruptos é acentuada. Neste sentido, os países mais bem colocados no Pisa (Programa Internacional de Avaliação de Estudantes) são os que apresentam maiores notas no Índice de Percepção de Corrupção (IPC). Cingapura, a melhor colocada no Pisa de 2015, ocupa o sétimo lugar no IPC. Dinamarca, Nova Zelândia e Finlândia, os três países considerados menos corruptos, figuram entre os quatorze melhores no Pisa. O Brasil, 62º lugar no Pisa, é o 79º colocado no IPC.

A propósito, importante observar que os regulamentos internos das escolas militares são extremamente rígidos para com os desvios de conduta associados à corrupção e à desonestidade, coibindo pedagogicamente qualquer mínimo desvio ético ou moral. Assim é que, na Academia Militar das Agulhas Negras (Aman), por exemplo, o cadete que for surpreendido "colando" em provas ou furtando objetos, independentemente da eventual insignificância do valor inerente ao bem patrimonial subtraído, certamente será punido com a pena de exclusão.

Para se ter uma ideia de como a desonestidade — um dos desvalores que permeiam a ação corrupta — é mal percebida pelas Forças Armadas, o Código de Conduta Militar é tão rigoroso que os armários dos cadetes simplesmente não possuem chaves. Os comandantes militares veem com indignação a constante e desmedida ingerência do Poder Judiciário nessa espécie de assunto, notadamente quando se impõe, por meio de decisões judiciais, a readmissão de alunos expulsos por esse tipo de comportamento criminoso (furto), que frequentemente não é reputado pela autoridade judiciária como de tamanha gravidade, a ponto de merecer mencionada punição. Esse dado demonstra claramente as diferenças — dentro dos diversos espectros estruturais da sociedade brasileira — de concepção no que concerne à questão da corrupção e de sua correspondente gravidade. Por falar em gravidade, é interessante registrar que a corrupção, diferentemente de outros delitos que atentam contra bens jurídicos individuais, atua diretamente contra o bem público, alcançando, pois, um número indeterminado de pessoas. Ela também prejudica e às vezes inviabiliza que o Estado promova investimentos em áreas de inegável relevância social, tais como a saúde, a educação, a segurança pública, a habitação etc.

Também é necessário reconhecer que os militares, quando estiveram no poder, não se utilizaram, como de hábito no Brasil, dessa prerrogativa para auferir ganhos pessoais ou classistas, ainda que eventualmente legais. Prova disso foi uma relativa impopularidade do marechal Castello Branco entre os próprios militares, em função não apenas de medidas que paradoxalmente diminuíram o poder dos militares durante seu governo — tal como a redução do tempo máximo de permanência no generalato —, mas também, e particularmente, a questão salarial.

Por todo esse conjunto de considerações, não causa qualquer surpresa que, através de um inconsciente coletivo, o povo brasileiro atribua elevados índices de popularidade (59%) às instituições militares federais. A credibilidade das Forças Armadas, a nosso ver, decorre de um constante e acirrado combate contra o desvio de recursos públicos, o que, naquela ocasião governamental (1964-1985), incluía até mesmo a cassação imediata — através de atos executivos de indiscutível efetividade, ainda que de legalidade duvidosa — de políticos reconhecidamente corruptos, malgrado a lamentável utilização do mesmo expediente para outras finalidades, nem sempre legítimas.

Muitos historiadores, descomprometidos com a necessária neutralidade científica de suas pesquisas, estabelecem parâmetros de equivalência do Regime Militar brasileiro com as ditaduras militares de outros países da América Latina. Essa comparação descabida afigura-se muito mais como fruto de um exercício de memória — invariavelmente seletiva, pessoal e, por consequência, subjetiva — do que propriamente de uma pesquisa histórica empreendida de modo científico, provida de seriedade, honestidade intelectual e, acima de tudo, isenta sob o prisma ideológico, posto que o que ocorreu com os nossos vizinhos latinos foi absolutamente diferente do que aconteceu no Brasil.

A propósito, muitos estudiosos afirmam que um país que "guarda mal sua memória é vulnerável aos falsificadores do passado".[1] Trata-se de uma afirmação que confunde, ainda que sem intenção, os conceitos de memória e de história.

Portanto, é fundamental, para uma correta análise histórica dotada de rigor científico, e embrenhada de isenção, imparcialidade, impessoalidade e independência, que o pesquisador não tenha vivido aqueles anos. Somente assim poderá ser estabelecido um indispensável distanciamento ideológico, a fim de se obter uma visão clara e nítida da realidade, desprezando-se, por imperiosa necessidade acadêmica, concepções distorcidas dos acontecimentos como eles de fato ocorreram.

Ainda que a história comporte diversas leituras, estas só podem ser legitimamente aceitas quando fundamentadas em fatos e evidências, e jamais chanceladas por percepções subjetivas de quem tenha sofrido, de alguma forma, positiva ou negativamente, as influências diretas de ter experimentado as situações em relação às quais se pretende manter um afastamento analítico. Por exemplo, é fato incontestável que, no presente momento, narrativas contrafactuais estão perdendo sua credibilidade anterior, advinda particularmente da massiva construção propagandística levada a efeito durante os treze anos da chamada era PT, turbinada pela atuação político-ideológica da Comissão Nacional da Verdade (CNV).

É cruel e profundamente desonesto tentar convencer os menos avisados, bem como aqueles que não se dedicaram ao estudo desse singular momento histórico do país, que o que realmente ocorreu naquela ocasião não corresponde à narrativa distorcida que determinados governos tentam impor. Não há como essa retórica subsistir, pois a documentação comprobatória dos fatos e todas as evidências estão plenamente disponíveis aos brasileiros. E é exatamente por essa razão que, apesar de todos os esforços empreendidos por alguns intelectuais comprometidos com o revanchismo do passado, não se consegue explicar o motivo pelo qual as Forças Armadas despontam como as instituições de maior credibilidade na atualidade.

***

Evidentemente, não é crível que não tenha havido corrupção durante o Regime Militar. Entretanto, é fato que nunca na história republicana essa mazela havia atingido níveis tão estratosféricos como nos últimos anos. Em termos comparativos, aquele período governamental (1964-1985) revelou baixíssimos níveis de corrupção e elevados níveis de segurança pública.

Por oportuno, se havia torturadores naquele momento histórico, isso não quer dizer que eles tenham desaparecido da história brasileira contemporânea. Eles já existiam e continuam a existir nos dias atuais, lamentavelmente. Por outro lado, naquele tempo também existiu algo tão maléfico como a tortura, isto é, o terrorismo, fenômeno que ceifou a vida de centenas de homens, mulheres e crianças completamente inocentes, e que sequer desejavam participar de qualquer lado do confronto ideológico que reinou naquela quadra, e que continua a permear os tempos vigentes. Nesse contexto, nada justifica a morte de inocentes vítimas de ação terrorista conduzida por pessoas radicais (de esquerda ou direita) que só entendiam a linguagem da violência.

Cumpre, portanto, compreender que história é ciência. E, como tal, possui atributos que necessariamente a diferenciam da memória e da ficção histórica, gêneros caracterizados por uma pseudo-história, romantizada, formalizante e meramente ilustrativa.

Curioso observar que a cultura que se forjou no Brasil em relação à corrupção acabou por construir distorções notáveis e singulares. Passamos a admirar, e mesmo enaltecer, através de uma espécie de inconsciente coletivo, personagens da história nacional comprovadamente associados à corrupção. Ao mesmo tempo, desqualificamos, em idêntico processo, pessoas que, incontestavelmente, exerceram cargos públicos com extrema probidade, impondo, a estes raros exemplos, atributos de cunho pejorativo.

Nessa linha de raciocínio, figuras de grande destaque da nossa história, porém vinculados aos mais perversos escândalos de corrupção, são incompreensivelmente designados por qualificativos positivos, a exemplo de Getúlio Vargas ("pai dos pobres", "artífice da industrialização nacional"), Juscelino Kubitschek ("visionário", "desenvolvimentista"), João Goulart ("nacionalista", "reformista social"), Adhemar de Barros e Paulo Maluf ("trabalhadores incansáveis", "administradores notáveis", responsáveis, em última análise, pelo jargão popular "rouba, mas faz"), entre tantos outros.

Em sentido diametralmente oposto, expoentes da honestidade e da responsabilidade com a coisa pública restaram notabilizados em função da indicação popular de supostos atributos emblemáticos, de incontestável feição negativa, tais como: Carlos Lacerda ("elitista", "autoritário", "assassino de mendigos"), Jânio Quadros ("desequilibrado"), Emílio G. Médici ("ditador") e Itamar Franco ("preguiçoso"), introduzindo, no caso, uma espécie de "beatificação" da corrupção e respectiva "demonização" da honestidade. A propósito, Elio Gaspari afirma no artigo "Uma fábula do andar de cima", publicado no jornal *O Globo* em 28 de abril de 2013: o general Médici foi um dos presidentes mais populares e deixou uma história de absoluta austeridade pessoal.

Se é fato que os índices de corrupção durante o Regime Militar (1964-1985) foram dos mais baixos da história do Brasil, também é preciso reconhecer que existiram alguns escândalos de corrupção durante aquele período governamental.

Entretanto, pode-se afirmar que os escândalos daquela época — tais como os casos Camargo Corrêa (ocorrido em 1974, tendo supostamente beneficiado Delfim Neto, segundo acusações do general Figueiredo, chefe do SNI, à época), Lutfalla (episódio situado em 1977, e que envolveu Paulo Maluf e sua esposa Sylvia com financiamentos do BNDES), Petrobras (fato ocorrido na gestão de Shigeaki Ueki, não propriamente como ministro das Minas e Energia, 1974-1979, mas como presidente da Petrobras, 1979-1984, conforme acusações do general Sylvio Frota), Agropecuária Capemi (escândalo iniciado na década de 1980), Coroa-Brastel (ocorrido em 1985, e que envolveu Delfim Neto e Ernane Galvêas) e outros — seriam hoje considerados insignificantes, em função da dimensão (aspecto vertical) e da própria extensão (vertente horizontal) da corrupção verificada nos dias atuais.

Nota-se, portanto, que a corrupção não é fenômeno exclusivo de um determinado governo. Lamentavelmente, ela se insere na própria história. A diferença fundamental, todavia, encontra-se na intensidade quanto à exteriorização da corrupção e, também, na sua natureza "varejista", em contraposição à concepção "atacadista" que prevaleceu no governo PT, repetindo, em maior escala e sofisticação, a ideia originária — concebida, por exemplo, no período getuliano de compra de apoio político e de financiamento de campanhas eleitorais.

7

AS DIFERENTES METODOLOGIAS NO COMBATE À CORRUPÇÃO BRASILEIRA

TODAS AS COMPARAÇÕES HISTÓRICAS SÃO NATURALMENTE eivadas de perigosos reducionismos — e, por vezes, até mesmo de grosseiras simplificações —, posto que não consideram, pelo menos em sua plenitude, as inerentes especificidades de cada época e de seu consequente ambiente sociopolítico.

Ainda assim, e não obstante todo paralelismo histórico estar comprometido com vicissitudes próprias, esse exercício comparativo continua sendo um importante instrumento para uma melhor compreensão dos acontecimentos presentes, bem como para a projeção do futuro. Por conseguinte, não é de todo absurdo estabelecer-se uma aproximada comparação entre a luta contra a corrupção deflagrada no atual momento histórico nacional e aquela realizada pelo movimento militar inaugurado em 1964, particularmente em sua fase inicial (de 1964 a 1968), anterior, portanto, à edição do Ato Institucional (AI) nº 5, de 13 de dezembro de 1968.

Nesse contexto analítico, é lícito reconhecer que, de forma análoga ao que se sucedeu no passado, existe, no que concerne à metodologia aplicável ao combate à corrupção, um verdadeiro embate entre, no mínimo, duas visões ideológicas distintas. Dicotomia igualmente detectada por Carlos Alberto Sardenberg no artigo "Direito de quem?", publicado no jornal *O Globo* em 21 de dezembro de 2017. Referindo-se à Lava Jato, Sardenberg afirma que alguns juízes, não vendo nada de anormal no sistema político, mandam soltar determinados investigados pela operação, enquanto outros, impressionados com o nível de corrupção detectado, mandam prender.

A frase de Sardenberg, na essência, expõe um confronto entre os chamados garantistas e os denominados pró-ativistas. Os primeiros defendem uma interpretação mais técnica da Constituição e das leis vigentes, o que, naquele passado histórico, era representado, em certos termos, pelos legalistas, tais como Castello Branco, Ernesto Geisel e, em alguma medida, pelo próprio João Figueiredo.

Apesar de todas as críticas, o movimento chamado de garantismo, antes predominante (ou quase unânime) na seara da Suprema Corte, pode ser descrito como uma espécie de Anti-AI-5, constituindo, assim, uma reedição das teses defendidas por Castello Branco contra as diversas iniciativas levadas a efeito por determinados integrantes do regime. Muitos deles objetivavam debelar, sem o consentimento do Texto Constitucional então vigente, os problemas decorrentes da corrupção e da ausência de segurança pública, males estes que, exatamente como acontece nos dias atuais, desafiavam o Brasil daquele momento histórico.

Por sua vez, os pró-ativistas, em sentido antagônico, postulam um combate sem tréguas à corrupção, e em detrimento de uma maior rigidez interpretativa do ordenamento jurídico. E isso se dá através de interpretações muitas vezes heterodoxas da Constituição e das leis.

Guardadas as naturais ressalvas e devidas proporções, as evidentes diferenças históricas, bem como as correspondentes dissonâncias temporais, os pró-ativistas aproximam-se, nessa abordagem comparativa, dos denominados desenvolvimentistas (também chamados de linha-dura) da revolução de 1964. Este grupo, que incluía Costa e Silva e Emílio G. Médici, por meio da edição de atos institucionais adicionais e posteriores ao AI-1, de 9 de abril de 1964, permitiu um combate mais profundo à corrupção endêmica daquela época. Fizeram isso sem as amarras estabelecidas pela Constituição de 1946, com as alterações procedidas pelo AI-1, ou mesmo com as limitações impostas pela Carta de 1967.

O papel que, no passado, coube às Forças Armadas, em especial ao Exército, compete hoje ao Poder Judiciário, por força decisória dos próprios ideais castellistas. Ideais estes inauguradores da revolução de 1964, que, dentre as mais diversas iniciativas moralizantes, criou a primeira grande lei contra a corrupção, a Lei nº 4.717/1965, apelidada de Ação Popular, cujo propósito era transformar todo cidadão brasileiro em fiscal da correta aplicação do dinheiro público, bem como a Polícia Federal (Lei nº 4.878/1965).

Castello Branco recriou o Poder Judiciário Federal, objetivando torná-lo imune às forças políticas das oligarquias estaduais, bem como fortaleceu o Ministério Público.

Tanto o Poder Judiciário Federal quanto o Ministério Público são instituições que substituíram as Forças Armadas no que se refere ao papel primordial de garantidoras da estabilidade político-institucional, e que, juntamente com a Polícia Federal, protagonizam contemporaneamente a árdua e incessante luta contra a corrupção. Segundo o artigo "A realidade política mascarada", de Rubens Freitas Novaes, diante das crises de instituições na história do Brasil, os militares atuaram como poder moderador. Atualmente, o mesmo poder está nas mãos da cúpula do Judiciário.

Da mesma forma, ao sancionar a primeira Lei de Abuso de Autoridade (Lei nº 4.898/1965) — substituída pela Lei nº 13.869, de 5 de setembro de 2019 —, Castello assegurou o controle de eventual desvio ou excesso de poder cometido pelos integrantes das três aludidas instituições, bem como por toda e qualquer autoridade.

Na série *"Inventores do Brasil: Castello Branco, o militar reformista"*, dirigida por Bruno Barreto, Fernando Henrique Cardoso e Elio Gaspari afirmam que Castello Branco foi, acima de tudo, um reformador e um legalista. Modernizou o Estado e cumpriu a promessa de Getúlio Vargas (por este esquecida após sua chegada ao poder) de nomear para o governo pessoas iluminadas, escolhidas por suas virtudes e seus méritos, e não por considerações políticas, o que, muitas vezes de forma pejorativa, denomina-se tecnocracia.

Durante todo o seu governo, Castello combateu longamente os radicais, tanto os de esquerda quanto os de direita. Porém, acabou sucumbindo às diversas ameaças que buscavam retirá-lo do poder. Muitas delas vinham de um constante avanço de uma insubordinação nos quartéis, derivada da divergência quanto aos métodos (muito mais brandos e extremamente legalistas) adotados pela administração castellista no que concerne ao combate à corrupção. Um modelo de atuação que não agradava aos militares considerados mais conservadores.

Castello, na especial condição de um general altamente intelectualizado, viu-se obrigado a concordar em fazer como seu sucessor Costa e Silva, um "general dos trópicos", que se opunha por razões ideológicas e/ou pragmáticas às suas ideias democratizantes, oriundas da profunda admiração que Castello nutria pelo regime liberal estadunidense.

Nesse sentido, apenas dois meses após a conclusão de seu mandato, que durou menos de três anos, Castello foi vítima de um até hoje pouco explicado acidente aeronáutico. Este fato ocorreu logo após a conclusão de seus contatos com o então presidente do Congresso Nacional, Auro de Moura Andrade (PSD, 1961-1965; Arena, 1965-1968), cujo objetivo era a realização de um suposto "pacto" para evitar aquilo que o marechal Cordeiro de Farias, logo nos primeiros meses do Regime Militar, advertia quanto aos rumos que estavam sendo tomados pelo movimento de 1964, qual seja, a possível implantação de um regime político descomprometido com os ideais democráticos.

Muito embora Ulysses Guimarães tenha publicamente se referido à Junta Militar por meio da debochada expressão *os três patetas*, é importante lembrar que essa qualificação foi originalmente pronunciada pelo general Ernesto Geisel, "braço direito" e ministro-chefe da Casa Militar do governo de Castello Branco, e que posteriormente (1975-1979) se tornaria presidente da República.

Apesar de nenhum dos presidentes do Regime Militar ter enriquecido, apropriando-se, direta ou indiretamente, de seus cargos durante os respectivos governos, ninguém teve uma vida tão simples e resguardada quanto o marechal Castello Branco. De qualquer forma, a mesma simplicidade é encontrada em diversos generais que compunham a cúpula do regime, bastando destacar, por exemplo, o controvertido general Newton Cruz, que nos seus últimos anos residiu em um simples quarto no apartamento de sua filha.

Esses fatos, em grande medida, permitem extrair a exata dimensão das graves divergências existentes entre os diversos presidentes do regime e, sobretudo, entre os dois principais grupos em oposição naquela época: os chamados legalistas, como Castello, Geisel e, em parte, Figueiredo; e os denominados desenvolvimentistas, como Costa e Silva e Médici.

Divergências políticas à parte, não há como deixar de reconhecer, com a necessária serenidade e neutralidade ideológica, que a luta contra a corrupção efetivamente constituiu uma autêntica bandeira de todos os apoiadores do Regime Militar implantado em 1964. Ela diferenciava-se, todavia, em um ponto muito importante: nos distintos métodos utilizados em ambos os momentos históricos, guardadas, evidentemente, as necessárias especificidades de cada um deles.

Constata-se que alguns integrantes do Ministério Público e do Poder Judiciário, este último atuando como uma espécie de poder moderador, particularmente os juízes de primeira instância (exatamente como havia ocorrido, nos idos de 1964, com os integrantes da baixa oficialidade, isto é, majores, tenentes-coronéis e coronéis), defendem uma atitude mais enérgica no que se refere ao combate à corrupção.

Não se discute que a intolerável, hedionda, abjeta e perniciosa corrupção reina (e sempre reinou) no Brasil. Igualmente, não há qualquer dúvida quanto aos seus malefícios e que ela deve ser combatida através de uma luta sem tréguas. Contudo, é preciso também ter em mente a diferença fundamental que há entre justiça e "justiçamento". A partir dessa distinção conceitual, considerada irrelevante por alguns, objetiva-se, acima de tudo, preservar o Estado de direito e os sagrados princípios constitucionais que regem o sistema de justiça criminal, dentre os quais a dignidade humana.

Desse modo, é com muito pesar que constatamos determinadas ações midiáticas realizadas de forma dolosa ou culposa, ou por simples imaturidade, por algumas autoridades, independentemente da instituição a que estejam vinculadas. Em determinados casos, longe de objetivarem um efetivo combate à corrupção, elas buscam apenas os holofotes da imprensa, atitude que configura um inaceitável "justiçamento".

Combater, de forma eficaz, a corrupção e o crime organizado não é tão difícil quanto aparenta ser. A complexidade reside em fazê-lo sem comprometer o bem maior, que se constitui na manutenção e no aprimoramento do Estado de direito e do regime democrático.

A propósito do que estamos discutindo, logo no primeiro episódio da série televisiva O *mecanismo*, produzida pela Netflix e escrita pelos autores Elena Soárez e José Padilha, percebemos quão difícil é a correta percepção quanto ao problema relativo ao combate à criminalidade em suas mais diversas formas de manifestação. O suposto herói retratado na ficção, que se afirma baseada em fatos reais, é um delegado da Polícia Federal, personagem que, não obstante incorruptível e verdadeiramente patriótico, não consegue entender o valor supremo da democracia, confundindo, por conseguinte, as concepções de justiça e "justiçamento".

Essas lições jamais devem ser desprezadas, considerando que há uma diferença fundamental entre combate *eficaz* e *eficiente* contra a criminalidade. O primeiro constitui um elemento desafiador, enquanto o segundo retrata um elemento aglutinador e reforçativo do regime democrático.

Reprimir a criminalidade por meio da violação de regras democráticas e no ápice de uma ditadura é tarefa relativamente fácil. Bastaria simplesmente atuar sem as amarras de qualquer sistema de justiça criminal, eliminando fisicamente aqueles que tivessem praticado crimes de toda e qualquer natureza, notadamente os mais graves, como é o caso da corrupção.

Porém, é fato que essas aberrantes situações hipotéticas, apesar de contarem com a indisfarçável simpatia de um segmento de pessoas desprovidas de um mínimo de consciência intelectual, de senso de humanidade e, particularmente, de compreensão acerca da primazia da democracia sobre todos os demais valores, nos conduziriam a uma sociedade infinitas vezes pior do que a atual, marcada que está pela corrupção e pela insegurança pública.

Portanto, a primeira lição que devemos aprender é a de que não existem soluções simplistas para problemas complexos. E, mais do que isso, que não se combate a febre, isto é, as consequências visíveis da "doença", mas sim suas causas primárias. E isso se realiza a partir da adoção de protocolos normativos perfeitamente aceitáveis por uma sociedade que se afirma (e que deseja ser) considerada civilizada e, consequentemente, democrática.

Portanto, reprimir a corrupção não significa e nem pode significar jamais, como bem adverte Paulo Nogueira Batista Jr. no artigo "Barbárie", publicado no jornal *O Globo*, em 8 de dezembro de 2017, decretar um estado de exceção em que prevalecerão o arbítrio, a truculência e o desrespeito aos direitos humanos.

8

A CORRUPÇÃO COMO FENÔMENO MUNDIAL

É INEGÁVEL QUE A CORRUPÇÃO CONSTITUI um fenômeno antigo no Brasil, cujas graves consequências são visíveis a olho nu. Basta percorrer as ruas e vielas das incontáveis comunidades carentes existentes nas cidades do país para se ter, então, um panorama real, ao vivo e a cores, da extrema pobreza que assola boa parte da população brasileira, problema decorrente, em grande medida, da corrupção. Afinal, conforme registra George Sarmento no artigo "Aspectos da investigação dos atos de improbidade administrativa", um dos piores problemas que assola as nações contemporâneas é a corrupção, fenômeno que, no Brasil, tem atingido desdobramentos surpreendentes.

A corrupção, em maior ou menor escala, constitui um fenômeno mundial. Segundo Michael Dion no seu artigo *"Corruption and Ethical Relativism: What is at Stake?"*, a corrupção não é só um construto social, mas uma parte inerente à própria cultura humana. Soa um tanto evidente, portanto, que essa "doença" não acomete e corrói apenas o "corpo" brasileiro. Todo e qualquer país, indistintamente, padece do mesmo mal, que atravessa fronteiras e é perfeitamente exportável. Como bem disse Thomas Legler, professor e pesquisador de Relações Internacionais, vivemos um momento sem precedentes de corrupção, característica que definitivamente ficou incorporada ao cotidiano brasileiro. Segundo a pesquisadora Camila Souza Novaes, a corrupção foi considerada pelo Instituto Datafolha o problema primordial do Brasil, embora seja um fenômeno global. Ela ameaça a segurança e as formas de vida de cidadãos por todo o globo, além de figurar como o problema mais discutido no mundo, antes mesmo da mudança climática. Pessoas podem morrer por falta de atendimento e medicação porque um gestor corrupto desviou dinheiro de um hospital público.

No contexto mundial da corrupção, o Brasil conseguiu até mesmo "exportá-la" para a América Latina, especialmente via Odebrecht. Carlos Alberto Sardenberg, no texto "O grande roubo", publicado pelo jornal *O Globo* em 15 de fevereiro de 2018, relata que os recursos ilegais da Odebrecht teriam beneficiado vários ex-presidentes do Peru: Ollanta Humala, Alejandro Toledo e Pedro Pablo Kuczynski. Este último ocupou o cargo entre julho de 2016 e março de 2018, quando renunciou ao mandato justamente por força das denúncias que o relacionaram às obras executadas no país pela Odebrecht. No Panamá, a construtora brasileira teria pagado mais de 60 milhões de dólares em propinas para realizar obras no país, quantia que, em boa parte, teria sido depositada na conta dos filhos do então presidente Ricardo Martinelli. Os escândalos peruano e panamenho demonstram que a corrupção "verde e amarelo" cruzou as fronteiras nacionais, o que infelizmente não pode ser objeto de comemoração.

De qualquer forma, a lamentável referência a esses dois países da América Latina não permite afirmar que os de outros continentes, como os da Europa, sejam imunes à incidência da corrupção. Até mesmo a Suécia, cuja imagem é sempre retratada como a de um país sério, sofreria os perversos efeitos corruptivos. A propósito, o escritor sueco Lars Amber (pseudônimo por ele adotado) investiga a suposta existência de corrupção na aquisição, pelo Brasil, de caças suecos Gripen, investigação que deu margem a um romance por ele escrito. Em entrevista a Bernardo Mello Franco, no texto "Produção de armas é a vaca sagrada da Suécia", veiculado pelo jornal *O Globo* em 2 de novembro de 2017, Amber respondeu a algumas perguntas do jornalista brasileiro, nas quais sugere a existência de corrupção em um país cujo retrato, de um modo geral, não condiz com o fenômeno em questão.

A imagem da Suécia de "modelo" é um mito?
A inocência sueca foi perdida em fevereiro de 1986, quando o primeiro-ministro Olof Palme foi assassinado em plena rua, no centro de Estocolmo. Aquilo trouxe à tona o rastro vermelho da venda de armas na Suécia. Minha tese é de que

Palme, depois de descobrir propinas em um contrato de venda de canhões para a Índia, foi eliminado pelo cartel de armas. Acho que ali a Suécia caiu na real.
Há diferenças entre a corrupção de países escandinavos e a do Brasil?
Alguns anos atrás, a vice-primeira-ministra sueca perdeu o cargo porque usou seu cartão corporativo para comprar, entre outras coisas, duas barras de chocolate. Na Suécia, o cidadão comum fica ofendido com esse tipo de pequeno deslize. Por outro lado, os suecos não reagem às suspeitas de propina em contratos bilionários de venda de armas e equipamentos de guerra.
[...]
Que tipo de debate você pretende despertar com seu novo livro?
Quero fazer as pessoas se darem conta de que há corrupção na Suécia também. Hoje, a imagem do Brasil é péssima lá fora, fala-se em "maior corrupção do Ocidente", e talvez seja mesmo. Mas, nesse caso da venda dos caças Gripen, houve corrupção dos dois lados. Acho que o mais interessante, para os brasileiros, é ver a hipocrisia que existe em imaginar os países da Escandinávia como acima de suspeita.[1]

Também a China, no continente asiático, convive com o mesmo problema. Reconhecendo a impossibilidade de qualquer país do mundo prosperar de forma sustentável sem que esse "lamentável mal" seja extirpado da sociedade chinesa, o chefe de Estado, Xi Jinping — que no XIX Congresso Nacional do Partido Comunista da China (PCC), realizado em outubro de 2017, em Pequim, foi alçado à condição de grande líder, ao lado de Mao Tsé-Tung (1949-1976) e Deng Xiaoping (1978-1989) —, afirmou que o principal obstáculo a ser ultrapassado é a luta incessante contra a corrupção para conduzir o país a uma nova era como grande potência global. No seu discurso de mais de três horas, ele explicou que a corrupção entre os funcionários do partido ainda é o maior problema para o futuro do país.

No mesmo contexto, Demétrio Magnoli, na reportagem "O último imperador da China", relata que nos cinco anos iniciais do governo de Xi Jinping uma severa campanha de expurgos, conduzida sob o rótulo de combate à corrupção, dizimou os altos escalões do Partido-Estado. Diversos titulares e suplentes do Comitê Central foram submetidos à comissão disciplinar do Partido Comunista da China, o que, de certa forma, pode ser considerada uma "morte política" para os investigados.

Da mesma forma, há relatos de uma campanha anticorrupção deflagrada na Arábia Saudita. Conforme noticiado por Rasheed Abou-Alsamh na matéria "Sauditas surpresos com campanha anticorrupção", de novembro de 2017, a prisão de príncipes, ministros, ex-ministros e empresários bilionários sauditas deixou a maioria da população surpresa.

Segundo o que a reportagem relata, a ordem de encarceramento teria sido determinada pelo comitê anticorrupção do país. Uma das razões para as prisões é que as autoridades responsáveis haviam sido negligentes quanto às consequências da inundações ocorridas na cidade de Jidá em 2009. Além disso, eles não teriam se mobilizado para combater a Mers (Síndrome Respiratória do Oriente Médio), que em seu primeiro surto deixou mais de mil doentes e centenas de mortos.

As referências à China e à Arábia Saudita permitem inferir que até mesmo os países distantes de um regime democrático, pelo menos na concepção defendida pelo Ocidente, ao perceberem a nocividade da corrupção, particularmente como obstáculo para um sustentável processo de crescimento econômico e desenvolvimento social, passaram a combater o mal em questão.

Todavia, se por um lado é verdadeiro que um Estado autocrático possa combater com altíssima eficiência a corrupção, é também correto afirmar que não existe um país verdadeiramente democrático que, para alcançar essa condição, não tenha, antes, buscado debelar a mesma "doença".

Todos os países que se reputam democráticos, mas que continuam a experimentar elevadas taxas de corrupção, retratam, na essência, apenas uma pseudodemocracia. Ou, como desejam alguns autores, democracias formais ou de *continente*, desprovidas, portanto, de substância e conteúdo verdadeiramente democráticos.

Nota-se, a partir dos exemplos anteriores (Suécia, China e Arábia Saudita), que a corrupção reveste-se de uma característica indiscutivelmente universal. Afinal, como bem disse o ministro Luís Roberto Barroso, do STF, em matéria vinculada pelo jornal *O Globo* em 24 de fevereiro de 2018, "nenhum país tem índice zero de corrupção". A questão principal, e que faz a diferença crucial, está em como as nações lidam com o problema, seja para reduzi-lo a níveis toleráveis, se é que possível aceitar algum nível de corrupção, seja para extirpá-lo.

9

A ENGRENAGEM ESTATAL DESTINADA À CORRUPÇÃO

ALGUNS PAÍSES, PARA EVITAR QUE O "câncer" da corrupção comprometa seriamente o "tecido" nacional, estabelecem medidas (preventivas e repressivas) destinadas a combatê-lo. Entretanto, há Estados, como o Brasil, em que parte dos sistemas (político, administrativo, legislativo, judicial, policial etc.) encarregados de promover essa ação preventiva e/ou repressiva, encontram-se, de modo geral, "carcomidos", o que dificulta sobremaneira a tarefa de pôr fim à "enfermidade" ou pelo menos reduzir os efeitos maléficos dela decorrentes. Assim, diferente das sociedades politicamente organizadas, no Estado brasileiro, segundo Affonso Ghizzo Neto, os mecanismos legais de fiscalização e de controle não atingem os objetivos oficiais a que se destinam. Eles acabam funcionando como uma mera formalidade que justifica as práticas corruptas. Nesse contexto, revela-se fundamental estabelecer sistemas comprometidos com a bandeira da luta contra a corrupção, e não estruturas que, ao contrário, alimentam este fenômeno. Deltan Dallagnol, em seu livro *A luta contra a corrupção*, postula que, para diminuir este mal, é necessário investir em reformas que eliminem as condições que facilitam sua prática.

A mudança defendida por Dallagnol não pode se resumir à criação de instrumentos destinados à *repressão* das práticas corruptas, não obstante a importância da qual eles se revistam. É preciso estabelecer mecanismos de *prevenção*. Não é por acaso que Johann Graf Lambsdorff, professor e pesquisador alemão, mesmo reconhecendo que as punições são necessárias e têm efeito dissuasório, destaca também a importância de investir nas ações de prevenção. Os métodos preventivos de motivação psicológica e recompensa por comportamento ético causam efeitos concretos no combate à corrupção.

Lamentavelmente, não é incongruente dizer que determinadas instituições brasileiras são propositalmente dirigidas por pessoas corruptas, de modo que os denominados "esquemas" possam, com mais possibilidade de êxito, permanecer (ou mesmo se perpetuar) em suas rotineiras práticas ilícitas. Elas alimentam boa parte de um "mercado" que, segundo estimativas da Federação das Indústrias do Estado de São Paulo (Fiesp), situa-se entre 1,4% e 2,3% do PIB. Estes percentuais, segundo relata Gil Castello Branco em texto publicado no jornal *O Globo* em 19 de dezembro de 2017, podem chegar a R$ 150 bilhões por ano, o que equivale à construção de 79 mil creches ou 42 mil escolas.

Significa dizer que a engrenagem estatal, muitas vezes, é intencionalmente idealizada e concebida para incentivar a corrupção. Isso explica o fato de determinadas leis terem sido editadas para, em troca de propina, favorecer certas empresas que celebram contratos com o Poder Público.

Em outros casos, paradoxalmente, quando se começa a experimentar alguns avanços no que se refere ao combate do mal em questão, a máquina do Estado é movimentada não para reforçar e imprimir uma maior velocidade às pontuais e louváveis iniciativas tomadas nesse sentido, mas, ao reverso, para freá-las. Afinal, na lógica corrupta, os "esquemas" precisam continuar.

Para tanto, pensam os corruptos, é preciso lubrificar (com o "óleo da propina", é claro) e movimentar a engrenagem estatal fomentadora da corrupção. De acordo com a reportagem publicada em *O Globo* em 25 de novembro de 2017, "Insegurança jurídica ameaça combate à corrupção", é extensa a sucessão de investidas contra determinados instrumentos legais criados para prevenir e reprimir a corrupção, tal como a colaboração premiada, que se revelou vital para que os organismos estatais possam descobrir os esquemas de corrupção entre políticos e empresas. A colaboração premiada encontra-se devidamente detalhada no artigo 4º da Lei nº 12.850/2013, a principal legislação destinada ao combate ao crime organizado e à corrupção.

Conforme afirma a referida reportagem, para começar a desmantelar a supermáquina de desvio de dinheiro público por meio de superfaturamentos na Petrobras e outras empresas públicas, a Lei nº 12.850/2013 foi absolutamente crucial, em especial o instrumento da colaboração premiada, uma das figuras jurídicas mais odiadas pelos corruptos.

Não obstante os avanços efetivamente alcançados através da Lei nº 12.850/2013, os instrumentos especiais de investigação nela contidos, tais como a colaboração premiada e a ação controlada, começaram a ser acometidos por lobbies tanto no Congresso quanto fora dele. Esse panorama retrata a insegurança jurídica que reina no Brasil, país no qual "tudo que é bom, dura pouco, e o que é ruim quase sempre se eterniza".

10

MAIS LEIS INTELIGENTES, MENOS CORRUPÇÃO

O DIREITO EXISTE PARA REGER A vida social. No passado, manifestava-se exclusivamente através dos costumes jurídicos (norma não escrita produzida pelo corpo social), sendo, portanto, mais sensível à influência da vontade coletiva. No entanto, modernamente, a formulação do Direito, de modo geral, é conferida ao Poder Legislativo, ao qual compete a importante função de estabelecer as regras jurídicas vigentes, devendo, para tanto, observar a realidade social e a vontade coletiva majoritária.

Em perfeita sintonia com esse contexto introdutório, dispõe o artigo 1º, parágrafo único, da Constituição de 1988, que "todo o poder emana do povo, que o exerce por meio de representantes eleitos ou diretamente, nos termos desta Constituição". Significa dizer que, à luz do Texto Magno, as leis devem refletir, pelo menos em tese, os legítimos desejos sociais.

O legislador deve atentar para as demandas da sociedade, antecipando-se, sempre que possível, aos fatos que dela surgem, valorando e regulamentando aqueles que efetivamente carecem da tutela do Direito. Então, a elaboração das normas jurídicas deve levar em consideração os anseios e necessidades sociais, bem como os diversos fatores (sociais, históricos, políticos, econômicos, culturais, geográficos etc.) existentes em uma determinada comunidade. Não cabe ao legislador, portanto, simplesmente reproduzir no país regras existentes em outras sociedades, desconsiderando totalmente os fatores próprios do agrupamento humano nacional.

Nesse aspecto, convém mencionar mais uma das tantas incongruências do nosso país, contradição que guarda relação com o exercício da atividade de elaboração de leis. Reconhecidamente, no Brasil, determinadas leis não são criadas em sintonia com a vontade livre e manifesta de seus cidadãos, afirmação que pode ser ilustrada a partir de alguns exemplos concretos.

Em 2005, quando da realização de um referendo popular rigorosamente conduzido de acordo com as regras constitucionais e legais vigentes, os eleitores manifestaram-se contra a proibição prevista no artigo 35 do Estatuto do Desarmamento (Lei n° 10.826/2003), vedação esta relativa à comercialização de armas de fogo e munições no âmbito do território nacional.

Assim, o resultado do referendo na época não permitiu que o principal enunciado do citado artigo 35 entrasse em vigor, sendo certo que cerca de 60 milhões de eleitores (aproximadamente 64% dos votos) manifestaram-se pela rejeição (e, por conseguinte, pela não entrada em vigor) daquela regra legal proibitiva. A opinião da época condiz com o entendimento atual e amplamente majoritário da população brasileira quanto à temática das armas de fogo e seus respectivos desdobramentos, juízo popular que o Congresso Nacional insiste em desconsiderar. Este fato reforça ainda mais a afirmação de que o Brasil efetivamente ainda não respira bons ares democráticos, mas apenas e tão somente um mau cheiro pseudodemocrático.

Precisamos, pois, de leis (em sentido amplo) inteligentes, e que reflitam o ideal coletivo. A propósito, criar leis inteligentes não é só um dever inerente a um Estado que se afirma democrático, mas também uma imposição do próprio bom senso. Diferentemente, o país parece trilhar a rota propícia para a criação de um Estado policialesco, ao qual o cidadão deve servir, quando deveria ocorrer justamente o contrário.

O Estado, cada vez com maior frequência e ênfase, trata os próprios patrícios como potenciais bandidos, exigindo-lhes, por exemplo, uma permanente e constante identificação para a realização de diversas atividades, desde as mais simples até as mais complexas. Sustenta-se, assim, uma cultura cartorária que cada vez mais se distancia dos preceitos da Constituição.

É fato, porém, que há sempre a possibilidade de haver um meio-termo, equilíbrio que se constrói através da inteligência na construção das leis. Exemplo do que ora se afirma ocorreu em 2005, quando o Estado, através da Lei nº 11.196, permitiu que vendedores de imóveis ficassem isentos do pagamento de Imposto de Renda (IR) sobre o denominado lucro imobiliário, desde que viessem a adquirir outro imóvel, no prazo de seis meses, com a totalidade do valor da venda daquele.

Antes da mencionada lei, era extremamente comum a prática de crime de natureza tributária, infração penal que se perpetrava através do pagamento (em espécie) do valor que estivesse acima daquele (relativo ao imóvel negociado) originalmente declarado. Evitava-se, assim, que existisse um excedente que pudesse ser considerado lucro imobiliário, afastando, por um meio inquestionavelmente fraudulento e ilícito à luz do Direito Penal, a respectiva incidência de tributo.

Não obstante a legalidade do regramento anterior, é preciso reconhecer que a ilegitimidade da incidência de tributo na hipótese em questão derivava do seguinte detalhe: na prática, não havia lucro imobiliário algum, uma vez que o imóvel vendido com valor nominal superior ao declarado decorria do fato de que o Imposto de Renda não permite a anual, necessária e devida correção monetária do valor lançado. O fato cria uma diferença entre o valor de venda e o declarado, o que não configura propriamente um lucro. Contra essa ilegítima, porém legal, cobrança, os contribuintes reagiram por meio do famoso pagamento "por fora" (e em espécie) da diferença dos respectivos valores.

O advento da Lei nº 11.196/2005 demonstra que é possível criar leis inteligentes, isto é, que não objetivam usurpar direitos dos cidadãos. Leis que não levem à reatividade por meio das condenáveis fraudes, as quais, em última análise, também podem ser consideradas como uma forma de corrupção. Isso mostra que parte da corrupção brasileira decorre da reatividade individual que recai sobre as exigências exageradas e descabidas formuladas por um Estado cartorário, burocrático, centralizador e historicamente corrupto.

Um país que se deseja verdadeiramente democrático não impõe aos cidadãos, em completa falta de sintonia com a vontade popular, regras desinteligentes e desconectadas da realidade social.

11

Equilíbrio e serenidade em contraposição ao excesso de independência judicante

Tudo aquilo que é excessivo acaba por ser, de algum modo e em um determinado momento, prejudicial. Essa afirmação parece se enquadrar perfeitamente no excesso de independência de cada julgador, fenômeno que chega, nos dias atuais, muito próximo de uma concepção inédita e, até mesmo, impensável no mundo democrático. Um mundo com a existência virtual e concomitante de diversos "poderes judiciários" autônomos e independentes, e não, como expressamente previsto na Constituição da República, de vários membros pertencentes a um único Poder Judiciário, ainda que este, por questão de racionalidade, desdobre-se em três ramos comuns (Justiça Federal, Estadual e Distrital) e em três ramos federais específicos (Justiça Militar, Trabalhista e Eleitoral), como é o caso brasileiro.

Trata-se de uma singularidade "verde e amarelo" que cada vez mais vem sendo observada na prática cotidiana, e que tem consequentemente conduzido a uma crescente incompreensão, por parte da sociedade, quanto ao funcionamento da máquina judiciária. Este fato vem minando, gradualmente, a credibilidade desse importante Poder do Estado que, transcendendo a sua inerente atividade, restrita à correta e técnica interpretação da norma jurídica produzida pelo Poder Legislativo, vem construindo uma espécie de Direito paralelo (insurgente e alternativo). Este paralelismo normativo traduz uma forma impositiva de intenções individuais e ideológicas, bem como produz as mais diversas e, sobretudo, subjetivas conclusões quanto aos direitos dos cidadãos, dos órgãos integrantes dos demais poderes e, até mesmo, das mais elevadas autoridades públicas, interferindo diretamente na administração do país.

A partir da reforma do Judiciário empreendida em 1977, e posterior ratificação por parte da Constituição Federal de 1988, o Poder Judiciário também passou a operar como instrumento de estabilidade político-institucional ou, em outras palavras, como um efetivo poder moderador na política brasileira.

Vivemos tempos difíceis. Após superarmos, no final do ano de 2014, o trauma de uma das eleições mais polarizadas de nossa história, experimentamos, no curto período de pouco mais de um ano de exercício de um segundo e conturbado mandato presidencial, a excepcionalidade do impeachment da então presidente da República.

Permeando toda essa gama de incomuns acontecimentos, uma preocupante recessão econômica emergiu como combustível para uma crise político-institucional que acabou por conduzir o Poder Judiciário a um inédito e extraordinário protagonismo. O fenômeno foi entremeado por persistentes e inquietantes conflitos com o Poder Legislativo, desconsiderando não somente que, se a magistratura é essencial à democracia, o Parlamento também o é. Conforme observa Joaquim Falcão, em matéria intitulada "Congresso e Supremo podem fazer gol contra", publicada no jornal O Globo em 16 de dezembro de 2016, esse problema poderia ensejar a substituição de uma Constituição normativa (necessária e concreta) por uma Constituição semântica (não efetiva e abstrata). Para o jurista Ives Gandra da Silva Martins, o equilíbrio entre os poderes no Brasil estaria sendo prejudicado pelas investidas do Judiciário nas funções do Legislativo. Ele afirma que os membros da magistratura não podem assumir a condição de legisladores, tendo em vista que não foi o povo que os elegeu.

Resta fundamental destacar também que o ineditismo dessa nova forma de atuação do Judiciário, no contexto de um perseverante quadro de incontáveis denúncias de corrupção, tem conduzido a um excepcional grau de exigência quanto à atuação por parte de seus membros. Fato que transcende em muito toda a experiência acumulada em cerca de trinta ou quarenta anos de existência de uma Justiça relativamente independente em nosso país.

Nesse cenário, equilíbrio e serenidade constituem o binômio fundamental a ser observado por todos os juízes, em todos os juízos e tribunais brasileiros.

De fato, somente obteremos êxito na superação desse grandioso desafio se os membros da magistratura nacional compreenderem o elevadíssimo grau de responsabilidade de suas novas funções e, acima de tudo, o impacto efetivo e potencial de suas respectivas ações quando do desempenho de suas atribuições constitucionais.

A prestação jurisdicional não se esgota apenas na rigorosa observância da Constituição e das leis que com ela convergem, tendo em vista que a atuação do julgador deve ser necessariamente legitimada, mas também deve possuir um inconteste conteúdo ético.

O substrato moral da magistratura encontra-se presente no processo de legitimação do próprio juiz e, por efeito, de seu poder jurisdicional. Não obstante ser sempre verdadeiro o fato de que a legitimidade do magistrado transcende a simples valoração subjetiva, implícita na ética e na moral social, para se fundar não somente no procedimento de recrutamento e seleção, mas, sobretudo, no resultado de sua atuação criativa.

É, então, imperativo que todos os membros da judicatura compreendam que o cerne da questão da justiça não está propriamente na valoração genérica e livre de cada julgador, mas, ao contrário, no rigor da aplicação racional da lei de forma serena, equilibrada e, fundamentalmente, isenta, imparcial e impessoal. Segundo o ministro Dias Toffoli, em entrevista ao jornalista Roberto D'Ávila, da *GloboNews*, os juízes são livres de pressões externas para julgar, mas não são livres para decidir. De fato, as decisões judiciais devem estar sempre baseadas na Constituição.

O jurista Eros Roberto Grau, em matéria publicada em 11 de dezembro de 2016 no jornal *O Globo*, adverte que numa democracia os juízes devem agir de forma submissa à lei, sob pena de transformar o Estado de direito em Estado de juízes. Tal preceito se mostra tão importante que o novo Código de Processo Civil (Lei nº 13.105/2015), preocupado com os constantes julgamentos procedidos por sentenças genéricas e com base em conceitos peculiares relativos ao legal e ao justo, estabeleceu expressamente, em seu artigo 489, restrições à pretensa liberdade de decidir dos juízes, remodelando, inclusive, a arquitetura construtiva dos julgados e de suas explícitas motivações. Com isso, objetiva-se expurgar definitivamente a possibilidade de haver decisões judiciais contaminadas por concepções pessoais.

Não é por outro motivo que a fundamentação técnica das decisões judiciais sempre foi e continua a ser invariavelmente obrigatória. Ela traduz uma insuperável garantia constitucional, na exata medida em que o próprio parâmetro do poder do juiz exterioriza-se, precisa e pontualmente, na formulação das pertinentes razões para sua decisão. Na reportagem "O resistente judiciário", publicada no jornal *O Globo* em 13 de outubro de 2016, a repórter Silvia Correia alerta que os magistrados não podem agir segundo suas opiniões meramente pessoais, e que devem atuar de acordo com a lei.

Jamais devemos nos esquecer de que não é propriamente o juiz quem julga, mas sim o Estado-juiz que o magistrado representa. Por conclusão lógica, não há espaço para o exercício de um condenável protagonismo individual dotado de vaidades ou de outros pecados da alma e, muito menos, de um solipsismo judicial congênito. Nesse sentido, as consequências e os efeitos político-jurídicos de uma decisão judicial devem ser sempre ponderados, integrando-se, necessariamente, ao processo de elaboração conclusiva da norma aplicável a cada caso.

A missão primordial do Judiciário é a obtenção da paz social. Portanto, cumpre a ele, de forma cogente e insuperável, a resolução (administração) dos conflitos, com a consequente pacificação da sociedade. E não, de forma diametralmente oposta, como desejam alguns juízes, a exacerbação dos ânimos, em nome de uma utópica e desautorizada imposição de seus subjetivos postulados de justiça, muitas das vezes supostamente obtidos, e indevidamente incorporados ao patrimônio intelectual do magistrado, por intermédio de um inexistente Direito alternativo.

12

O COMBATE À CORRUPÇÃO INSTITUCIONALIZADA E A DEMONIZAÇÃO DA POLÍTICA

O IMPRESCINDÍVEL COMBATE À CORRUPÇÃO (EM especial a de viés institucionalizado) configura um dever de todos, notadamente daqueles que exercem, de algum modo, o poder estatal. Afinal, a corrupção é uma prática intolerável sob qualquer ponto de vista, não devendo ser tratada com a mínima parcimônia, o que não significa dizer que deva ser reprimida sem levar em conta o ordenamento jurídico vigente, principalmente por intermédio de instrumentos típicos de Estados totalitários.

Desse modo, constitui um raciocínio ilegal e imoral admitir que interesses escusos sempre existiram e continuarão a permear o âmbito das relações entre o Estado e os particulares (inclusive aquelas travadas com o segmento empresarial), e que por isso a luta contra a corrupção traduz um combate previamente fadado ao insucesso.

Aliás, aceitar a corrupção simplesmente porque ela sempre existiu, ou porque suposta e incompreensivelmente traz algum benefício (à área econômica, por exemplo), não condiz com a própria trajetória humana em sua existência terrena, que de um modo geral não tolera a realidade que viola a concepção de bem e de justo. É próprio do ser humano transformar, felizmente para melhor, o contexto social que lhe incomoda. Basta empreender uma rápida e singela retrospectiva histórica para constatar o quanto as sociedades mudaram ao longo dos séculos, sobretudo por conta da ilimitada capacidade de reflexão da espécie humana.

Nesse sentido, cabe à sociedade rejeitar essa lógica simplista e antirrepublicana apregoada por aqueles que ainda insistem em extrair algum aspecto positivo da corrupção institucionalizada. Afinal, a prática corrupta é responsável por sugar uma soma incalculável de recursos públicos que, ao invés de serem criminosamente desviados para contas particulares de agentes públicos e/ou "laranjas", deveriam ser investidos em melhoria das condições de vida da população, de forma a reduzir a desigualdade social que tanto caracteriza o Estado brasileiro.

Assim como a eterna luta do bem contra o mal, desde que travada por meios legítimos, será sempre algo moralmente justificado, o combate à corrupção jamais poderá ser identificado, sob qualquer prisma, como nocivo ao organismo ou à economia estatal.

Nesse contexto, não obstante as contundentes críticas que lhe são incorretamente dirigidas, a operação Lava Jato deve sim ser aplaudida, principalmente por ter trazido à superfície os efeitos (antes obscuros, mas agora reconhecidamente devastadores) que a má política provoca no Brasil. Apesar dos avanços conquistados no âmbito dessa e de outras investigações, a nação brasileira clama por uma estratégia ainda maior, a ser consubstanciada em uma verdadeira política nacional anticorrupção, responsável por articular todas as instituições públicas envolvidas nessa difícil missão. A ideia é de que a união dos entes estatais possa impedir que as estruturas de Estado sejam completamente carcomidas pelo câncer corruptivo, em especial por aquele dotado de um matiz institucional.

Todavia, essa ampla conjugação de esforços deve ser levada a efeito sem qualquer pretensão de protagonismo por quem quer que seja. Afinal, se a ação combativa deve ser comum a todos, os louros da vitória também o serão.

As instituições de Estado encarregadas das medidas de combate à corrupção (em especial, a Polícia, o Ministério Público e o Poder Judiciário) precisam se livrar de toda e qualquer soberba, um dos sete pecados capitais. Elas também devem medir as consequências de determinados atos "espetacularizantes" — muitos dos quais cometidos à revelia do ordenamento jurídico vigente —, que nenhum benefício concreto trazem para a presente e controvertida temática. Afinal, o silêncio é sagrado, e é de lei, lema que deveria reger o modo de atuar das instituições da Justiça brasileira.

A crise política e ética que o país atravessa permitiu criar um autêntico ineditismo histórico, que projetou a Justiça brasileira, e o Poder Judiciário Federal em particular, a um novo patamar funcional, outorgando-lhe uma responsabilidade extremamente importante: prover estabilidade institucional ao país.

Entretanto, exatamente como ocorrera em diversos momentos da história nacional, esse peculiar encargo deve estar necessariamente associado a um atuar sereno e equilibrado, desprovido de paixões e vaidades, assim como daqueles antigos pecados que comprometeram, sobremaneira, a necessária lucidez inerente à atuação isenta e imparcial (e rigorosamente dentro da lei e da ordem constitucional) dos protagonistas do passado. O jurista e advogado Ives Gandra da Silva Martins lembra no artigo "A advocacia e o Ministério Público", publicado no jornal O *Globo* em 3 de junho de 2017, que, no passado, o Ministério Público e o Poder Judiciário exerciam suas atribuições com discrição, e que nem por isso deixavam de ser respeitados.

O atual estágio da democracia brasileira não permite e muito menos recomenda que a Justiça brasileira, como bem adverte o ministro Dias Toffoli, do STF, venha a cometer os mesmos erros da classe militar em 1964. O Judiciário não pode incorrer em um "exagerado ativismo" e em uma perigosa tendência de "demonizar" a política (ou a classe política). De fato, precisamos colocar os pingos nos *is*: combater a corrupção, *sempre*; combater a corrupção por meio de eventuais desprezos ao ordenamento jurídico e ataques à democracia e às instituições que integram o Estado democrático de direito, *nunca*. Nesse sentido, Augusto de Franco, em seu artigo "Contra a demonização da política", recorda que a democracia está diretamente ligada à política, não sendo um regime necessariamente imune à corrupção. E que qualquer demonização da política constitui um atentado à democracia.

Nessa linha de raciocínio, a Constituição da República Federativa do Brasil, no Título I (Dos princípios fundamentais), precisamente no artigo 2º, preconiza que são Poderes da União, independentes e harmônicos entre si, o Legislativo, o Executivo e o Judiciário. Mais adiante, o Título IV (Da organização dos Poderes), sistematizado através de quatro capítulos, trata, sequencialmente, do Poder Legislativo (I), do Poder Executivo (II), do Poder Judiciário (III) e das funções essenciais à Justiça (IV). Portanto, soa evidente que, em nome da harmonia que deve reger as relações entre os três Poderes, a luta contra a corrupção efetivamente não inclui a promoção de "ataques demonizantes" ao Executivo e ao Legislativo, muito menos qualquer "linchamento político" às instituições indispensáveis ao Estado. Afinal, são os indivíduos, que estão em cargos públicos, que cometem, em última análise, práticas criminosas.

Essa postura estigmatizante e equivocada certamente provocará consequências ainda mais prejudiciais ao país e à democracia, em particular o descrédito e a desconfiança social em relação a importantes atores do cenário institucional (os Poderes Executivo e Legislativo). Fato que pode comprometer a lógica e a coerência do modelo representativo, afastando, ainda mais, a sociedade de seus legítimos representantes. Em última análise, este distanciamento colocará em risco a própria existência do denominado *sistema de freios e contrapesos*, tão relevante no que se refere ao mecanismo de controle do poder pelo poder.

A propósito da relevância institucional de cada um dos Poderes, Aristóteles, no livro *A Política*, já afirmava que em todo governo devem existir três Poderes essenciais, sendo certo que o governo vai bem justamente quando as três partes convivem em harmonia.

Montesquieu, na monumental obra *Do espírito das leis*, de 1748, ao tratar da clássica teoria da tripartição dos poderes, registrou que, se um mesmo homem ou um mesmo corpo de autoridades exercesse esses três poderes, tudo estaria perdido. O ideal, diz Montesquieu, é que cada uma das atribuições (legislar, administrar e julgar) sejam exercidas por poderes distintos. Posteriormente, esta doutrina acabou sendo acolhida pela Revolução Americana (1776) e, em seguida, pela Revolução Francesa, restando consagrada na Declaração dos Direitos do Homem e do Cidadão, de 1789, cujo artigo XVI preconiza que "a sociedade em que não esteja assegurada a garantia dos direitos nem estabelecida a separação dos poderes não tem Constituição".

Por conseguinte, ao se combater a corrupção, notadamente quando ela se reveste de um caráter institucional, deve-se ter como norte não a "destruição" das instituições responsáveis por conduzir a política nacional, mas, sim, a punição dos agentes criminosos. Afinal, a sociedade até consegue substituir políticos corruptos por honestos, mas ainda não foi inventado algo capaz de substituir a política em si. E a democracia, conforme amplamente afirmado, só pode ser exercida por meio da política. De fato, será justamente por intermédio da *sã* e *boa* política que se conseguirá extirpar a *insana* e *má* política das entranhas do Estado brasileiro. Portanto, uma vez que não há saída sem política, cabe a ela corrigir os seus próprios rumos, o que certamente não se dará a partir de um processo externo de "demonização". Conforme afirmou a ministra Cármen Lúcia, em entrevista ao jornal *Estadão* em 21 de junho de 2018, o povo pode ser contra programas de governo e governantes, servidores e agentes públicos, mas não pode ficar sem política, a base da democracia.

O que se pode (e se deve) fazer, ao reverso, é criminalizar, correta e individualmente, a conduta dos agentes públicos que se apropriam de suas respectivas posições para praticar delitos graves, independentemente de serem integrantes dos Poderes Legislativo, Executivo ou Judiciário, ou mesmo do Ministério Público. O "mercadejar" de atos de ofício (por exemplo, aqueles pertinentes à atividade de criação de leis, tal como a deflagração de processos legislativos), mediante recebimento de vantagem indevida, constitui um comportamento inconcebível no seio de uma República. Igualmente inadmissível é que algum membro do alto escalão do Poder Executivo resolva "comprar" votos de parlamentares para efeito de aprovação de projetos de lei de interesse governamental. Mais grave ainda é a conduta do magistrado que profere sentenças em troca de vantagem ilícita. E o que dizer de um membro do Ministério Público que, a fim de receber vantagem indevida, celebra acordo de colaboração premiada à margem do que preconiza a Lei nº 12.850/2013, a principal legislação federal de combate às organizações criminosas?

Em todos esses casos, sem qualquer exceção, os agentes públicos, independentemente do Poder (ou da Instituição) a que estejam vinculados, devem ser rigorosamente punidos conforme o previsto no ordenamento jurídico. Evidente, portanto, que aqueles que, mediante recebimento de vantagem indevida, descumprem seus sublimes deveres constitucionais e legais, em muitos dos casos para atender a interesses absolutamente escusos, devem responder penal, civil, administrativa e politicamente por suas condutas.

De qualquer forma, mesmo diante de ações reveladoras de tamanho desapreço pelos princípios éticos e morais, a "demonização" da política, a partir de um raciocínio absurdamente generalizante, mostra-se como um comportamento ainda mais grave do que aquele que se pretende coibir e punir. Por conseguinte, conforme registrado por Dias Toffoli, deve a Justiça se limitar a "resolver a crise de maneira pontual", ou seja, sem qualquer generalização, evitando, de todas as formas, conduzi-la a um condenável autoritarismo do sistema judicial e do Judiciário. Realmente, por mais graves que sejam os problemas (inclusive os de natureza ética) que o Parlamento brasileiro possa apresentar, "demonizar" a atividade parlamentar, além de configurar uma clara violação ao mandamento previsto no artigo 2º da Constituição, segundo o qual o Estado brasileiro deve primar pela harmonia entre os poderes, traduz uma medida absolutamente inconstitucional, incoerente, ilógica, irresponsável e nada inteligente, sobretudo diante dos prejuízos que tal proceder causa ao país.

A autoridade moral do Judiciário (e do sistema criminal como um todo) repousa, como bem anota o cientista político José Murilo de Carvalho, na absoluta ausência de espetáculos na mídia conduzidos por juízes, promotores de justiça e delegados de polícia. Significa dizer que eles devem se limitar a atuar dentro dos autos, mantendo, portanto, uma postura profissional. Aliás, a Lei Orgânica da Magistratura Nacional (Lei Complementar nº 35/1979), a Lei Orgânica do Ministério Público (Lei nº 8.625/1993) e a Lei nº 12.830/2013 (relativa aos delegados de polícia) impõem aos referidos operadores do Direito a indispensável e absoluta atuação técnico-jurídica. Evidentemente, estas normas abrangem o dever de se abster de qualquer afeição por holofotes, mantendo, assim, o sagrado silêncio (exteriorizando, desse modo, o princípio da publicidade na sua correta e restrita forma de manifestação nos autos) em benefício último do próprio prestígio da Justiça.

Em tom conclusivo, da mesma forma que a corrupção atinge fortemente os alicerces de um Estado democrático de direito, cuja democracia passa a ostentar contornos apenas formalmente democráticos, a "espetacularização" do combate à corrupção e a respectiva "demonização" da política também não condizem com um país que confere a si mesmo tão nobres atributos. Sob pena de haver uma séria ameaça à estabilidade institucional, precisamos urgentemente preservar as instituições.

Em homenagem ao princípio da harmonia, por mais nefastos que sejam os atos de corrupção comprovadamente perpetrados por agentes públicos, os quais, sob o prisma individual, deverão ser condenados nos exatos termos (e rigores) da legislação penal e processual penal vigente, os órgãos de repressão estatal devem atentar para a indeclinável necessidade de se preservar e fortalecer as instituições políticas do país e, em última análise, o próprio Estado democrático de direito.

13

A INFILTRAÇÃO POLICIAL COMO TÉCNICA
ESPECIAL DE COMBATE À CORRUPÇÃO

ANALISANDO-SE OS ASPECTOS HISTÓRICOS RELATIVOS à introdução da infiltração policial no Direito brasileiro, verifica-se que a legislação pioneira pertinente ao tema foi a Lei nº 9.034/1995, conhecida como Lei do Crime Organizado, cujo artigo 2º, inciso I, previa alguns procedimentos de investigação e formação de provas. Entre eles, a infiltração de agentes de polícia especializada em quadrilhas ou bandos.

No entanto, o citado artigo 2º, inciso I, ao permitir que um agente policial pudesse ser infiltrado em quadrilhas ou bandos mesmo sem autorização judicial, acabou sendo vetado pelo então presidente FHC, em especial por contrariar o interesse público. Analisando este veto, e concordando com as razões que o motivaram, Luiz Flávio Gomes e Raul Cervini, no livro *Crime organizado, enfoques criminológico, jurídico e político-criminal*, entenderam, na ocasião, que pouco poderia se esperar da infiltração policial como meio de investigação.

Com efeito, a introdução da figura do agente infiltrado no Direito pátrio somente ocorreu com o advento da Lei nº 10.217/2001, que alterou a Lei nº 9.034/1995. Corrigindo o problema que ensejou o mencionado veto, a Lei nº 10.217/2001 estabeleceu que a infiltração policial somente se operaria mediante autorização judicial, exigência importante para o devido controle da medida.

Além das duas leis já mencionadas, o artigo 33, inciso I, da Lei n° 10.409/2002, também previa a infiltração policial como meio de obtenção de informações sobre operações ilícitas cometidas por grupos, organizações, quadrilhas ou bandos, desde que com autorização judicial. Esta última, entretanto, acabou sendo revogada pela Lei n° 11.343/2006, atual Lei de Drogas, cujo texto também acolheu a infiltração policial como meio de investigação:

> Art. 53. Em qualquer fase da persecução criminal relativa aos crimes previstos nesta lei, são permitidos, além dos previstos em lei, mediante autorização judicial e ouvido o Ministério Público, os seguintes procedimentos investigatórios:
> I – a infiltração por agentes de polícia, em tarefas de investigação, constituída pelos órgãos especializados pertinentes; [...].

A partir de uma análise desse conjunto de leis, nota-se um importante aspecto comum: em todas elas não houve qualquer detalhamento sobre o procedimento inerente à infiltração policial. Diante dessa ausência de regramento, logo surgiram as mais diversas posições a respeito da aplicabilidade imediata da regra prevista no artigo 2°, inciso V, da Lei n° 9.034/1995 (com aquela alteração promovida pela Lei n° 10.217/2001), que passou a permitir a infiltração por agentes de polícia ou de inteligência mediante circunstanciada autorização judicial.

Damásio de Jesus e Fábio Bechara, no artigo "Agente infiltrado: reflexos penais e processuais", entendiam que o artigo 2°, inciso V, da Lei n° 9.034/1995, apesar de sua redação lacunosa, isto é, de sua omissão quanto ao detalhamento do procedimento de infiltração, não precisava de qualquer regulamentação posterior para ser aplicada.

De fato, seguindo a lição de Damásio de Jesus e Fábio Bechara, essa carência de pormenorização legal não poderia mesmo afastar o manejo operacional da infiltração policial, considerando os seguintes argumentos:

a) Em primeiro lugar, a Lei n° 10.217/2001, ao alterar a Lei n° 9.034/1995 e exigir circunstanciada autorização judicial, supriu a principal deficiência que motivou o veto do então presidente FHC.

b) O fato de não ter havido na referida lei qualquer menção ao procedimento da infiltração, ao seu prazo de duração e a outros detalhes também não poderia afastar a sua imediata incidência, tendo em vista a possibilidade de se aplicar, analogicamente, outras regras previstas no ordenamento jurídico nacional. Por exemplo, a Lei nº 9.296/1996, que versa sobre a interceptação das comunicações telefônicas, de qualquer natureza, para prova em investigação criminal e em instrução processual penal.

O Congresso Nacional, atento aos reclames por uma legislação mais condizente com a realidade delitiva atual, em bom momento editou a Lei nº 12.850/2013, nova Lei das Organizações Criminosas, cujo nível de detalhamento quanto à infiltração policial, conforme veremos nos itens seguintes, é reconhecidamente maior em relação ao previsto na revogada Lei nº 9.034/1995.

Por conseguinte, o presente texto centrar-se-á na análise das novas regras pertinentes à infiltração policial, nos termos da mais recente Lei das Organizações Criminosas, não esquecendo, contudo, de apresentar os principais debates travados por ocasião da legislação anterior (a Lei nº 9.034/1995).

CONSTITUCIONALIDADE E ASPECTO ÉTICO DA INFILTRAÇÃO POLICIAL

Questão fundamental a ser enfrentada pela doutrina reside em saber se o manejo da infiltração policial, por parte do Estado, afronta princípios éticos e viola direitos fundamentais, ou se, ao reverso, tal medida se justifica diante da complexidade inerente à criminalidade organizada.

Parte dos estudiosos do assunto, ainda analisando a legislação anterior, manifestava-se pela inconstitucionalidade do artigo 2º, inciso v, da revogada Lei nº 9.034/1995, tendo em vista a completa ausência de detalhamento da infiltração policial.

Afirmava-se que o quadro legal anterior seria ilegítimo, desarrazoado e desproporcional diante das premissas de um Estado democrático de direito, cujos contornos impõem o dever de pautar a conduta estatal segundo as assertivas restritivas do próprio Direito. Negava-se, por meio deste raciocínio, qualquer possibilidade de o Estado concorrer para a prática delitiva através da infiltração de seus agentes policiais no âmbito de uma organização criminosa.

Ao questionar o aspecto ético da infiltração policial, Alberto Silva Franco, coordenador do livro *Leis penais especiais e sua interpretação judicial*, indagava se, em nome da eficiência do sistema punitivo, seria possível reconhecer como racional e justo que o próprio Estado pudesse se apoiar na atuação de um agente infiltrado, igualando-se, portanto, ao criminoso.

Rafael Pacheco, dissertando sobre o mesmo problema no livro *Crime organizado: medidas de controle e infiltração policial*, aborda o dilema ético da velha questão segundo a qual os fins justificariam os meios. Ou seja, o Estado, ao usar do expediente de infiltração policial para investigar crimes, eventualmente precisará praticá-los. Mario Daniel Montoya, no artigo "El agente encubierto en la lucha contra el crimen organizado en la Argentina", aponta que essa técnica especial de investigação afigura-se *imoral*. Segundo ele, trata-se de uma medida que se fundamenta não somente em mecanismos mentirosos, mas também violadores de direitos fundamentais (a privacidade do investigado, por exemplo), o que não se pode admitir em um Estado democrático de direito.

Por sua vez, Geraldo Prado, Abel Gomes e William Douglas, no livro *Crime organizado e suas conexões com o Poder Público: comentários à lei nº 9.034/95 — considerações críticas*, também focando a legislação anterior, afirmam que a infiltração seria uma medida inaceitável, posto que o Estado não poderia cometer crimes com o objetivo de controlá-los.

Diante desse quadro doutrinário desfavorável à infiltração policial, não nos impressiona que a então senadora Serys Slhessarenko, ao apresentar, em 23 de maio de 2006, o Projeto de Lei do Senado (PLS) nº 150, tenha pretendido, naquela ocasião, suprimir a figura do agente infiltrado do Direito brasileiro, justamente por entendê-la inconstitucional. Para a senadora, viola o patamar ético-legal do Estado permitir que agentes policiais pratiquem atos criminosos como pretexto para obtenção de provas.

A nosso ver, essa medida, sempre encarada de modo excepcional, encontra amparo no Texto Constitucional. Sobre esta ótica analítica, cumpre destacar que o Supremo Tribunal Federal, por diversas vezes, manifestou entendimento segundo o qual não existe um "direito fundamental absoluto", devendo haver, diante do caso concreto, o que a doutrina convencionou chamar de relativização interpretativa dos direitos constitucionais.

Portanto, não há como deixar de reconhecer a importância da infiltração policial, notadamente se considerarmos a complexidade que é combater o crime organizado (em especial aquele dedicado à corrupção de matiz institucionalizado), cujas ações delituosas demandam, à luz do princípio constitucional da eficiência, um tratamento mais rigoroso sob o ponto de vista constitucional e legal.

Não se pode esquecer que a operação de infiltração policial passa, necessariamente, por um rigoroso controle judicial, que certamente estabelecerá, com base nos rígidos parâmetros legais, os limites que balizarão a conduta do agente infiltrado, tudo em obediência ao Estado democrático de direito.

Rafael Pacheco, em seu livro *Crime organizado: medidas de controle e infiltração policial*, destaca que o Tribunal Europeu de Direitos Humanos, analisando o artigo 8º da Convenção Europeia de Direitos Humanos, de 1950, justificou a intromissão estatal na privacidade do cidadão, desde que três requisitos estejam concomitantemente presentes na excepcional ordem, a saber:

a) A interferência esteja devidamente estabelecida em lei.

b) A finalidade (no caso, o combate ao crime organizado e à corrupção, em particular aquela institucionalizada, que tantos males causam à sociedade) esteja legitimada.

c) O manejo desse meio de investigação seja imprescindível para se atingir o fim almejado.

Tendo em vista o nível de periculosidade do crime organizado, José Paulo Baltazar Junior, em seu livro *Crime organizado e proibição de insuficiência*, concorda perfeitamente com a adoção de determinadas técnicas especiais de investigação, tal como a infiltração policial.

Na doutrina estrangeira, a pesquisadora Paula Andrea Ramírez Barbosa, em artigo publicado no livro *Crime organizado — tipicidade, política criminal e processo: Brasil, Espanha e Colômbia*, manifesta-se favorável ao agente infiltrado. Para ela, essa figura constitui uma das medidas de maior eficiência na luta contra o crime organizado, inclusive para identificar os dirigentes e idealizadores destas organizações.

Registre-se, ainda, de modo a justificar a previsão legal relativa à infiltração policial, que o crime organizado, diante do indiscutível poder que ostenta, constitui um verdadeiro entrave ao direito constitucional à segurança. Por isso, o Estado deve, nos termos do artigo 144 da Constituição, garanti-lo na sua plenitude e com eficiência, sob pena de gerar um danoso sentimento de insegurança. Sentimento este que pode impedir, ou pelo menos dificultar, o livre exercício de diversos direitos constitucionais, tais como o direito à propriedade, à liberdade, à vida, à privacidade, entre outros. Basta mencionar, por exemplo, o conhecido "toque de recolher" imposto pelo narcotráfico em determinadas cidades do país.

Justificando a existência de uma legislação destinada à repressão à criminalidade organizada, Gianpaolo Poggio Smanio, no artigo "Teoria geral do Direito Penal e a atuação do Estado em face do crime organizado", assevera que o combate a esse grave problema encontra-se incluído entre as garantias devidas ao cidadão pela teoria geral do Direito Penal democrático.

Cabe registrar, entretanto, e a fim de evitar conclusões distorcidas, que não se está a defender o emprego indiscriminado da infiltração policial como meio de prova. Muito pelo contrário, resta evidente que a sua utilização deve se revestir do inafastável caráter de *excepcionalidade*, sob pena de ser ela completamente desviada de seus nobres propósitos, pondo em risco, assim, importantes direitos fundamentais.

Com amparo no Texto Constitucional, bem como com fundamento em diversos tratados internacionais, entendemos absolutamente constitucional a figura jurídica da infiltração policial. Desde que comprovadamente indispensável à sua finalidade essencial, e mantida sob rigoroso e contínuo controle judicial, notadamente em virtude da natureza complexa e excepcional da medida.

Afinal, conforme leciona o promotor Eduardo Araújo da Silva, em seu livro *Crime organizado: procedimento probatório*, é preciso encontrar um ponto de equilíbrio entre os interesses estatais e os princípios que orientam o Estado democrático de direito.

INFILTRAÇÃO POLICIAL

DEFINIÇÃO E NATUREZA JURÍDICA DA INFILTRAÇÃO POLICIAL

A infiltração policial, como meio de prova (artigo 3º, inciso VII, da Lei nº 12.850/2013), caracteriza-se por sua própria complexidade jurídico-operacional e por tratar-se de uma técnica especial de investigação. Técnica através da qual um agente policial, devidamente selecionado e treinado para a tarefa, ocultando a verdadeira identidade, e utilizando outra a ser fornecida pelo Estado, é introduzido no âmbito de uma organização criminosa e, uma vez conquistada a confiança dos verdadeiros membros, passa a atuar com o fim de obter provas a respeito das atividades delituosas praticadas, objetivando, em última análise, desmantelá-la.

Esse desmantelamento da organização criminosa, de um modo geral, deve compreender alguns aspectos relevantes, a saber:

a) Identificação e prisão dos criminosos, inclusive de eventuais agentes públicos participantes do esquema delituoso.

b) Identificação das fontes de renda da máquina criminosa.

c) Identificação de eventuais pessoas jurídicas utilizadas para encobrir atividades delituosas cometidas pela organização.

d) Identificação da estrutura estabelecida para fazer a lavagem de capitais.

e) Identificação (e posterior apreensão) dos bens provenientes, direta ou indiretamente, da prática dos delitos perpetrados pela organização.

f) Recuperação de eventuais bens públicos desviados pela organização criminosa, dentre outros aspectos.

Requisitos legais da infiltração policial

Para uma perfeita compreensão do tema, é fundamental analisar os requisitos necessários para a infiltração policial. Assim, nos termos dos artigos 10 e 11 da Lei nº 12.850/2013, a infiltração policial dependerá de uma análise a respeito dos seguintes aspectos: natureza da infração penal que se pretende investigar; considerações sobre os riscos decorrentes da infiltração policial; indícios de infração penal autorizadoras da infiltração policial; imprescindibilidade da infiltração policial; existência de representação do delegado de polícia ou de requerimento do Ministério Público; manifestação técnica do delegado de polícia a respeito da necessidade da medida (quando solicitada no curso do inquérito policial); existência de autorização judicial circunstanciada e motivada; balizamento das tarefas do agente infiltrado; prazo de duração de até seis meses, sem prejuízo de eventuais renovações, desde que comprovada sua necessidade; considerações sobre as habilidades e competências do agente a ser infiltrado; voluntariedade da infiltração; sigilo da infiltração policial.

Natureza jurídica da infração penal

Nem toda infração penal admitirá o manejo da infiltração policial. Nos termos da Lei nº 12.850/2013, é necessário que essa medida excepcional ocorra em uma organização criminosa, assim considerada a associação de quatro ou mais pessoas, estruturalmente ordenada e caracterizada pela divisão de tarefas, ainda que informalmente, com o objetivo de obter, direta ou indiretamente, vantagem de qualquer natureza, mediante a prática de infrações penais cujas penas máximas sejam superiores a quatro anos, ou que sejam de caráter transnacional, segundo o artigo 1º, parágrafo 1º, da Lei nº 12.850/2013.

Da mesma forma, a nova Lei das Organizações Criminosas também poderá incidir no caso de infrações penais previstas em tratado ou convenção internacional. Neste caso, ela incide quando, iniciada a execução no país, o resultado tenha ou devesse ter ocorrido no estrangeiro, ou reciprocamente, bem como ser aplicada às organizações terroristas, entendidas como aquelas voltadas para a prática dos atos de terrorismo legalmente definidos.

Desse modo, de acordo com a redação do artigo 1º da Lei nº 12.850/2013, podemos extrair as seguintes características gerais indispensáveis para a configuração de uma organização criminosa:

a) Atuação ordenada de quatro ou mais pessoas.

b) Estrutura organizacional dotada de divisão de tarefas, ainda que informalmente estabelecida.

c) Organização voltada para a prática de infrações penais (crimes ou contravenções penais) cujas penas máximas sejam superiores a quatro anos.

d) Intuito de obter, direta ou indiretamente, vantagem de qualquer natureza.

A Lei n° 12.850/2013, ao empregar a expressão *infrações penais*, pôs fim a uma discussão travada desde a vigência da revogada Lei n° 9.034/1995. Fernando Capez, na obra *Curso de Direito Penal, legislação penal especial*, editada antes do advento da Lei n° 12.850/2013, entendia que as contravenções penais também poderiam ser investigadas de acordo com aquela Lei do Crime Organizado (Lei n° 9.034/1995).

Na ocasião, o professor e desembargador Guilherme Nucci, em seu livro *Leis penais e processuais penais comentadas*, também defendia que as contravenções penais poderiam ser investigadas por meio dos institutos previstos na Lei n° 9.034/1995, cujo artigo 1° fazia expressa referência ao termo *ilícitos*, englobando, assim, crimes e contravenções penais.

Em sentido contrário, Rogério Cury, no artigo "Procedimento investigatório e de produção de provas", também focando a antiga Lei n° 9.034/1995, entendia que o termo *crime organizado* não englobava as contravenções penais.

De qualquer forma, a partir do cenário normativo introduzido pela Lei n° 12.850/2013, não se discute mais que a nova Lei das Organizações Criminosas poderá alcançar grupos voltados para a prática de contravenções penais.

Considerações dos riscos da infiltração policial

O parágrafo 3° do artigo 12 da Lei n° 12.850/2013 estabelece que, se existirem indícios concretos de que o agente infiltrado corre risco iminente, a operação deverá ser interrompida pelo Ministério Público ou pelo próprio delegado de polícia, dando-se imediata ciência ao Ministério Público e ao juiz.

Nota-se, com isso, a atenção do legislador quanto aos inegáveis riscos que circundam a operação de infiltração policial. Consequentemente, deve-se elencar, como um dos requisitos legais a serem observados, que os riscos inerentes à medida sejam previamente considerados.

Apesar do artigo 12 da citada lei referir-se a uma infiltração policial em curso, torna-se fundamental, como requisito legal para a implementação da operação, que o delegado de polícia, o membro do Ministério Público e o magistrado, antes das respectivas atuações (representação, requerimento e deferimento da medida postulada), cogitem a respeito dos riscos relativos à operação em questão. A ideia é minimizá-los ou, se possível, neutralizá-los. A nosso ver, trata-se de um importante requisito legal, devendo ser previamente analisado, sobretudo pelo magistrado, a quem compete deferir a infiltração policial.

Por conseguinte, devem o delegado de polícia, o representante do MP, bem como o magistrado atentar para as características da organização criminosa e de seus respectivos membros, verificando, por exemplo, se o grupo criminoso a ser investigado pauta suas ações delituosas pelo emprego de violência contra os seus próprios integrantes.

Pensando nesses riscos, André Ricardo Xavier Carneiro, em artigo intitulado "A polícia judiciária no combate ao crime organizado", chega a considerar temerária a infiltração policial em grupos voltados para a prática de determinados crimes violentos.

Concluindo-se que os riscos extrapolam os níveis aceitáveis, a operação de infiltração policial sequer deverá ser objeto de representação (do delegado de polícia) ou requerimento (do Ministério Público). Caso o seja, não deverá ser autorizada pelo magistrado.

IMPRESCINDIBILIDADE DA INFILTRAÇÃO POLICIAL

Prevê o artigo 10, parágrafo 2°, da Lei n° 12.850/2013, que a infiltração policial somente será admitida quando concorrerem, simultaneamente, duas diferentes situações, a saber:

a) Quando houver indícios de infração penal de que trata o artigo 1° da nova Lei das Organizações Criminosas.

b) E desde que a prova não possa ser produzida por outros meios previstos na legislação processual penal. Significa dizer que a infiltração policial deve ser o único meio possível de obtê-la.

Este requisito legal é imprescindível porque, em última análise, a infiltração é extremamente invasiva da intimidade do indivíduo, além de perigosa para o agente policial que será introduzido no contexto de uma organização criminosa.

Tendo em vista a complexidade da medida, cumpre ao magistrado exercer rigorosa análise a respeito de sua efetiva necessidade, sob pena de se desconsiderar os requisitos legais exigidos, desvirtuando o instituto jurídico em discussão, e, mais do que isso, transformando-o numa medida corriqueira.

Uma estratégia a ser empregada pelo juiz para realizar a tomada de decisão é verificar, nos autos da investigação, se outros meios de prova (menos invasivos e menos perigosos no que se refere à sua obtenção) já foram manejados. Entre eles, a interceptação das comunicações telefônicas, uma vez que não seria minimamente razoável entender como a infiltração policial poderia ser autorizada antes mesmo deste meio de prova ter sido cogitado.

Assim, cumpre registrar, em tom de absoluta advertência, que a infiltração policial, em nenhuma hipótese, poderá perder o caráter excepcional do qual ela se reveste, não podendo transformar-se numa medida ordinariamente adotada.

Nesse aspecto, cabe destacar que as autoridades públicas diretamente envolvidas (juiz, membro do Ministério Público e delegado de polícia) com a aplicação concreta das normas jurídicas (pertinentes ao caso), ao exercerem suas atribuições constitucionais e legais, devem nortear a respectiva atuação sempre com o pensamento voltado para a noção de excepcionalidade subjacente à infiltração policial.

REPRESENTAÇÃO DO DELEGADO DE POLÍCIA OU REQUERIMENTO DO MINISTÉRIO PÚBLICO

De acordo com o artigo 10, *caput*, da Lei nº 12.850/2013, a infiltração policial deverá ser pleiteada a partir de representação do delegado de polícia ou de requerimento do Ministério Público.

De acordo com a referida lei, na hipótese de representação do delegado de polícia, o juiz competente, antes de decidir, ouvirá o Ministério Público, previsão normativa absolutamente razoável.

Com efeito, a representação do delegado de polícia deverá conter as informações já obtidas através da investigação desencadeada sobre a organização criminosa, bem como indicar a imprescindibilidade da medida, o alcance das tarefas dos agentes infiltrados e, quando possível, os nomes ou apelidos das pessoas investigadas e o local da operação. Além disso, o delegado de polícia deverá se manifestar quanto à viabilidade técnico-operacional da infiltração policial.

No caso de a medida ser requerida pelo Ministério Público no curso do inquérito policial, a nova Lei das Organizações Criminosas (artigo 10, *caput*) exige prévia avaliação técnica da autoridade policial. Essa providência é bastante pertinente, tendo em vista que é o delegado de polícia que efetivamente pode se exprimir com maior rigor técnico acerca da necessidade, da oportunidade e da conveniência da infiltração policial.

Nota-se que a nova Lei das Organizações Criminosas confere elevada importância à manifestação técnica do delegado de polícia diante de eventual requerimento formulado pelo membro do Ministério Público.

AGENTE POLICIAL

Rafael Pacheco, analisando a questão sob a ótica da antiga Lei nº 9.034/1995, define que o agente infiltrado é um servidor policial que, com uma identidade falsa, é capaz de penetrar na organização criminosa para dela obter informações com o objetivo de desmantelá-la.

O conceito trazido por Rafael Pacheco não abarca, portanto, aquilo que o Direito espanhol denomina de agente meramente *encubierto*, isto é, o policial que, a fim de investigar determinada infração penal, oculta a sua verdadeira condição, não chegando a se infiltrar, todavia, na organização criminosa.

Segundo o artigo 10, *caput*, da Lei nº 12.850/2013, o agente infiltrado deverá necessariamente ostentar *cargo policial*. Embora a lei não o mencione expressamente, trata-se de agente de polícia judiciária, ou seja, de um integrante da Polícia Federal ou das polícias civis dos estados e do Distrito Federal, instituições constitucionalmente incumbidas de apurar a autoria e a materialidade das infrações penais.

A propósito dessas especificações, a Lei nº 12.850/2013 encerrou, oportunamente, a discussão travada durante a revogada Lei nº 9.034/1995. O texto da última fazia referência à infiltração não apenas de agentes policiais, mas também de agentes de inteligência (Agência Brasileira de Inteligência — Abin), previsão normativa que provocava intenso debate doutrinário a respeito da constitucionalidade do artigo 2°, inciso v, da Lei n° 9.034/1995, quando confrontado com o artigo 144 da Constituição da República.

O desembargador Alberto Silva Franco, no livro *Leis penais especiais e sua interpretação judicial*, afirma que a infiltração de agentes de inteligência, nos termos da antiga Lei n° 9.034/1995, era de duvidosa constitucionalidade. Mas havia posições contrárias que admitiam o emprego de agentes da inteligência nessa tarefa.

Embora a discussão tenha perdido o objeto por essa lei não estar mais em vigência, não há como negar que a utilização de servidores da Abin em atividades típicas de polícia judiciária viola o disposto no artigo 144 da Constituição, razão pela qual, em nosso entendimento, o artigo 2°, inciso v, da Lei n° 9.034/1995 era, neste particular, reconhecidamente inconstitucional.

Segundo a sistemática constitucional relativa à segurança pública, prevista no artigo 144 da Constituição, as atividades de polícia judiciária são inerentes à Polícia Federal e às polícias civis. Esse é o motivo pelo qual não se deve admitir a possibilidade de os agentes da Abin serem infiltrados em organizações criminosas a fim de exercerem atividades típicas de polícia judiciária. E a razão é bem simples: o artigo 1° da Lei n° 9.883/1999, que instituiu o Sistema Brasileiro de Inteligência (Sisbin), bem como criou a Abin, confere uma competência restritiva a essa importante instituição do país. A finalidade desse sistema é fornecer subsídios para o presidente da República em assuntos de interesse nacional.

Da mesma forma, a corroborar o que ora se afirma, nota-se que o artigo 10 do Decreto n° 4.376/2002, que dispõe sobre a organização e o funcionamento do Sisbin, em nenhum momento afirma competir à Abin a realização de atividades típicas de polícia judiciária.

Não se deve concordar, portanto, com a posição do promotor Marcelo Mendroni, autor de *Crime organizado: aspectos gerais e mecanismos legais*, para quem o artigo 2°, inciso v, da antiga Lei n° 9.034/1995 autorizava a infiltração não apenas de agentes de polícia judiciária, mas também de servidores da Receita Federal do Brasil, bem como de outros órgãos policiais, tais como as polícias militares (responsáveis pelo policiamento ostensivo geral) ou Polícia Rodoviária Federal (incumbida do patrulhamento ostensivo das rodovias federais).

Para reforçar o entendimento ora defendido, cabe registrar que a Lei nº 10.409/2002 (editada apenas um ano depois da Lei nº 10.217/2001), ao tratar da infiltração policial, não incluiu os agentes de inteligência no rol dos servidores que poderão ser infiltrados em organizações criminosas. Da mesma forma, a Lei de Drogas (Lei nº 11.343/2006), ao tratar do assunto, também não fez qualquer referência aos agentes de inteligência.

Adotando posição contrária, o promotor Cassio Roberto Conserino, no texto "Crime organizado e institutos correlatos", após empreender uma análise conjunta do artigo 53, *caput*, da Lei nº 11.343/2006 (Lei de Drogas) e do artigo 2º, inciso V, da revogada Lei nº 9.034/1995, admitia a infiltração de agentes de inteligência, isto é, da Abin, para investigar organizações criminosas dedicadas ao tráfico ilícito de drogas.

No entanto, esse entendimento não deve ser acolhido, tendo em vista que o legislador de 2006, ao não repetir a expressão *agente de inteligência*, demonstrou conhecer que, constitucionalmente, a Abin não pode realizar investigações criminais.

Não obstante as considerações a respeito dessa controvérsia, é preciso reconhecer que o debate doutrinário/jurisprudencial perdeu o sentido, posto que a nova lei, sintonizada com o artigo 144 do Texto Constitucional, simplesmente não reproduziu o teor do artigo 2º, inciso v, da antiga Lei nº 9.034/1995.

Por fim, é oportuno esclarecer a impossibilidade de um particular atuar como infiltrado, vedação que decorre de razões óbvias, uma vez que ele não se encontra habilitado (legal, técnica e psicologicamente) para tão complexa tarefa. Ademais, a infiltração policial, devidamente amparada por normas jurídicas, implica, de certa forma, uma invasão estatal direta na esfera íntima do indivíduo investigado. O agente policial infiltrado, nessa linha de raciocínio, poderá, com a devida autorização judicial, ingressar no domicílio do cidadão sob investigação, razão pela qual a vedação quanto ao emprego de particulares afigura-se plenamente condizente com a Lei Maior.

Nada impede, no entanto, que um particular atue como informante, repassando à polícia informações sobre determinada organização criminosa, atuação plenamente amparada pela Constituição, segundo a qual a segurança pública configura dever do Estado, direito e responsabilidade de todos.

INFILTRAÇÃO VOLUNTÁRIA

Conforme dispõe o artigo 14, inciso I, da Lei n° 12.850/2013, o agente pode não apenas recusar como fazer cessar a atuação infiltrada.

Por consequência, a voluntariedade do agente a ser infiltrado deve ser interpretada como um dos requisitos legais a serem observados. Nesse particular, o legislador fez bem em prevê-lo, pois a infiltração policial, por sua própria essência operacional, envolve sérios riscos ao agente, razão pela qual o Estado brasileiro jamais poderia impor ao servidor esse encargo. Isso porque, dependendo dos contornos da infiltração, o policial poderá efetivamente submergir no mundo do crime organizado, distanciando-se por completo de sua família e de seu convívio social.

Do mesmo modo, desse caráter voluntário decorre a possibilidade de o agente fazer cessar a operação de infiltração, uma vez que ele, melhor do que qualquer outra pessoa, pode avaliar com maior propriedade os riscos decorrentes da empreitada na qual se vê envolvido. Nos termos do artigo 14, inciso I, a cessação da operação independe até mesmo de qualquer comunicação prévia ao delegado de polícia encarregado do inquérito policial ou de autorização judicial.

AUTORIZAÇÃO JUDICIAL CIRCUNSTANCIADA E MOTIVADA

Como visto anteriormente, uma das razões que motivaram o veto presidencial que incidiu sobre o artigo 2°, inciso I, da antiga Lei n° 9.034/1995 foi o fato de este dispositivo não ter exigido a devida autorização judicial para a efetivação da infiltração policial, deficiência legal que, conforme registrado, foi posteriormente corrigida pela Lei n° 10.217/2001.

Corrigindo essa falha, o artigo 10, *caput*, da Lei n° 12.850/2013 exige expressamente que a infiltração policial seja precedida de autorização judicial circunstanciada e motivada, providência necessária para que se possa exercer o controle da operação.

O adjetivo *circunstanciado* revela que o magistrado não deve se limitar a autorizar a medida. Deve, sim, pormenorizá-la tanto quanto possível, estabelecendo os limites da infiltração policial, de modo que o delegado de polícia responsável pelas investigações (e pelo controle direto da operação a ser desencadeada) e o agente infiltrado possam ter um norte referencial das atribuições a serem desenvolvidas no âmbito da organização criminosa, sempre com o propósito de desestruturá-la.

Nesse particular, entende-se que uma decisão judicial devidamente circunstanciada deve conter o seguinte nível mínimo de detalhamento:

a) Deve indicar que a medida é imprescindível, demonstrando que a prova não pode ser produzida por outros meios.

b) Deve especificar a organização criminosa (com as respectivas informações já existentes e colhidas a respeito) na qual será infiltrado o agente, bem como, pelo menos, os principais membros (identificados por nomes e/ou apelidos e fotografias, se possível), dados que deverão ser previamente obtidos e informados pelo delegado de polícia. Significa dizer que a infiltração policial não pode ser encarada como um autêntico "tiro no escuro", considerando que quanto mais informações prévias o agente infiltrado dispuser a respeito dos integrantes da organização (estrutura organizacional, *modus operandi*, região de atuação, atividades ilícitas etc.), maior será a possibilidade de ele se preparar para eventuais problemas com os quais poderá se deparar durante a missão. Disso resulta que uma boa infiltração começa antes mesmo da efetiva inserção do agente na organização criminosa. Quanto mais consistente e madura estiver a investigação, quanto mais pormenores forem colhidos, maior será a possibilidade de êxito.

c) Deve fixar as principais tarefas a serem realizadas pelo agente infiltrado, balizando, na medida do possível, os objetivos da operação, bem como o local da infiltração policial.

d) Deve especificar o prazo da infiltração policial, conforme prevê o artigo 10, parágrafo 3º, da Lei nº 12.850/2013, que estabelece o período máximo de seis meses, sem prejuízo de eventuais renovações, desde que comprovada a necessidade. Evidentemente, o prazo a ser determinado pelo juiz deve guardar correspondência com a complexidade da investigação. Cada caso demandará uma análise bem particular.

e) Deve prever medidas necessárias para resguardar a segurança do agente infiltrado. Por exemplo, a operação de infiltração, por sua complexidade intrínseca, demanda um elenco de agentes policiais que dela participarão, seja no segmento interno, seja no externo. Assim, convém que o magistrado, a partir de manifestação técnica do delegado de polícia, especifique no mandado de infiltração as pessoas que, de modo geral, poderão tomar conhecimento da tarefa em curso. Isso possibilita a apuração de eventual responsabilidade penal, caso ocorra quebra de sigilo. Embora a lei não mencione a designação a ser dada a essa ordem judicial, entendemos possível denominá-la de *mandado de infiltração policial*. Segundo dispõe o artigo 12, parágrafo 3º, da Lei nº 12.850/2013, havendo indícios seguros de que o agente infiltrado sofre risco iminente, a operação deverá ser suspensa mediante requisição do Ministério Público ou pelo delegado de polícia. Com efeito, é importante que o magistrado, ao autorizar a infiltração policial, reforce a observância dessa providência.

f) Deve prever mecanismos que possibilitem o efetivo e permanente acompanhamento da infiltração policial.

g) Deve esclarecer que o infiltrado não poderá atuar como agente provocador, sob pena de responsabilização penal.

h) Deve determinar que se observe o sigilo da operação de infiltração policial.

Sigilo da infiltração policial

A segurança do agente infiltrado e o sucesso da medida dependem da preservação do sigilo que deve recair sobre a autorização judicial e sobre a própria investigação em si. Esse requisito pode ser extraído da previsão legal inserida no artigo 10, *caput*, e no artigo 12 da Lei nº 12.850/2013:

> Art. 10. A infiltração de agentes de polícia em tarefas de investigação, representada pelo delegado de polícia ou requerida pelo Ministério Público, após manifestação técnica do delegado de polícia quando solicitada no curso de inquérito policial, será precedida de circunstanciada, motivada e sigilosa autorização judicial, que estabelecerá seus limites. [...].
> Art. 12. O pedido de infiltração será sigilosamente distribuído, de forma a não conter informações que possam indicar a operação a ser efetivada ou identificar o agente que será infiltrado. [...].
> § 2º Os autos contendo as informações da operação de infiltração acompanharão a denúncia do Ministério Público, quando serão disponibilizados à defesa, assegurando-se a preservação da identidade do agente. [...].

Objetivando assegurar a preservação do sigilo imposto pela lei de regência, algumas providências por parte do delegado de polícia, do representante do Ministério Público e do magistrado devem ser fielmente observadas.

Assim, o delegado de polícia deverá restringir o conhecimento acerca da operação a ser desencadeada. Por conseguinte, somente os servidores a serem efetivamente empregados na missão devem tomar ciência a respeito da representação encaminhada ao Poder Judiciário. Dessa forma, é conveniente que a instituição policial trace mecanismos *interna corporis* que objetivem resguardar o sigilo em questão.

Com o mesmo objetivo, o representante do Ministério Público deve restringir, no âmbito da atuação institucional, o conhecimento acerca da operação a ser realizada. Igualmente, somente o servidor a ser empregado na tramitação do requerimento de infiltração policial poderá ter acesso às informações sigilosas. Isso facilitará, sobremaneira, eventual identificação do responsável por qualquer vazamento que venha a ocorrer no curso da operação.

Também no âmbito do Poder Judiciário devem ser criados mecanismos institucionais com vistas a resguardar a segurança do agente infiltrado, a exemplo dos já existentes para os casos de quebra de sigilo bancário, fiscal, telefônico etc. É importante, nesse contexto, a implementação de medidas que viabilizem a distribuição da representação do delegado de polícia (ou do requerimento do MP) diretamente no gabinete do magistrado, cabendo-lhe, por sua vez, designar o servidor responsável por fazer tramitar o expediente.

Indícios de infração penal autorizadores da infiltração policial

A infiltração policial, diante do rigoroso quadro normativo estabelecido pela nova Lei das Organizações Criminosas, demanda, dentre outros requisitos, a existência de indícios de cometimento de infração penal enquadrada na previsão contida no artigo 1°, parágrafos 1° e 2°, da Lei n° 12.850/2013:

> Art. 1°. [...].
> § 1° Considera-se organização criminosa a associação de 4 (quatro) ou mais pessoas estruturalmente ordenada e caracterizada pela divisão de tarefas, ainda que informalmente, com objetivo de obter, direta ou indiretamente, vantagem de qualquer natureza, mediante a prática de infrações penais cujas penas máximas sejam superiores a 4 (quatro) anos, ou que sejam de caráter transnacional.

§ 2º Esta Lei se aplica também:
I - às infrações penais previstas em tratado ou convenção internacional quando, iniciada a execução no País, o resultado tenha ou devesse ter ocorrido no estrangeiro, ou reciprocamente;
II - às organizações terroristas, entendidas como aquelas voltadas para a prática dos atos de terrorismo legalmente definidos.

Desde já, cumpre analisar uma questão debatida pela doutrina, relativa à possibilidade de se ampliar (ou não) o rol dos delitos mencionados no artigo 1º, parágrafos 1º e 2º, da Lei nº 12.850/2013, acima transcrito.

Há quem sustente o caráter meramente *exemplificativo* desse rol. Argumenta-se que não seria possível encerrar o conceito de organização criminosa numa norma inflexível. Por essa razão, defende-se que a intenção do legislador teria sido tão somente estabelecer um limite legal norteador das infrações penais passíveis de serem investigadas através da infiltração policial, sem, no entanto, exauri-las.

Alberto Silva Franco, enfrentando essa questão sob a ótica da legislação anterior, manifestava-se contrário à aplicação da Lei nº 9.034/1995 a casos não abarcados por ela. Ele argumentava que esse tipo de procedimento investigatório possui caráter excepcional, e que o seu alargamento levaria a um desvio das regras do processo penal inerente a um Estado democrático de direito.

Seguindo o comentário de Alberto Silva Franco, entendemos, no caso, que o mencionado rol legal é *taxativo*. Significa dizer que o legislador expressamente limitou o emprego da infiltração policial, bem como dos demais meios de prova, às situações categoricamente elencadas no artigo 1º, parágrafos 1º e 2º, da Lei nº 12.850/2013, todas reveladoras de uma criminalidade organizada.

FINALIDADE DA INFILTRAÇÃO POLICIAL

Conforme leciona a doutrina sobre o tema, é possível relacionar as seguintes finalidades inerentes à infiltração policial:

a) Identificação da estrutura da organização criminosa, bem como de seus vínculos com outras atividades delituosas.

b) Identificação dos membros da organização criminosa, em todos os aspectos possíveis (nome, alcunha, fotografia, hábitos e preferências pessoais, posição ocupada dentro da estrutura do crime organizado etc.).

c) Identificação das atividades delituosas, principais ou secundárias, desenvolvidas pelo grupo criminoso investigado, bem como o respectivo *modus operandi*.

d) Identificação das fontes de recursos e financiamento da empreitada criminosa.

e) Identificação das estratégias desenvolvidas pela organização criminosa para efeito de proteção de suas atividades delituosas.

f) Identificação dos possíveis bens patrimoniais da organização criminosa, ainda que estejam em nome dos denominados "laranjas", os quais também deverão ser identificados.

Infiltração policial e outros meios de prova

O artigo 3° da Lei n° 12.850/2013 estabelece uma série de meios de prova, sem prejuízo de outros já previstos na legislação brasileira, a saber:

- Colaboração premiada (artigos 4° a 7° da Lei n° 12.850/2013).
- Captação ambiental de sinais eletromagnéticos, ópticos ou acústicos.
- Ação controlada, consistente em retardar a intervenção policial ou administrativa relativa à ação praticada por organização criminosa ou a ela vinculada, desde que mantida sob observação e acompanhamento. Isso se dá para que a medida legal se concretize no momento mais eficaz à formação de provas e obtenção de informações. Nesse assunto particular, Marcelo Mendroni, em seu livro *Crime organizado: aspectos gerais e mecanismos legais*, sugere que a ação controlada e a infiltração policial coexistam de forma harmoniosa durante a investigação, de modo a obter melhores informações sobre as atividades da organização criminosa.

- Acesso a registros de ligações telefônicas e telemáticas, a dados cadastrais constantes de bancos de dados públicos ou privados e a informações eleitorais ou comerciais (artigos 16 a 18 da Lei nº 12.850/2013).
- Interceptação de comunicações telefônicas e telemáticas, nos termos da legislação específica (Lei nº 9.296/1996).
- Afastamento dos sigilos financeiro, bancário e fiscal, nos termos da legislação específica.
- Infiltração policial em atividade de investigação.
- Cooperação entre instituições e órgãos federais, distritais, estaduais e municipais na busca de provas e informações de interesse da investigação ou da instrução criminal.

Conforme mencionado, defendemos que a infiltração policial nunca poderá ser deferida sem que antes tenha sido manejado um dos meios elencados no artigo 3º da mesma lei, tal como a interceptação das comunicações telefônicas.

A fim de ampliar as possibilidades de êxito da medida, bem como garantir maior segurança ao agente infiltrado, deverá o delegado de polícia, ao representar no sentido do deferimento judicial da infiltração policial, pleitear, igualmente, a prorrogação da interceptação das comunicações telefônicas. Considerando que o policial infiltrado certamente não estará a todo momento em companhia dos membros da organização, pode ser que a infiltração policial não produza, de imediato, o efeito desejado, sendo insuficiente, portanto, para revelar detalhes a respeito da estrutura delituosa que se pretende desvendar. Assim, a interceptação das comunicações telefônicas, bem como outras medidas julgadas necessárias, poderiam atuar em reforço à atividade do agente infiltrado.

Outra questão a ser enfrentada reside em saber se o agente infiltrado poderá proceder à apreensão de documentos comprobatórios das atividades criminosas da organização. A resposta é positiva, devendo o mandado de infiltração policial conter essa previsão.

Assim, a fim de evitar que a prova seja considerada ilícita, deve o magistrado expressamente autorizar essa providência (apreensão), a exemplo de outras assemelhadas, como a captação ambiental de sinais eletromagnéticos, ópticos ou acústicos.

Relatórios

A Lei nº 12.850/2013 faz menção a determinados relatórios a serem elaborados, em momentos distintos, sobre a infiltração policial, o que demanda que seja empreendida uma análise a respeito das espécies, do conteúdo e dos agentes responsáveis pela elaboração desses documentos.

Nesse sentido, é possível vislumbrar os seguintes: relatório da atividade de infiltração policial (que poderá ser parcial ou final) e relatório circunstanciado da infiltração policial.

Relatório da atividade de infiltração policial

Trata-se de documento a ser elaborado pelo policial infiltrado na organização criminosa, devendo ser encaminhado, em primeiro lugar, ao delegado de polícia responsável pela operação. Por razões óbvias, esse relatório, ainda que tenha sido requisitado pelo Ministério Público, deverá ser previamente endereçado à autoridade policial encarregada pela investigação, de modo que esta possa avaliar a condução operacional da medida, corrigindo-a, de imediato, caso venha a detectar algum desvio no seu curso. Não vislumbramos, assim, a possibilidade de esse relatório ser enviado pelo agente infiltrado diretamente ao membro do Ministério Público, uma vez que pouco (ou nenhum) efeito concreto produziria.

Por meio desse relatório, o agente relata ao delegado de polícia o desdobramento operacional da medida, em especial o que efetivamente apurou a respeito da organização criminosa, tudo em consonância com o que foi determinado no mandado de infiltração policial.

A Lei nº 12.850/2013 não diz nada quanto ao momento em que deverá ser elaborado o relatório da atividade de infiltração policial. No entanto, vislumbramos, ao menos, duas situações, a saber:

- *Relatório parcial da atividade de infiltração policial*: documento a ser elaborado *durante* a infiltração policial, e de acordo com a periodicidade previamente determinada pelo delegado de polícia (no plano de operação de infiltração policial) ou pelo magistrado (no mandado de infiltração policial), podendo ser diário, semanal, quinzenal, mensal etc., conforme a peculiaridade de cada caso, e de acordo com os contornos da investigação. Esta providência objetiva, em última análise, verificar se há algum dado concreto que possa indicar que a segurança do agente infiltrado esteja efetivamente comprometida; se (e quais) provas a respeito das atividades ilícitas da organização criminosa já foram obtidas; se a atuação do agente infiltrado está atentando para a devida proporcionalidade em relação à finalidade da investigação; se os fins traçados estão sendo alcançados, dentre outros aspectos. Ressalte-se, ainda, que a Lei nº 12.850/2013 não estabelece a forma a ser adotada para efeito de elaboração e encaminhamento do relatório pelo agente infiltrado. Por conseguinte, e tendo em vista a complexidade da tarefa, é razoável que se admita qualquer formato, desde que se cumpram os objetivos acima elencados, não importando que seja escrito (carta, bilhete, e-mail, mensagem através de aparelho celular etc.) ou até mesmo verbal (contato telefônico com o segmento externo da operação de infiltração policial, o qual, por sua vez, materializará, fidedignamente, o relato recebido). Evidentemente, quando da elaboração (e remessa) do referido relatório, torna-se fundamental traçar estratégias que evitem a identificação do agente infiltrado.

- *Relatório final da atividade de infiltração policial*: documento a ser elaborado pelo agente infiltrado quando do *término* da infiltração policial, ou seja, quando ele já estiver desincumbido da tarefa, providência que objetiva verificar: se (e quais) provas a respeito das atividades ilícitas da organização criminosa foram obtidas; se a atuação do agente infiltrado guardou a devida proporcionalidade com a finalidade da investigação; se os fins traçados foram alcançados, dentre outros aspectos. Diferentemente do que foi dito quanto ao formato do documento parcial, o relatório final deverá ser elaborado de forma escrita. Do mesmo modo, é fundamental traçar estratégias que evitem a identificação do agente infiltrado.

- *Relatório circunstanciado da infiltração policial*: nos termos do artigo 10, parágrafo 4º, da Lei nº 12.850/2013, trata-se de relatório a ser elaborado pelo delegado de polícia quando do *término* do prazo da infiltração policial, e com base nas informações fornecidas pelo agente infiltrado e outras obtidas a partir delas. Esse documento deve ser encaminhado ao juiz competente, atentando sempre para o sigilo que a medida requer, que imediatamente cientificará o Ministério Público. Deverá ser elaborado por escrito, evitando-se dados que possibilitem a identificação do agente infiltrado. Ademais, o presente relatório objetiva: verificar se (e quais) provas a respeito das atividades ilícitas da organização criminosa foram obtidas; avaliar se a atuação do agente infiltrado esteve de acordo com a finalidade da investigação; se os fins traçados pela investigação foram alcançados, dentre outros aspectos.

Operacionalização da infiltração policial

A complexidade jurídica da qual se reveste a infiltração policial foi abordada nos tópicos anteriores. No presente, cumpre analisar os aspectos operacionais, objetivando contribuir, assim, para a construção de uma doutrina que permita minimizar (ou até mesmo neutralizar) os riscos que lhe são inerentes.

Para tanto, antes mesmo da infiltração propriamente dita, é fundamental elaborar uma espécie de plano operacional, cujo conteúdo deverá conter alguns aspectos considerados imprescindíveis.

Conteúdo do plano operacional

Seleção do agente

A Lei nº 12.850/2013 deveria ter dedicado algum dispositivo versando sobre a seleção do agente a ser infiltrado, o que, infelizmente, não aconteceu. Poderia, apenas a título de exemplo, ter exigido, por parte do agente infiltrado, algumas características básicas, tais como: aptidão psicológica para atuar como infiltrado, comprovada experiência em investigações complexas, formação e treinamento adequados, entre outras.

Formação e treinamento

Destacam-se, como de grande relevância, a formação e o treinamento da equipe envolvida na missão e, em particular, do agente infiltrado, o que inclui, necessariamente, a transmissão de conhecimentos que guardem alguma relação com a atividade delituosa objeto da investigação.

Em se tratando de investigação de crime organizado, Marcelo Mendroni, em seu livro *Crime organizado: aspectos gerais e mecanismos*, destaca a importância e a necessidade de se investir em treinamento para policiais, juízes e promotores.

Antes mesmo do advento da Lei nº 12.850/2013, Alberto Silva Franco, já atento à necessidade de se capacitar o agente infiltrado para essas operações, afirmava que o artigo 2º da antiga Lei nº 9.034/1995, ao estabelecer que a infiltração deveria ser feita por meio de órgãos especializados, sinalizava a necessidade de a instituição policial possuir um setor responsável pela seleção e pelo treinamento e acompanhamento desses policiais.

A lição de Alberto Silva Franco, embora ministrada sob a égide da legislação passada, revela-se perfeitamente atual. Afinal, é preciso considerar que o desencadeamento de uma infiltração policial demanda, dentre outros aspectos operacionais, a formação e o treinamento dos agentes policiais que dela participarão.

Por isso, compete ao Estado, antes de proceder à infiltração, propiciar aos agentes policiais o conhecimento técnico imprescindível para o êxito da missão. O delegado de polícia, hierarquicamente responsável pela unidade de polícia judiciária, deve atentar para as características pessoais necessárias para o perfeito cumprimento da complexa tarefa, decidindo a respeito do servidor policial que reúna as melhores condições para a empreitada.

ESTRATÉGIAS DE INFILTRAÇÃO POLICIAL

Concluindo-se que a infiltração policial, apesar de naturalmente arriscada, não acarreta um perigo inaceitável e desproporcional para a vida (ou integridade física) do agente infiltrado, é preciso atentar para uma das ocasiões mais delicadas da operação, isto é, o exato instante em que o policial, uma vez infiltrado, travará o primeiro contato com os membros da organização criminosa. Para tanto, devem o delegado de polícia e a equipe envolvida discutir, no plano operacional, sobre as possíveis estratégias para que esse "primeiro encontro" possa dar certo.

Trata-se, conforme dito, de um momento pleno de riscos, posto que a confiança dos membros da organização ainda não foi conquistada, motivo pelo qual deverá merecer a atenção estratégica do delegado de polícia e da equipe envolvida. Não há padrões a serem previamente estabelecidos com o fim de tornar mais segura essa ocasião, tendo em vista a multiplicidade de variáveis a serem concretamente sopesadas. O certo é que essa estratégia deve ser prévia à operação de infiltração propriamente dita.

ESTRATÉGIAS DE PROTEÇÃO DA IDENTIDADE DO AGENTE INFILTRADO

O agente infiltrado não utilizará os seus dados pessoais, devendo ocultar a sua verdadeira identidade caso resolva participar da operação de infiltração policial.

A falsa identidade a ser fornecida ao agente infiltrado, nesse aspecto, envolve, num primeiro momento, a elaboração de documentos falsos. O artigo 14, inciso II, da Lei nº 12.850/2013, de maneira correta, não elenca expressamente os tipos de documentos passíveis de serem alterados, uma vez que cada operação demandará uma análise particular. No entanto, é possível afirmar que aqueles frequentemente utilizados no trato diário encontram-se abrangidos por essa norma jurídica, tais como a carteira de identidade, a CNH, o CPF e a carteira profissional. Dependendo dos contornos da investigação, nada obsta que se altere, por exemplo, o passaporte do agente infiltrado, cabendo ao juiz competente fixar, no mandado pertinente, os documentos que poderão ser falsificados para o fim de infiltração policial.

Entretanto, essa providência deve incluir, ainda, a inserção provisória de dados falsos nos respectivos sistemas de banco de dados da administração pública, sob pena de se comprometer a operação de infiltração policial.

Tudo isso em perfeita sintonia com a previsão legal existente no artigo 14, inciso II, da Lei nº 12.850/2013, segundo o qual constitui direito do agente ter a sua identidade alterada para usufruir de medidas de proteção a testemunhas (artigo 9º da Lei nº 9.807/1999, Lei de Proteção à Testemunha).

Nesse caso, não há que se cogitar de crimes previstos no Código Penal, tais como: falsificação de documento público (artigo 297); falsificação de documento particular (artigo 298), falsidade ideológica (artigo 299); falsa identidade (artigo 307); inserção de dados falsos em sistema de informações (artigo 313-A) ou qualquer outro relacionado à preservação da identidade do agente infiltrado, desde que guardada a devida proporcionalidade com os objetivos a serem alcançados.

CRIAÇÃO DE FALSA HISTÓRIA DE COBERTURA

A falsa identidade a ser legalmente atribuída ao agente infiltrado, bem como a respectiva inserção nos bancos de dados da administração pública, talvez não sejam suficientes para o sucesso da operação, posto ser de amplo conhecimento que todo ser humano, além de uma identidade, ostenta uma história de vida.

Assim, é imperioso criar-se uma nova "história de vida" (devidamente convincente, é claro) para o agente infiltrado, o qual deverá ser previamente treinado quanto ao que se pretende falsear. Há de se atentar, nesse contexto, para a natureza da tarefa de infiltração policial, bem como para as características inerentes à organização criminosa que se objetiva desmantelar.

Suporte tecnológico-operacional

Da mesma forma, para o mister operacional da infiltração policial, resta fundamental a disponibilização de um suporte tecnológico mínimo, tais como mecanismos que possibilitem a imediata comunicação entre o agente infiltrado e aquilo que denominamos de segmento externo da operação de infiltração, ou seja, a equipe que realizará o acompanhamento diuturno da tarefa. Como exemplos desses aportes tecnológicos, citamos o GPS, o telefone celular, os equipamentos de captação ambiental de sinais eletromagnéticos, ópticos ou acústicos etc.

Cabe ao Estado adotar as medidas tecnológicas necessárias para, principalmente, garantir a segurança do agente infiltrado. A captação ambiental de sinais eletromagnéticos, ópticos ou acústicos, devidamente autorizada, afigura-se, no caso, extremamente importante, tendo em vista que o segmento externo da operação poderá acompanhar o desenrolar interno da tarefa, podendo, assim, antecipar-se aos fatos.

Por exemplo, imaginemos que o chefe de determinado grupo criminoso confidencie aos demais membros da organização a sua desconfiança quanto à verdadeira identidade de um dos "integrantes" (na realidade, o agente infiltrado). Tendo em vista a existência de equipamento destinado à captação ambiental de sinais acústicos, esse relato é identificado pelo segmento externo da operação. Em casos assim, a operação deverá ser imediatamente sustada pelo delegado de polícia, dando-se posterior ciência ao Ministério Público e ao magistrado. Nesta hipótese, a manutenção do agente no âmbito da organização criminosa rebaixaria, indevida e perigosamente, o nível de segurança, razão pela qual a melhor decisão a ser tomada é no sentido da suspensão imediata da operação.

Estrutura operacional da infiltração policial

A estrutura operacional a ser conferida à infiltração policial deve envolver, pelo menos, os seguintes segmentos e equipes:

Segmento interno (ou infiltração policial imediata)

O segmento interno (ou infiltração policial imediata) é constituído diretamente pelo agente infiltrado. Ele deve ser devidamente capacitado, formado e treinado e deve receber os meios necessários para o perfeito cumprimento da missão.

Trata-se do segmento mais importante de uma operação de infiltração policial, tendo em vista a proximidade que será diretamente travada com o crime organizado. Por outro lado, constitui a tarefa mais arriscada, carecendo, portanto, receber a devida atenção por parte das autoridades envolvidas.

Segmento externo (ou infiltração policial mediata)

Alberto Silva Franco já atentava para a importância de se criar mecanismos voltados para o acompanhamento da medida de infiltração policial. Ele afirma que seria inútil o excelente desempenho obtido na missão se as informações colhidas não fossem imediatamente transmitidas à autoridade policial.

Nesse sentido, é fundamental que se crie um canal que possibilite a comunicação entre o agente infiltrado e os demais policiais envolvidos na operação, o que denominamos de segmento externo (ou infiltração policial mediata). Este setor congrega as equipes disponibilizadas pelo delegado de polícia para levar a efeito as diversas missões que circundam e dão apoio à infiltração policial imediata, a saber:

- Equipe de acompanhamento: responsável pelo acompanhamento diuturno da operação, bem como pela manutenção de contato permanente com o agente infiltrado, de modo a receber os relatórios das atividades previstos em lei, ou qualquer outro dado urgente e relevante, tais como provas já colhidas.

- Equipe de análise de dados: analisa, mais detidamente, os dados fornecidos pelo agente infiltrado, por meio de relatórios ou outra forma, dando-lhes o devido encaminhamento.

- Equipe de proteção e resgate: formada com o objetivo de garantir a proteção e o resgate imediato do agente infiltrado, caso se identifique iminente risco de vida, nos termos do artigo 12, parágrafo 3º, da Lei nº 12.850/2013. Para tanto, se necessário for, poderá o delegado de polícia solicitar, inclusive, apoio do serviço aeropolicial.

- Equipe de controle: estabelece mecanismos de controle sobre a operação propriamente dita, bem como quanto à atuação do agente infiltrado, ao qual jamais poderá ser conferida uma espécie de "carta branca" para o cometimento de infrações penais. Essa equipe, por conseguinte, controla a atuação direta do agente, objetivando impedir qualquer desvirtuamento da medida, alertando-o quanto à proporcionalidade que deverá pautar a sua atuação.

Obviamente, essa estrutura (equipes de acompanhamento, de análise de dados, de proteção e resgate e de controle) configura o mínimo necessário para se garantir algum suporte operacional à infiltração policial, podendo e devendo variar de acordo com a complexidade da missão.

Coordenação operacional

É inconteste que a coordenação da operação de infiltração policial deve ser atribuída ao delegado de polícia, conclusão que se extrai das previsões contidas no artigo 144, parágrafo 4º, da Constituição, bem como dos artigos 10, 11 e 12 da Lei nº 12.850/2013, os quais lhe conferem relevantes atribuições.

Cessação da operação de infiltração policial

O momento da cessação da operação de infiltração policial também é merecedor de profunda reflexão e atenção, tendo em vista que a saída do agente infiltrado do âmbito de uma organização criminosa não poderá ocorrer sem o devido planejamento operacional, o que se dá sempre com o propósito de resguardá-lo de eventuais represálias.

A Lei nº 12.850/2013 quase nada tratou a respeito da questão, mantendo, assim, o problema anterior, há muito sinalizado pela doutrina pátria.

Nos casos de menor complexidade, a retirada do agente infiltrado de um grupo criminoso poderá ocorrer através da simples desvinculação do policial. Mas essa medida também demandará providências destinadas à proteção da sua verdadeira identidade.

De acordo com a Lei nº 12.850/2013, é possível elencar algumas espécies de cessação da operação de infiltração policial: cessação voluntária, cessação urgente, cessação por quebra de sigilo, cessação por êxito operacional, cessação por expiração de prazo e cessação por atuação desproporcional.

Cessação voluntária

Nos termos do artigo 14, inciso I, da lei em questão, o agente poderá, a qualquer momento, fazer cessar a própria atuação infiltrada, independentemente de haver algum perigo iminente para sua vida. Embora a lei não tenha sido expressa, entendemos que, no presente caso, deverá o delegado de polícia dar imediata ciência ao Ministério Público e à autoridade judicial a respeito da interrupção da infiltração policial, registrando, no relatório circunstanciado a ser encaminhado, os motivos apontados pelo agente infiltrado para a tomada de tal decisão.

Empreendendo-se uma análise histórica a respeito da construção do artigo 14 da Lei nº 12.850/2013 pelo Congresso Nacional, cumpre registrar que o então senador Aloizio Mercadante, no relatório do Projeto de Lei do Senado (PLS) nº 150/2006, deixou patente que a decisão quanto à continuidade ou não da operação de infiltração policial deveria caber, em última análise, ao próprio agente infiltrado. Ninguém melhor do que o próprio agente para avaliar os riscos de continuar a ação, justamente por ser ele o responsável direto pela execução da medida.

Para o desembargador Guilherme Nucci, em livro já citado, a cessação da infiltração policial, pelo próprio agente, não pode ser encarada como um direito absoluto. Ele argumenta que interromper a ação poderia comprometer toda a operação, além de colocar em risco outros agentes. Nucci elenca alguns motivos que justificariam a cessação: o comprometimento da segurança do agente e de sua família ou algum problema inédito que não permita que ele permaneça em missão. Mesmo assim, ele propõe que tais motivos sejam averiguados no âmbito administrativo.

De fato, a decisão do policial de fazer cessar a infiltração não pode ser desarrazoada. É preciso que haja alguma justificativa plausível. Caso a suspensão tenha sido motivada por razões inescrupulosas (corrupção, por exemplo), o direito inscrito no artigo 14, inciso I, da Lei nº 12.850/2013, não afastará eventual responsabilidade penal que lhe poderá ser imputada.

Cessação urgente

Segundo o artigo 12, parágrafo 3º, da Lei nº 12.850/2013, havendo risco iminente para o agente infiltrado, a operação será sustada mediante requisição do Ministério Público ou pelo delegado de polícia, dando-se imediata ciência ao Ministério Público e à autoridade judicial.

Trata-se de providência legal que objetiva resguardar a vida e a integridade física do agente infiltrado, ocasião em que a cessação será caracterizada como urgente, acionando-se, se preciso for, a equipe de proteção e resgate.

De acordo com a referida regra jurídica, o delegado de polícia poderá determinar, de imediato e com a necessária urgência, a interrupção da tarefa de infiltração, comunicando posteriormente ao Ministério Público e ao magistrado.

Cessação por quebra de sigilo

Evidente que eventual quebra de sigilo quanto aos procedimentos inerentes à operação de infiltração deverá ensejar a imediata suspensão da medida em curso, invocando-se, para tanto, a regra do artigo 12, parágrafo 3º, da Lei nº 12.850/2013.

Na hipótese, a possibilidade de o agente infiltrado vir a ser descoberto torna-se ainda maior, rebaixando o nível aceitável de risco, razão pela qual a operação não poderá prosseguir.

Cessação por êxito operacional

Embora a lei analisada não tenha feito expressa referência à hipótese acima, há de se reconhecer, por absoluta coerência, que a obtenção de êxito durante a operação, ainda que antes do prazo máximo fixado na ordem judicial que a autorizou, deverá ocasionar a imediata cessação da infiltração policial.

Neste tipo de situação, nada mais justificaria a permanência do agente infiltrado no âmbito da organização criminosa, posto que já alcançado o objetivo traçado, obtendo-se pleno êxito operacional, tal como a identificação e prisão dos integrantes de uma determinada organização criminosa.

Cessação por expiração de prazo

Conforme preconiza o artigo 10, parágrafo 3º, da lei examinada, a infiltração policial poderá ser autorizada pelo prazo de até seis meses, podendo ser renovada caso seja necessário. Consequentemente, findo o prazo fixado pelo magistrado, a operação deverá cessar, o que também exigirá algum planejamento operacional por parte do delegado de polícia responsável pela investigação, de modo a preservar o sigilo quanto à identidade do agente.

Cessação por atuação desproporcional

O agente que não guardar, em sua atuação, a devida proporcionalidade com a finalidade da investigação responderá pelos excessos praticados, segundo o artigo 13, *caput*, da Lei nº 12.850/2013.

Por conseguinte, observa-se que o agente infiltrado não se desvincula do dever de pautar sua conduta de acordo com o princípio da proporcionalidade. Logo, eventual descumprimento da mencionada regra poderá dar ensejo à cessação da operação de infiltração policial.

Responsabilidade penal do agente infiltrado

O Congresso Nacional, ao contemplar o país com o marco regulatório da infiltração policial, atentou para a inevitável questão sobre a responsabilidade penal do agente envolvido na tarefa. Esta providência, a nosso ver, cumpre a importante função de reforçar, no policial infiltrado, o compromisso com uma investigação criminal alicerçada nos princípios inerentes a um Estado democrático de direito, sinalizando que não se tolerará qualquer desvio.

Nesse sentido, o artigo 13, *caput*, da Lei nº 12.850/2013 prevê um dispositivo normativo dedicado à questão. Nele se destaca que o infiltrado, quando de sua atuação, deverá guardar a devida proporcionalidade com a finalidade da investigação, sob pena de responder pelos excessos praticados. Além disso, o parágrafo único da mesma regra afirma não ser punível, no âmbito da infiltração, a prática de crime pelo agente infiltrado no curso da investigação, quando for inexigível uma conduta diversa por parte dele.

Com efeito, do artigo 13 da Lei nº 12.850/2013 é possível extrair três conclusões, a saber:

a) Em primeiro lugar, a regra em questão afirma a responsabilidade penal do agente por eventuais excessos cometidos durante a infiltração policial. Por conseguinte, para que isso não ocorra, a conduta do infiltrado deverá ser proporcional ao fim almejado. Assim, a nova lei demonstra quão importante será o princípio da proporcionalidade para efeito de aferição de eventual responsabilidade penal, coibindo, nesse sentido, a prática de excessos.

b) Em seguida, no parágrafo único, a norma declara *não ser punível, no âmbito da infiltração policial, a prática de crime pelo agente infiltrado no curso da investigação, quando lhe for inexigível* uma conduta diversa, ou seja, quando não lhe for possível agir conforme o Direito. Imaginemos, pois, o caso de um agente infiltrado que, estando sob a mira de uma arma de fogo, é moral e irresistivelmente coagido pelo chefe da organização criminosa a matar um dos integrantes do grupo rival.

c) Por fim, a partir de uma interpretação lógico-racional, a lei sinaliza ser punível, no âmbito da infiltração policial, a prática de crime pelo agente infiltrado no curso da investigação quando se exigir uma conduta diversa por parte dele. Desse modo, o artigo 13, parágrafo único, parte final, da

Lei nº 12.850/2013, evidencia que o agente infiltrado, em algumas ocasiões, mesmo atuando nessa condição, deverá agir conforme o Direito, sob pena de ser criminalmente responsabilizado. O que significa que o legislador não conferiu ao agente infiltrado uma "carta branca" para cometer crimes.

Agente infiltrado *versus* agente provocador

Há casos em que o agente infiltrado, integrando-se na organização criminosa, passa a atuar como incentivador de ações ou omissões delituosas, atuando, então, como verdadeiro *agente provocador*, figura jurídica não admitida pelo Direito brasileiro.

A respeito da responsabilidade penal do agente infiltrado que passa a atuar como provocador, Paula Andrea Ramírez Barbosa, no livro *Crime organizado – tipicidade, política criminal e processo: Brasil, Espanha e Colômbia*, afirma que o agente provocador é considerado um indutor, ou seja, aquele que, ao mesmo tempo em que influencia no cometimento do delito, adota as precauções necessárias para surpreender e prender os criminosos por ele induzidos.

Como exemplo, pode-se citar o caso do policial que, infiltrado numa organização criminosa dedicada ao tráfico internacional de drogas, passa a induzir os criminosos do mesmo grupo a diversificarem os seus negócios ilícitos, neles despertando o interesse pelo rentável tráfico internacional de armas de fogo.

Verifica-se que o agente infiltra-se numa realidade em curso, ou seja, na organização criminosa que se dedicava à traficância de drogas. Portanto, quanto ao crime de tráfico ilícito de drogas, a infiltração policial não gerou qualquer vontade delituosa nos verdadeiros integrantes, não havendo que se falar, portanto, em provocação.

Não obstante, haverá, nesse contexto, provocação quanto ao crime do Estatuto do Desarmamento (tráfico internacional de arma de fogo, artigo 18 da Lei nº 10.826/2003), uma vez que o policial infiltrado, atuando agora como agente provocador, efetivamente induziu os membros daquela organização criminosa a uma nova empreitada, tomando, de antemão, as medidas necessárias para surpreendê-los em flagrante delito.

Há, portanto, duas situações distintas: na primeira hipótese, referente ao tráfico ilícito de drogas, não houve qualquer provocação por parte do agente infiltrado; por consequência, nenhuma responsabilidade penal pairará sobre ele. No segundo momento, ao induzir os criminosos a investirem numa nova modalidade delituosa, houve sim efetiva provocação, o que poderá acarretar a ilicitude da prova colhida, bem como eventual responsabilidade penal para o agente infiltrado.

14

O CONCEITO LEGAL DE ORGANIZAÇÃO CRIMINOSA

CONVÉM ESCLARECER QUE, MUITO EMBORA A ementa da Lei n° 9.034/1995 afirmasse expressamente que o seu objetivo era dispor sobre a utilização de meios operacionais para a prevenção e repressão de ações praticadas por *organizações criminosas*, o seu artigo 1° incompreensivelmente previa que a lei definia e regulava os procedimentos investigatórios e meios de prova relativos ao crime resultante de ações de *quadrilha* ou *bando*. Havia, portanto, um descompasso inexplicável entre o que dizia a ementa da Lei n° 9.034/1995 (que mencionava a expressão *organização criminosa*) e o seu artigo 1° (que citava a terminologia *quadrilha ou bando*).

Entretanto, em 2001, a Lei n° 9.034/1995 foi alterada pela Lei n° 10.217, passando o mesmo artigo 1° a prever a seguinte redação: "Esta Lei define e regula meios de prova e procedimentos investigatórios que versem sobre ilícitos decorrentes de ações praticadas por quadrilha ou bando ou organizações ou associações criminosas de qualquer tipo."

Como se vê, o marco legal de 2001 fez referência aos termos e às expressões *quadrilha*, *bando*, *organização criminosa* e *associação criminosa*, sem, mais uma vez, definir o que se entendia por elas, em especial por *organização criminosa*.

Guilherme Nucci, em seu livro *Organização criminosa: comentários à lei 12.850*, explica que o conceito de organização criminosa é controverso, complexo e difícil de ser colocado em uma definição abrangente.

De fato, a doutrina realmente não é pacífica quanto à definição de organização criminosa, sendo certo que os autores que se dedicam ao estudo do fenômeno em questão apontam-lhe diversos dados característicos. O cientista político Guaracy Mingardi, no artigo "O Estado e o crime organizado", ao discorrer sobre o assunto, elenca alguns aspectos distintivos que, a seu ver, podem ser atribuídos às organizações criminosas: finalidade lucrativa, estrutura hierárquica, divisão de tarefas, vínculo com instituições estatais, planejamento das atividades delituosas e delimitação da área de atuação.

Por sua vez, o magistrado Fausto Martins de Sanctis, no livro *Crime organizado e lavagem de dinheiro*, afirma que o crime organizado envolve uma estrutura profissionalizada e complexa. Ele aponta que esse fenômeno se caracteriza por um determinado *modus operandi*: a utilização de métodos sofisticados, a ausência de vítimas individuais, a divisão de tarefas, a existência de uma simbiose com o Poder Público e o alto poder de intimidação, gerando um clima de medo e apelando para a violência.

De sua parte, Alessandra Greco e João Daniel Rassi, no artigo "Crime organizado transnacional e o tráfico internacional de pessoas no Direito brasileiro", explicam que o conceito de crime organizado deve ser fluido, como é o modo de ser de uma *societas sceleris*.

Marcelo Mendroni, em livro já citado, reconhecendo a dificuldade pertinente a essa conceituação, alega que não é possível definir com precisão o que é uma organização criminosa apenas por meio de exemplos de condutas criminosas e conceitos estritos. Mendroni argumenta que esse conceito não pode ficar circunscrito a uma ou outra infração penal, tendo em vista que as organizações criminosas possuem um grande poder variante.

Com efeito, a multiplicidade de posições sobre tão complexo tema, por si só, já era fator de insegurança jurídica, demandando, assim, uma posição do Parlamento brasileiro, a quem compete legislar sobre a matéria.

Entretanto, a inércia do legislador permitia a continuidade da confusão terminológica, o que fez com que parte da doutrina e da jurisprudência entendesse possível suprir essa lacuna por meio de uma definição obtida junto à Convenção das Nações Unidas contra o Crime Organizado Transnacional, a Convenção de Palermo, de 15 de novembro de 2000, cujo artigo 2, alínea *a*, define a expressão *grupo criminoso organizado*: "grupo estruturado de três ou mais pessoas, existente há algum tempo e atuando concertadamente com o propósito de cometer uma ou mais infrações graves ou enunciadas na presente Convenção, com a intenção de obter, direta ou indiretamente, um benefício econômico ou outro benefício material [...]".

A propósito, cumpre lembrar que o Superior Tribunal de Justiça (STJ), em reiterados julgados, decidiu exatamente com base na definição contida no artigo 2, alínea *a*, da Convenção de Palermo.

Da mesma forma, o próprio Conselho Nacional de Justiça (CNJ), atento à problemática decorrente da ausência legal desse conceito, também recorreu à definição prevista na dita Convenção Internacional, conforme se infere do texto da Recomendação nº 3/2006:

> 1. Ao Conselho da Justiça Federal e aos Tribunais Regionais Federais, no que respeita ao Sistema Judiciário Federal, bem como aos Tribunais de Justiça dos Estados, a especialização de varas criminais, com competência exclusiva ou concorrente, para processar e julgar delitos praticados por organizações criminosas.
> 2. Para os fins desta recomendação, sugere-se:
> *a)* a adoção do conceito de crime organizado estabelecido na Convenção das Nações Unidas sobre Crime Organizado Transnacional, de 15 de novembro de 2000 (Convenção de Palermo), aprovada pelo decreto legislativo nº 231, de 29 de maio de 2003 e promulgada pelo decreto nº 5.015, de 12 de março de 2004, ou seja, considerando o "grupo criminoso organizado" aquele estruturado, de 3 (três) ou mais pessoas, existente há algum tempo e atuando concertadamente com o propósito de cometer uma ou mais infrações graves ou enunciadas na Convenção das Nações Unidas sobre Crime Organizado Transnacional, com a intenção de obter, direta ou indiretamente, um benefício econômico ou outro benefício material. [...].

Essa carência de definição no Direito pátrio (e consequente utilização da Convenção de Palermo) inspirou a edição da Lei nº 12.850/2013, a nova Lei das Organizações Criminosas, cujo artigo 1º, parágrafo 1º, prevê o seguinte: "Considera-se organização criminosa a associação de 4 (quatro) ou mais pessoas estruturalmente ordenada e caracterizada pela divisão de tarefas, ainda que informalmente, com objetivo de obter, direta ou indiretamente, vantagem de qualquer natureza, mediante a prática de infrações penais cujas penas máximas sejam superiores a 4 (quatro) anos, ou que sejam de caráter transnacional."

Discorrendo sobre essa definição legal, o magistrado Gilson Dipp, no texto A *delação ou colaboração premiada: uma análise do instituto pela interpretação da lei*, assevera que uma organização criminosa se caracteriza por ser uma instituição orgânica, formal ou informal, de atuação desviada e de grande aparato operacional. Mas que sempre tem objetivos clandestinos e ilícitos. A organização pode, inclusive, exercer atividades lícitas com objetivos ilícitos.

Gilson Dipp aponta outras características inerentes ao mesmo fenômeno. O fundamental é que ele seja o resultado de uma *afinidade associativa* entre pessoas. A simples palavra *associação* indica propósitos comuns, embora as motivações possam ser distintas e as justificativas individuais. O que importa é que são pessoas com intenção ou vontade comum. Mesmo que as quatro ou mais pessoas que formam a associação tenham papéis diferentes dentro da estrutura, elas, efetivamente, têm um propósito único. Uma organização criminosa é também uma estrutura ordenada pela divisão de tarefas, que podem ser distribuídas horizontal ou verticalmente, de forma direta ou indireta. Mesmo apresentando direção, concepção e execução irregulares, ela ainda pode ter uma estrutura racional e funcional. A finalidade das organizações criminosas é a obtenção de vantagens, que podem ser tanto pecuniárias como materiais, em benefícios ou créditos, em facilidades ou oportunidades que possam ser convertidas em valor monetário. Por fim, as ações perpetradas por essas organizações devem constituir infrações penais punidas com pena máxima superior a quatro anos, ou que sejam de caráter transnacional.

> A lei incluiu nesse regime também o crime de *caráter transnacional*, independente da pena imponível, fazendo-o suscetível de caracterização como daqueles que são abrangidos pelo conceito de organização criminosa, de tal modo que esta poderá ser identificada penalmente quando se dedica a essa modalidade de crime. A lei não o define, mas resulta lógico de sua designação e compreensão que seja realizado ou consumado em *mais de um país*, ou valendo-se lá fora de modo lícito ou ilícito de facilidades oferecidas por diferentes sistemas financeiros ou políticos, em prejuízo dos interesses nacionais do Brasil ou com resultados no país.[1]

Da mesma forma, Guilherme Nucci, no artigo "Organização criminosa: aspectos legais relevantes", ao desdobrar o conceito trazido pelo artigo 1º, parágrafo 1º, da Lei nº 12.850/2013, comenta alguns elementos conceituais. Nucci entende que o número (no caso, *quatro* ou mais) de pessoas necessárias para constituir uma organização criminosa é fruto de política criminal. Para ele, não é impossível que *duas* pessoas se organizem e dividam tarefas com um objetivo ilícito comum. Ele cita, por exemplo, a Lei nº 11.343/2006 (Lei de Drogas), cujo artigo 35 prevê, como crime, a associação de *duas* ou mais pessoas para o fim de praticar, reiteradamente ou não, qualquer dos crimes previstos nos arts. 33, *caput* e parágrafo 1º, e 34 desta lei. Nucci observa uma falta de uniformidade entre as leis: a Lei de Drogas estabelece o número mínimo de *duas* pessoas para a configuração de uma associação criminosa destinada ao tráfico ilícito de drogas (artigo 35); por sua vez, o crime de associação criminosa previsto no artigo 288 do Código Penal requer *três* ou mais pessoas; finalmente, para configurar uma organização criminosa, o artigo 1º, parágrafo 1º, da Lei nº 12.850/2013 exige *quatro* ou mais pessoas.

Outras especificidades relativas ao conceito de organização criminosa também são destacadas por Nucci: a) ser estruturalmente organizada, com hierarquia de superiores e subordinados para permitir uma ascensão interna; b) ter uma boa divisão de tarefas, que não precisa ser formal, mas que deve obedecer a uma certa organização para que cada um responda por seu posto e tenha uma atribuição determinada; c) buscar a obtenção de vantagem de qualquer natureza, ganho lucro ou proveito de preferência de cunho econômico; d) praticar infrações penais cujas penas máximas sejam superiores a quatro anos; e) praticar infrações penais de caráter transnacional, sejam elas crime ou contravenção penal, caso transponham as fronteiras do Brasil.

Em síntese, com o advento da Lei nº 12.850/2013, o conceito de organização criminosa, no plano legal, apresenta os seguintes aspectos gerais:

- Associação de quatro ou mais pessoas.
- Estrutura organizacional ordenada, apresentando, assim, alguma hierarquia, algum escalonamento vertical.
- Divisão de tarefas, ainda que informalmente.
- Objetivo de alcançar vantagem de qualquer natureza (econômica ou não; direta ou indiretamente).

- Mediante o cometimento de infrações penais (crimes ou contravenções penais) cujas penas máximas sejam superiores a quatro anos.
- Mediante o cometimento de infrações penais (independentemente da pena máxima cominada) de caráter transnacional, ou seja, que transpõem os limites das fronteiras do país.

Em tom conclusivo, os motivos pelos quais o legislador insistia em não nortear a definição de organização criminosa sempre foram difíceis de compreender. Esta omissão legislativa gerava insegurança jurídica, notadamente se considerarmos que essa expressão, desde muito tempo, encontrava-se prevista em algumas passagens do ordenamento jurídico nacional, sem que ela recebesse, naquela ocasião (em especial durante a vigência da Lei nº 9.034/1995), o devido marco legal orientador, problema que possibilitava interpretações doutrinárias díspares e contraditórias.

Malgrado a complexidade da conceituação relativa à expressão *organização criminosa*, é preciso reconhecer que era mesmo fundamental que o legislador estabelecesse, no plano legal, as balizas a serem seguidas pelos operadores do Direito. Principalmente se considerarmos que o assunto em questão guarda estreita relação com o direito de punir do Estado e, por conseguinte, com o sagrado *status libertatis* do indivíduo.

15

As convenções de Palermo e de Mérida e a
legislação brasileira de combate à criminalidade
organizada e à corrupção: análise comparativa

O EXTRAORDINÁRIO PODER QUE AS DIVERSAS organizações criminosas (do Brasil e do estrangeiro) possuem demanda uma ampla conjugação de esforços não apenas entre as instituições nacionais (direta ou indiretamente) envolvidas no combate à criminalidade organizada, mas também entre os Estados que integram a comunidade internacional.

Nessa linha de raciocínio, em 12 de março de 2004, por meio do Decreto nº 5.015, promulgou-se a Convenção das Nações Unidas contra o Crime Organizado Transnacional (Convenção de Palermo, adotada em Nova York, em 15 de novembro de 2000), texto internacional cujo objetivo, segundo o seu artigo 1º, é "promover a cooperação para prevenir e combater mais eficazmente a criminalidade organizada transnacional". Nos termos desta Convenção, cada um dos Estados Partes deverá tomar medidas eficazes, de ordem legislativa, administrativa ou de outra natureza, tomando como base o próprio ordenamento jurídico, para, por exemplo, detectar, prevenir e punir a corrupção de agentes públicos.

No que se refere à criminalização de condutas, os Estados Partes comprometeram-se a definir, como infração penal, uma série de comportamentos configuradores de corrupção, muitos dos quais, inclusive, já se encontram tipificados na legislação penal brasileira. Por exemplo, a criminalização da participação em organização criminosa, uma providência que o artigo 5º da Convenção de Palermo determinou que fosse cumprida no plano nacional. Atendendo a essa exigência, o artigo 2º da Lei nº 12.850/2013 prevê como crime a conduta daquele que promove, constitui, financia ou integra, pessoalmente ou por interposta pessoa, organização criminosa, fixando, para tais ações criminosas, uma pena de reclusão de três a oito anos, além da multa e das penas correspondentes às demais infrações penais praticadas.

No mesmo contexto, o artigo 6º da Convenção de Palermo exigiu que fossem tomadas medidas legislativas necessárias para caracterizar como infração penal a denominada *lavagem de capitais*. Cabe registrar que este crime constitui um dos muitos "dentes da engrenagem corrupta", razão pela qual precisa ser combatido com muito rigor e eficiência, de modo a atacar o núcleo financeiro das organizações criminosas. Em linhas gerais, conforme previsto no artigo 1º da Lei nº 9.613/1998, a lavagem de capitais consiste em "ocultar ou dissimular a natureza, origem, localização, disposição, movimentação ou propriedade de bens, direitos ou valores provenientes, direta ou indiretamente, de infração penal".

Do mesmo modo, a Convenção de Palermo (artigo 23) exigiu a criminalização de condutas destinadas à obstrução da justiça, tal como o "recurso à força física, a ameaças ou a intimidação, ou a promessa, oferta ou concessão de um benefício indevido para obtenção de um falso testemunho ou para impedir um testemunho ou a apresentação de elementos de prova num processo relacionado com a prática de infrações previstas na presente convenção". Quanto a esse compromisso internacional, o Código Penal brasileiro estabelece como crime a chamada coação no curso do processo (artigo 344). Por meio deste dispositivo penal, pune-se, com uma pena de reclusão de um a quatro anos, além da multa e da pena correspondente à violência, aquele que usa de violência ou grave ameaça, com o fim de favorecer interesse próprio ou alheio, contra autoridade, parte ou qualquer outra pessoa que funciona ou é chamada a intervir em processo judicial, procedimento policial ou administrativo, ou em juízo arbitral. Ainda com a finalidade de coibir a obstrução da justiça, o Código Penal também incrimina a corrupção de testemunha (artigo 343). Este delito, punido com pena de reclusão de três a quatro anos, além da multa, consiste em "oferecer ou prometer dinheiro ou qualquer outra vantagem a testemunha, perito, contador, tradutor ou intérprete, para fazer afirmação falsa, negar ou calar a verdade em depoimento, perícia, cálculos, tradução ou interpretação".

O artigo 24 da Convenção de Palermo considera relevante que cada Estado Parte adote medidas destinadas a assegurar "uma proteção eficaz contra eventuais atos de represália ou de intimidação das testemunhas". Esse compromisso, de certa forma, é atendido pela Lei nº 9.807/1999 (Lei de Proteção às Testemunhas). Pelo menos no plano formal, essa importante lei prevê diversas medidas de proteção que podem ser requeridas por vítimas ou por testemunhas de crimes que estejam coagidas ou expostas a grave ameaça em razão de colaborarem com a investigação ou processo criminal. Conforme o artigo 7º da Lei nº 9.807/1999, essas medidas, aplicáveis isolada ou cumulativamente em benefício da pessoa protegida, segundo a gravidade e as circunstâncias de cada caso, incluem: segurança na residência; escolta e segurança nos deslocamentos da residência, inclusive para fins de trabalho ou para a prestação de depoimentos; transferência de residência ou acomodação provisória em local compatível com a proteção; preservação da identidade, imagem e dados pessoais; ajuda financeira mensal para prover as despesas necessárias à subsistência individual ou familiar, no caso de a pessoa protegida estar impossibilitada de desenvolver trabalho regular ou de inexistência de qualquer fonte de renda; suspensão temporária das atividades funcionais, sem prejuízo dos respectivos vencimentos ou vantagens, quando servidor público ou militar; apoio e assistência social, médica e psicológica; sigilo em relação aos atos praticados em virtude da proteção concedida; apoio do órgão executor do programa para o cumprimento de obrigações civis e administrativas que exijam o comparecimento pessoal.

O artigo 27 da Convenção de Palermo, por considerar que uma integração entre as diversas autoridades encarregadas do combate ao crime organizado é extremamente relevante, determina que os Estados Partes criem canais de comunicação entre elas e os organismos e serviços competentes. O objetivo é facilitar uma rápida e segura troca de informações entre os envolvidos. Para tanto, recentemente o Brasil editou a Lei nº 13.675/2018, texto normativo que institui o Sistema Único de Segurança Pública (Susp) e cria a Política Nacional de Segurança Pública e Defesa Social (PNSPDS). A finalidade legal é preservar a ordem pública e a incolumidade das pessoas e do patrimônio, por meio de atuação conjunta, coordenada, sistêmica e integrada dos órgãos de segurança pública e defesa social das esferas federal, estadual, distrital e municipal, tudo em articulação com a sociedade. De fato, o atual nível da criminalidade organizada demanda uma ampla conjugação de esforços entre os envolvidos na tarefa de combatê-la.

No que diz respeito às técnicas especiais de investigação, a Convenção de Palermo, em seu artigo 20, menciona a possibilidade de serem empregados meios como a vigilância eletrônica e as operações de infiltração. Em harmonia com esta Convenção, o Estado brasileiro, através do artigo 3º da Lei nº 12.850/2013 (Lei das Organizações Criminosas), elenca um amplo conjunto de técnicas de investigação destinadas, sobretudo, ao combate à corrupção: colaboração premiada; captação ambiental de sinais eletromagnéticos, ópticos ou acústicos; ação controlada; acesso a registros de ligações telefônicas e telemáticas, a dados cadastrais constantes de bancos de dados públicos ou privados e a informações eleitorais ou comerciais; interceptação de comunicações telefônicas e telemáticas; afastamento dos sigilos financeiro, bancário e fiscal; infiltração, por policiais, em atividade de investigação.

Por identificar a profunda relação que há entre o crime organizado e a corrupção, editou-se também, por meio do Decreto nº 5.687, de 31 de janeiro de 2006, a Convenção das Nações Unidas contra a Corrupção (Convenção de Mérida), adotada pela Assembleia Geral das Nações Unidas em 31 de outubro de 2003, e assinada pelo Brasil em 9 de dezembro do mesmo ano. Ressalte-se que, antes do ato promulgador de 2006, o Congresso Nacional, através do Decreto Legislativo nº 348, de 18 de maio de 2005, havia aprovado a norma internacional em questão. Em seguida, em 15 de junho de 2005, o Governo brasileiro a ratificou e o início de vigência deu-se em 14 de dezembro de 2005, tanto no plano internacional como no nacional.

Da análise da Convenção de Mérida, notadamente de seu preâmbulo, nota-se que os Estados Partes, ao pactuarem o que nela ficou consubstanciado, expressamente demonstram uma preocupação com as "ameaças decorrentes da corrupção para a estabilidade e a segurança das sociedades", principalmente porque esse fenômeno tem o poder de "enfraquecer as instituições e os valores da democracia, da ética e da justiça", além de "comprometer o desenvolvimento sustentável e o Estado de direito". Ainda no trecho preambular da Convenção de Mérida, há clara referência, em tom aflitivo, quanto aos vínculos existentes entre a corrupção e as várias outras formas de delinquência, destacando-se a relação entre o *crime organizado* e a *corrupção econômica*, inclusive a *lavagem de dinheiro*.

Antecipando o contexto nacional que posteriormente seria vivenciado pelo Estado e pela sociedade brasileira, notadamente a partir do que se descobriu em virtude da operação Lava Jato, os Estados Partes da Convenção de Mérida revelaram também uma inquietação que certamente não é desconhecida da imensa maioria da população brasileira, a saber: a corrupção compromete uma proporção importante dos recursos dos Estados, ameaçando a estabilidade política e o desenvolvimento sustentável dos países.

Tomando como parâmetro o cenário brasileiro, em especial toda a imundície que veio à tona a partir da operação Lava Jato, pode-se afirmar, com absoluta tranquilidade, quão justificáveis são as referidas apreensões externadas pelos Estados Partes na redação inaugural da Convenção de Mérida. Isso mostra que eles estão absolutamente convencidos de que a corrupção cruzou fronteiras, transformando-se em um fenômeno não mais local, mas transnacional, afetando todas as economias e sociedades. Esta é a razão pela qual a celebração de acordos internacionais passou a ser imprescindível para prevenir e lutar contra esse mal.

Com efeito, a Convenção de Mérida traduz uma providência fundamental para que os Estados estejam em melhores condições de "combater eficazmente a corrupção, fortalecendo suas capacidades e criando instituições", especialmente pelo fato de a prevenção e a erradicação da corrupção serem responsabilidades comuns a todos os Estados.

Nesse sentido, a Convenção de Mérida, nos termos de seu artigo 1º, elenca, como finalidades a serem alcançadas, as seguintes: a) promover e fortalecer as medidas para prevenir e combater mais eficaz e eficientemente a corrupção; b) promover, facilitar e apoiar a cooperação internacional e a assistência técnica na prevenção e na luta contra a corrupção, incluída a recuperação de ativos; e c) promover a integridade, a obrigação de render contas e a devida gestão dos assuntos e dos bens públicos.

Em termos gerais, a Convenção de Mérida estabelece quatro eixos temáticos considerados essenciais em todo e qualquer contexto de combate a esse pernicioso mal: prevenção (capítulo II, artigos 5º a 14), tipificação penal de condutas que traduzem corrupção e o respectivo processo penal (capítulo III, artigos 15 a 42), cooperação internacional (capítulo IV, artigos 43 a 50) e recuperação de ativos (capítulo V, artigos 51 a 59).

Nos artigos 5º e 6º, por exemplo, a Convenção de Mérida demonstra a importância de os Estados estabelecerem, no plano doméstico, um rol de políticas de prevenção desse grave problema, fomentando "práticas eficazes encaminhadas a prevenir a corrupção". Para tanto, devem criar órgãos dotados de independência, justamente "para que possam desempenhar suas funções de maneira eficaz e sem nenhuma influência indevida", proporcionando-lhes, ainda, os recursos materiais e o pessoal especializado necessários. Quanto a isso, diante do que se revelou nos últimos anos, sobretudo a partir da operação Lava Jato, é possível afirmar que o Brasil, não obstante a existência de diversas instituições nacionais destinadas à prevenção/repressão da corrupção, ainda precisa aprimorar as correspondentes estratégias e políticas do setor, ampliando, assim, o conjunto de ações de auditoria e apuração de fraudes e desvios de recursos públicos.

Tendo em vista a incorporação das Convenções de Palermo e de Mérida ao Direito brasileiro — mormente se considerarmos que todas as etapas da sistemática constitucional destinada à recepção de tratados, pactos, acordos e convenções internacionais foram cumpridas —, e a partir da análise comparativa demonstrada, é possível afirmar que, em seus aspectos fundamentais, as principais regras previstas em ambos os textos internacionais sobre o combate ao crime organizado e à corrupção encontram-se, pelo menos sob o prisma legislativo, devidamente previstos na legislação brasileira.

Notas

PARTE I – SEGURANÇA PÚBLICA

Capítulo 1: A dificuldade de se construir uma autêntica democracia no Brasil

[1] Celso de Mello Franco, *Porre de democracia*, p. 15.

Capítulo 2: O sistema prisional brasileiro

[1] Tatiana Santiago, "Ministro da justiça diz que 'preferia morrer' a ficar preso por anos no país", *Portal G1*, 13 nov. 2012.

Capítulo 3: Pelo aprimoramento do sistema de segurança pública: o resgate do prestígio das forças policiais

[1] Rafael Soares, "MP pode acusar moradores que fecharam ruas de crime de milícia", *O Globo*, 26 dez. 2017, p. 10.
[2] "Ponto final", *O Globo*, 23 mar. 2018, p. 23.

Capítulo 4: Por um adequado financiamento da segurança pública

[1] Marlon Alberto Weichert, "Violência sistemática e perseguição social no Brasil". *Revista Brasileira de Segurança Pública*, São Paulo, v. 11, n. 2, pp. 106-128, ago./set. 2017.

² Vera Araújo, "Convênios para cessão de policiais deram fôlego à PM", *O Globo*, 15 abr. 2018, p. 15.

Capítulo 5: A polícia que morre e a polícia que mata

¹ Giselle Ouchana, "Estacionamento da UPP da Rocinha vira 'cemitério' de motos e carros da PM", *O Globo*, 19 set. 2017, p. 1.
² Denis Lerrer Rosenfield, "Onda retrógrada", *O Globo*, 27 nov. 2017, p. 12.

Capítulo 7: Insegurança jurídica e insegurança pública

¹ Carlos Alberto Sardenberg, "Juízes fora da lei", *O Globo*, 26 out. 2017, p. 20.

Capítulo 10: A ditadura do crime e a gratuidade da violência

¹ Viviane Mosé, "Vivemos a exaustão humana", *O Globo*, 16 nov. 2017, p. 8.
² "Medida necessária", *O Globo*, 5 mar. 2018, p. 10.
³ Julio Jacobo Waiselfisz, *Mapa da violência 2012 — Os novos padrões da violência homicida no Brasil*, São Paulo: Instituto Sangari, 2011, p. 237.

Capítulo 12: Por uma maior participação da União Federal no sistema de segurança pública do Brasil

¹ Sérgio Adorno, "Insegurança versus direitos humanos: entre a lei e a ordem", *Tempo Social*, v. 11, n. 2, out. 1999, pp. 129-153.
²Merval Pereira,"(In)Segurança pública", *O Globo*, 6 jan. 2018, p. 4.
³ Raul Jungmann, "Vigilância continental: América do Sul é uma das regiões mais violentas do mundo", *O Globo*, 16 nov. 2017, p. 15.

Capítulo 13: As Forças Armadas, a garantia da lei e da ordem e a intervenção federal

¹ Dalton Moreira, "Constituinte mantém atribuições das Forças Armadas", *Folha de São Paulo*, São Paulo, 13 abr. 1988, p. 6.
² Fernando Henrique Cardoso, "Chegou a hora", *Estado de S. Paulo*, 1 fev. 2015.
³ Somaine Cerruti, "Medida necessária", *O Globo*, 15 abr. 2018, p. 21.
⁴ Richard Fernandez Nunes, *Revista Época*, 5 mar. 2018, p. 20.

Capítulo 15: A inércia estatal e o perigoso avanço das milícias

[1] Giovanni Falcone, *Coisas da cosa nostra: a máfia vista por seu pior inimigo*, Rio de Janeiro, Rocco, 2012, pp. 31-32.
[2] Vera Araújo, "Associação explosiva", *O Globo*, 28 jan. 2018, p. 12.

Capítulo 17: Insegurança pública, fobia social, crueldade humana e risco de autoritarismo

[1] Celi Scalon, "Justiça como Igualdade? A percepção da elite e o povo brasileiro", *Sociologias*, Porto Alegre, ano 9, n. 18, pp. 126-149, jun./dez. 2007.
[2] Lu Lacerda, "Uma cidade sob o terror", *O Globo*, 1 fev. 2018, p. 15.
[3] Ibidem.
[4] Rubens Penha Cysne, "Polícias mundiais e crimes locais", *O Globo*, 29 mar. 2018, p. 18.

Capítulo 18: Negação ao direito de autodefesa: a lógica elitista de um Estatuto do Desarmamento

[1] Flávio Bolsonaro, Temas em discussão, "Uma escolha pela vida", *O Globo*, 20 nov. 2017, p. 10.

Capítulo 19: Segurança pública e desenvolvimento econômico

[1] Reis Friede, fragmento da palestra *Democracia e regime democrático*, ministrada na Escola Naval, Rio de Janeiro, 22 mar. 2017.

Capítulo 20: As consequências da insegurança pública e da desordem para a economia

[1] Glauce Cavalcanti e Bruno Rosa, "Novo código de conduta", *O Globo*, 11 mar. 2018, p. 27

PARTE II – CORRUPÇÃO

Capítulo 1: Raízes coloniais da corrupção no Brasil

[1] Marco Antônio Villa, "O idealismo da Constituição", *O Globo*, 10 jan. 2017.

CAPÍTULO 4: AGIGANTAMENTO DO ESTADO E CORRUPÇÃO

[1] Ana Maria Machado, "Do Estado magnânimo ao nosso desânimo", *O Globo*, 25 nov. 2017, p. 20.

CAPÍTULO 5: CORRUPÇÃO E CRESCIMENTO SOCIOECONÔMICO

[1] Ney Marino Monteiro, "Anos de Chumbo", *Revista do Clube Naval*, n. 382, abr./jun. 2017, p. 31.

CAPÍTULO 6: A CORRUPÇÃO PRETÉRITA E DA ERA PT: UM QUADRO COMPARATIVO

[1] Miriam Leitão, "O dia que inventou a noite", *O Globo*, Rio de Janeiro, p. 22, 31 mar. 2018.

CAPÍTULO 8: A CORRUPÇÃO COMO FENÔMENO MUNDIAL

[1] Bernado Mello Franco, "Produção de armas é a vaca sagrada da Suécia", *O Globo*, 2 nov. 2017, p. 2.

CAPÍTULO 14: O CONCEITO LEGAL DE ORGANIZAÇÃO CRIMINOSA

[1] Gilson, Dipp, *A delação ou colaboração premiada: uma análise do instituto pela interpretação da lei*, Brasília, IDP, 2015, p. 11-13.

Referências bibliográficas

A CRUEL realidade dos cariocas. *O Globo*, Rio de Janeiro, p. 7, 7 fev. 2018. Disponível em: <https://oglobo.globo.com/rio/a-cruel-realidade-dos-cariocas-duas-criancas-sao-mortas-vias-expressas-fechadas-22373256>. Acesso em: 13 set. 2019.

A SÍRIA dos trópicos I. *O Globo*, Rio de Janeiro, p. 10, 2 fev. 2018.

A SÍRIA dos trópicos. *O Globo*, Rio de Janeiro, p. 10, 2 fev. 2018.

ABOU-ALSAMH, Rasheed. "O lado sombrio da China". *O Globo*, Rio de janeiro, 27 out. 2017.

_____. "Sauditas surpresos com campanha anticorrupção". *O Globo*, Rio de Janeiro, p. 18, 10 nov. 2017.

ADORNO, Sérgio. "Insegurança versus direitos humanos: entre a lei e a ordem". *Tempo Social*, São Paulo, v. 11, n. 2, pp.129-153.

ALFANO, Bruno. "Defesa – Intervenção terá apoio jurídico". *O Globo*, Rio de Janeiro, p. 8, 3 mar. 2018.

ALVAREZ, Marcos Cesar; SALLA, Fernando & SOUZA, Luís Antônio F. "Políticas de segurança pública em São Paulo: uma perspectiva histórica". São Paulo: *Núcleo de Estudos da Violência*, s. d. Mimeografado.

AMARAL, Carlos A. "Dos Leitores: Intervenção Federal". *O Globo*, Rio de janeiro, p. 13, 28 fev. 2018.

ARAÚJO, Adriano. "Suspeito de roubo é amarrado a poste e agredido na Ilha". *O Dia*, Rio de Janeiro, 2 dez. 2017. Disponível em: <http://odia.ig.com.br/rio-de-janeiro/2017-12-02/suspeito-de-roubo-e-amarrado-a-poste-e-agredido-na-ilha.html>. Acesso em: 13 set. 2019.

ARAÚJO, Vera. "Traficantes passam a atuar na linha de frente de milícias". *O Globo*, Rio de janeiro, p. 12, 28 jan. 2018. Disponível em: <https://oglobo.globo.com/rio/traficantes-passam-atuar-na-linha-de-frente-de-milicias-22337750 >. Acesso em: 27 mar. 2018.

_____. "Convênios para cessão de policiais deram fôlego à PM". *O Globo*, Rio de Janeiro, p. 15, 15 abr. 2018.

_____. "Mais um inimigo – PCC chega à Rocinha". *O Globo*, Rio de Janeiro, p. 9, 1 mar. 2018.

ARISTÓTELES. *A Política*. Tradução de Roberto Leal Ferreira. São Paulo: Martins Fortes, 1991.

ASSASSINATO de vereadora afronta a democracia. *O Globo*, Rio de Janeiro, p. 16, 16 mar. 2018. Disponível em: <https://oglobo.globo.com/opiniao/assassinato-de-vereadora-afronta-democracia-22494021>. Acesso em: 19 set. 2019.

BALLESTEROS, Paula Rodrigues. "Gestão de políticas de segurança pública no Brasil: problemas, impasses e desafios". *Revista Brasileira de Segurança Pública*, São Paulo, v. 8, n. 1, pp. 6-22, fev./mar. 2014.

BALTAZAR JUNIOR, José Paulo. *Crime organizado e proibição de insuficiência*. Porto Alegre: Livraria do Advogado, 2010.

BARBOSA, Paula Andrea Ramírez. "Nuevas tendencias político-criminales en la lucha contra la criminalidad organizada. El modelo de Colombia en este ámbito", pp. 63-103, In: CALLEGARI, André Luís (org.). *Crime organizado — tipicidade, política criminal e processo: Brasil, Espanha e Colômbia*. Porto Alegre: Livraria do Advogado, 2008.

BARROSO, Priscila Farfan. "O sentimento de insegurança e a armadilha da segurança privada: reflexões antropológicas a partir de um caso no Rio Grande do Sul". *Revista Brasileira de Segurança Pública*, São Paulo, v. 11, n. 2, pp. 148-163, ago./set. 2017.

BITTAR, Eduardo C. B. & ALMEIDA, Guilherme A. de. *Curso de Filosofia do Direito*. 9. ed. São Paulo: Atlas, 2011.

BOECHAT, Ricardo. "Playboy entrevista: Ricardo Boechat". *Revista Playboy*: São Paulo, n. 495, ano 42, p. 24, jan. 2017.

BOLSONARO, Flávio. "Uma escolha pela vida" (Temas em discussão). *O Globo*, Rio de Janeiro, p. 10, 20 nov. 2017. Disponível em: <https://oglobo.globo.com/opiniao/controle-necessario-22081248>. Acesso em: 13 set. 2019.

BOTTARI, Elenilce & CASTRO, Juliana. "Caso de polícia — corrupção é desafio para instituição". *O Globo*, Rio de Janeiro, p. 6, 26 fev. 2018.

_____. TEIXEIRA, Fábio & HERINGER, Carolina. "À beira do colapso". *O Globo*, Rio de Janeiro, p. 8, 9 fev. 2018. Disponível em: <https://oglobo.globo.com/rio/com-poucos-recursos-policia-civil-sofre-com-falta-de-manutencao-de-equipamentos-22382519>. Acesso em: 22 set. 2019.

BRANCO, Gil Castello. "As tetas do estado e a corrupção". *O Globo*, Rio de Janeiro, p. 16, 19 set. 2017.

_____. "Educação *versus* corrupção". *O Globo*, Rio de Janeiro, p. 14, 19 dez. 2017.

BRASIL atinge sua pior marca em ranking internacional da corrupção. *O Globo*, Rio de Janeiro, p. 4, 22 fev. 2018.

BRASIL monitorou diplomatas de Irã, Iraque e Rússia. *Portal G1*, Brasília, 4 nov. 2013. Disponível em: <http://g1.globo.com/politica/noticia/2013/11/brasil-monitorou-diplomatas-de-ira-iraque-e-russia-diz-jornal.html>. Acesso em: 22 set. 2019.

BRASIL tem nona maior taxa de homicídio das américas, diz OMS. *Organização das Nações Unidas* (ONU), 17 mai. 2017. Disponível em: <https://nacoesunidas.org/brasil-tem-nona-maior-taxa-de-homicidio-das-americas-diz-oms/>. Acesso em: 19 set. 2019.

BRASIL. **Ato Institucional (AI) n. 1, de 9 abril de 1964.** Dispõe sobre a manutenção da Constituição Federal de 1946 e as Constituições Estaduais e respectivas Emendas, com as modificações introduzidas pelo Poder Constituinte originário da revolução Vitoriosa. Disponível em: <http://www.planalto.gov.br/ccivil_03/AIT/ait-01-64.htm>. Acesso em: 10 out. 2019.

_____. *Ato Institucional (AI) n. 5, de 13 de dezembro de 1968.* São mantidas a Constituição de 24 de janeiro de 1967 e as Constituições Estaduais; O Presidente da República poderá decretar a intervenção nos estados e municípios, sem as limitações previstas na Constituição, suspender os direitos políticos de quaisquer cidadãos pelo prazo de 10 anos e cassar mandatos eletivos federais, estaduais e municipais, e dá outras providências. Disponível em: <http://www.planalto.gov.br/ccivil_03/ait/ait-05-68.htm>. Acesso em: 10 out. 2019.

_____. Conselho Federal de Medicina (CFM). *Resolução n. 1.595, de 18 de maio de 2000.* Disponível em: <https://sistemas.cfm.org.br/normas/visualizar/resolucoes/BR/2000/1595>. Acesso em: 10 out. 2019.

_____. Conselho Nacional de Justiça (CNJ). *Recomendação n. 3, de 30 de maio de 2006.* Disponível em: <https://www.normasbrasil.com.br/norma/recomendacao-3-2006_94698.html>. Acesso em: 10 out. 2019.

_____. Câmara dos Deputados. *Relatório final da CPI do sistema carcerário brasileiro*. Brasília: Câmara dos Deputados, ago. 2015. Disponível em: <http://www2.camara.leg.br/atividade-legislativa/comissoes/comissoes-temporarias/parlamentar-de-inquerito/55a-legislatura/cpi-sistema-carcerario-brasileiro/documentos/outros-documentos>. Acesso em: 13 set. 2019.

_____. *Constituição (1824).* Constituição Política do Império do Brasil. Disponível em: <http://www.planalto.gov.br/ccivil_03/constituicao/constituicao24.htm>. Acesso em: 9 out. 2019.

_____. *Constituição (1891).* Constituição da República dos Estados Unidos do Brasil, 1891. Disponível em: <http://www.planalto.gov.br/ccivil_03/constituicao/constituicao91.htm>. Acesso em: 14 set. 2019.

_____. *Constituição (1934).* Constituição da República dos Estados Unidos do Brasil, 1934. Disponível em: <http://www.planalto.gov.br/ccivil_03/constituicao/constituicao34.htm>. Acesso em: set. 2019.

_____. *Constituição (1937).* Constituição dos Estados Unidos do Brasil, 1937. Disponível em: <http://www.planalto.gov.br/ccivil_03/constituicao/constituicao37.htm>. Acesso em: 14 set. 2019.

_____. *Constituição (1946).* Constituição dos Estados Unidos do Brasil, 1946. Disponível em: <http://www.planalto.gov.br/ccivil_03/constituicao/constituicao46.htm>. Acesso em: 14 set. 2019.

_____. *Constituição (1967).* Constituição da República Federativa do Brasil. Brasília: Senado, 1967. Disponível em: <http://www.planalto.gov.br/ccivil_03/constituicao/constituicao67.htm>. Acesso em: 14 set. 2019.

_____. *Emenda constitucional n. 1 (1969).* Brasília: Senado, 1969. Disponível em: <http://www.planalto.gov.br/ccivil_03/constituicao/Emendas/Emc_anterior1988/emc01-69.htm>. Acesso em: 22 set. 2019.

_____. *Constituição (1988).* Constituição da República Federativa do Brasil. Brasília: Senado, 1988. Disponível em: <http://www.planalto.gov.br/ccivil_03/constituicao/constituicaocompilado.htm>. Acesso em: 14 set. 2019.

_____. *Decreto n. 5.015, de 12 de março de 2004.* Promulga a Convenção das Nações Unidas contra o Crime Organizado Transnacional. Disponível em: <http://www.planalto.gov.br/ccivil_03/_ato2004-2006/2004/decreto/d5015.htm>. Acesso em: 10 out. 2019.

_____. *Decreto n. 5.687, de 31 de janeiro de 2006.* Promulga a Convenção das Nações Unidas contra a Corrupção, adotada pela Assembleia Geral das Nações Unidas em 31 de outubro de 2003 e assinada pelo Brasil em 9 de dezembro de 2003. Disponível em: <http://www.planalto.gov.br/ccivil_03/_Ato2004-2006/2006/Decreto/D5687.htm>. Acesso em: 9 out. 2019.

_____. *Decreto n. 9.288, de 16 de fevereiro de 2018.* Decreta intervenção federal no Estado do Rio de Janeiro com o objetivo de pôr termo ao grave comprometimento da ordem pública. Disponível em: <http://www.planalto.gov.br/ccivil_03/_ato2015-2018/2018/decreto/D9288.htm>. Acesso em: 22 set. 2019.

_____. *Decreto-lei n. 2.848, de 7 de dezembro de 1940*. Código Penal. Disponível em: <http://www.planalto.gov.br/ccivil_03/decreto-lei/del2848compilado.htm>. Acesso em: 9 out. 2019.

_____. *Decreto-lei n. 1.001, de 21 de outubro de 1969*. Código Penal Militar. Disponível em: <http://www.planalto.gov.br/ccivil_03/decreto-lei/Del1001Compilado.htm>. Acesso em: 11 out. 2019.

_____. *Decreto Legislativo n. 348, de 18 de maio de 2005*. Aprova o texto da Convenção das Nações Unidas contra a Corrupção, adotada pela Assembleia Geral da Organização das Nações Unidas em outubro de 2003. Disponível em: <https://www2.camara.leg.br/legin/fed/decleg/2005/decretolegislativo-348-18-maio-2005-536880-convencao-28439-pl.html>. Acesso em: 10 out. 2019.

_____. *Lei Complementar n. 35, de 14 de março de 1979*. Dispõe sobre a Lei Orgânica da Magistratura Nacional. Disponível em: <http://www.planalto.gov.br/ccivil_03/leis/lcp/lcp35.htm>. Acesso em: 10 out. 2019.

_____. *Lei Complementar n. 40, de 14 de dezembro de 1981*. Estabelece normas gerais a serem adotadas na organização do Ministério Público estadual. Disponível em: <http://www.planalto.gov.br/ccivil_03/leis/lcp/Lcp40.htm>. Acesso em: 10 out. 2019.

_____. *Lei Complementar n. 97, de 9 de junho de 1999*. Dispõe sobre as normas gerais para a organização, o preparo e o emprego das Forças Armadas. Disponível em: <http://www.planalto.gov.br/Ccivil_03/leis/LCP/Lcp97.htm>. Acesso em: 22 set. 2019.

_____. *Lei n. 4.717, de 29 de junho de 1965*. Regula a ação popular. Disponível em: <http://www.planalto.gov.br/ccivil_03/LEIS/L4717.htm>. Acesso em: 10 out. 2019.

_____. *Lei n. 4.878, de 3 de dezembro de 1965*. Dispõe sobre o regime jurídico peculiar dos funcionários policiais civis da União e do Distrito Federal. Disponível em: <http://www.planalto.gov.br/ccivil_03/LEIS/L4878.htm>. Acesso em: 10 out. 2019.

_____. *Lei n. 4.898, de 9 de dezembro de 1965*. Regula o direito de representação e o processo de responsabilidade administrativa civil e penal, nos casos de abuso de autoridade. Disponível em: <http://www.planalto.gov.br/ccivil_03/leis/l4898.htm>. Acesso em: 10 out. 2019.

_____. *Lei n. 5.010, de 30 de maio de 1966*. Organiza a Justiça Federal de primeira instância, e dá outras providências. Disponível em: <http://www.planalto.gov.br/ccivil_03/LEIS/L5010.htm>. Acesso em: 10 out. 2019.

_____. *Lei n. 8.625, de 12 de fevereiro de 1993*. Institui a Lei Orgânica Nacional do Ministério Público, dispõe sobre normas gerais para a organização do Ministério Público dos

Estados e dá outras providências. Disponível em: <http://www.planalto.gov.br/ccivil_03/Leis/L8625.htm>. Acesso em: 10 out. 2019.

_____. *Lei n. 9.034, de 3 de maio de 1995*. Dispõe sobre a utilização de meios operacionais para a prevenção e repressão de ações praticadas por organizações criminosas. Disponível em: <http://www.planalto.gov.br/ccivil_03/LEIS/L9034.htm>. Acesso em: 10 out. 2019.

_____. *Lei n. 9.099, de 26 de setembro de 1995*. Dispõe sobre os Juizados Especiais Cíveis e Criminais e dá outras providências. Disponível em: <http://www.planalto.gov.br/ccivil_03/LEIS/L9099.htm>. Acesso em: 9 out. 2019.

_____. *Lei n. 9.613, de 3 de março de 1998*. Dispõe sobre os crimes de "lavagem" ou ocultação de bens, direitos e valores; a prevenção da utilização do sistema financeiro para os ilícitos previstos nesta Lei; cria o Conselho de Controle de Atividades Financeiras – COAF, e dá outras providências. Disponível em: <http://www.planalto.gov.br/ccivil_03/leis/l9613.htm>. Acesso em: 10 out. 2019.

_____. *Lei n. 9.807, de 13 de julho de 1999*. Estabelece normas para a organização e a manutenção de programas especiais de proteção a vítimas e a testemunhas ameaçadas, institui o Programa Federal de Assistência a Vítimas e a Testemunhas Ameaçadas e dispõe sobre a proteção de acusados ou condenados que tenham voluntariamente prestado efetiva colaboração à investigação policial e ao processo criminal. Disponível em: <http://www.planalto.gov.br/ccivil_03/LEIS/L9807.htm>. Acesso em: 10 out. 2019.

_____. *Lei n. 10.217, de 11 de abril de 2001*. Altera os arts. 1º e 2º da Lei n. 9.034, de 3 de maio de 1995, que dispõe sobre a utilização de meios operacionais para a prevenção e repressão de ações praticadas por organizações criminosas. Disponível em: <http://www.planalto.gov.br/ccivil_03/Leis/LEIS_2001/L10217.htm>. Acesso em: 10 out. 2019.

_____. *Lei n. 10.826, de 22 de dezembro de 2003*. Dispõe sobre registro, posse e comercialização de armas de fogo e munição, sobre o Sistema Nacional de Armas – Sinarm, define crimes e dá outras providências. Disponível em: <http://www.planalto.gov.br/ccivil_03/leis/2003/l10.826.htm>. Acesso em: 9 out. 2019.

_____. *Lei n. 11.196, de 21 de novembro de 2005*. Institui o Regime Especial de Tributação para a Plataforma de Exportação de Serviços de Tecnologia da Informação – REPES, o Regime Especial de Aquisição de Bens de Capital para Empresas Exportadoras – RECAP e o Programa de Inclusão Digital; dispõe sobre incentivos fiscais para a inovação tecnológica; altera o Decreto-Lei n. 288, de 28 de fevereiro de 1967, o Decreto n. 70.235, de 6 de março de 1972, o Decreto-Lei n. 2.287, de 23 de julho de 1986, as Leis n. 4.502, de 30 de novembro de 1964, 8.212, de 24 de julho de 1991, 8.245, de 18 de outubro de 1991,

8.387, de 30 de dezembro de 1991, 8.666, de 21 de junho de 1993, 8.981, de 20 de janeiro de 1995, 8.987, de 13 de fevereiro de 1995, 8.989, de 24 de fevereiro de 1995, 9.249, de 26 de dezembro de 1995, 9.250, de 26 de dezembro de 1995, 9.311, de 24 de outubro de 1996, 9.317, de 5 de dezembro de 1996, 9.430, de 27 de dezembro de 1996, 9.718, de 27 de novembro de 1998, 10.336, de 19 de dezembro de 2001, 10.438, de 26 de abril de 2002, 10.485, de 3 de julho de 2002, 10.637, de 30 de dezembro de 2002, 10.755, de 3 de novembro de 2003, 10.833, de 29 de dezembro de 2003, 10.865, de 30 de abril de 2004, 10.925, de 23 de julho de 2004, 10.931, de 2 de agosto de 2004, 11.033, de 21 de dezembro de 2004, 11.051, de 29 de dezembro de 2004, 11.053, de 29 de dezembro de 2004, 11.101, de 9 de fevereiro de 2005, 11.128, de 28 de junho de 2005, e a Medida Provisória n. 2.199-14, de 24 de agosto de 2001; revoga a Lei n. 8.661, de 2 de junho de 1993, e dispositivos das Leis n. 8.668, de 25 de junho de 1993, 8.981, de 20 de janeiro de 1995, 10.637, de 30 de dezembro de 2002, 10.755, de 3 de novembro de 2003, 10.865, de 30 de abril de 2004, 10.931, de 2 de agosto de 2004, e da Medida Provisória n. 2.158-35, de 24 de agosto de 2001; e dá outras providências. Disponível em: <http://www.planalto.gov.br/ccivil_03/_Ato2004-2006/2005/Lei/L11196.htm>. Acesso em: 10 out. 2019.

_____. *Lei n. 10.409, de 11 de janeiro de 2002.* Dispõe sobre a prevenção, o tratamento, a fiscalização, o controle e a repressão à produção, ao uso e ao tráfico ilícitos de produtos, substâncias ou drogas ilícitas que causem dependência física ou psíquica, assim elencados pelo Ministério da Saúde, e dá outras providências. Disponível em: <http://www.planalto.gov.br/ccivil_03/LEIS/2002/L10409.htm>. Acesso em: 10 out. 2019.

_____. *Lei n. 11.343, de 23 de agosto de 2006.* Institui o Sistema Nacional de Políticas Públicas sobre Drogas – Sisnad; prescreve medidas para prevenção do uso indevido, atenção e reinserção social de usuários e dependentes de drogas; estabelece normas para repressão à produção não autorizada e ao tráfico ilícito de drogas; define crimes e dá outras providências. Disponível em: <http://www.planalto.gov.br/ccivil_03/_ato2004-2006/2006/lei/l11343.htm>. Acesso em: 10 out. 2019.

_____. *Lei n. 12.830, de 20 de junho de 2013.* Dispõe sobre a investigação criminal conduzida pelo delegado de polícia. Disponível em: <http://www.planalto.gov.br/ccivil_03/_ato2011-2014/2013/lei/l12830.htm>. Acesso em: 10 out. 2019.

_____. *Lei n. 12.850, de 2 de agosto de 2013.* Define organização criminosa e dispõe sobre a investigação criminal, os meios de obtenção da prova, infrações penais correlatas e o procedimento criminal; altera o Decreto-Lei n. 2.848, de 7 de dezembro de 1940 (Código Penal); revoga a Lei n. 9.034, de 3 de maio de 1995; e dá outras providências. Disponível em: <http://www.planalto.gov.br/ccivil_03/_Ato2011-2014/2013/Lei/L12850.htm>. Acesso em: 10 out. 2019.

_____. *Lei n. 13.105, de 16 de março de 2015*. Código de Processo Civil. Disponível em: <http://www.planalto.gov.br/ccivil_03/_ato2015-2018/2015/lei/l13105.htm>. Acesso em: 10 out. 2019.

_____. *Lei n. 13.491, de 13 de outubro de 2017*. Altera o Decreto-lei n. 1.001, de 21 de outubro de 1969 – Código Penal Militar. Disponível em: <http://www.planalto.gov.br/ccivil_03/_ato2015-2018/2017/lei/l13491.htm>. Acesso em: 9 out. 2019.

_____. *Lei n. 13.675, de 11 de julho de 2018*. Disciplina a organização e o funcionamento dos órgãos responsáveis pela segurança pública, nos termos do parágrafo 7º do art. 144 da Constituição Federal; cria a Política Nacional de Segurança Pública e Defesa Social (PNSPDS); institui o Sistema Único de Segurança Pública (Susp); altera a Lei Complementar n. 79, de 7 de janeiro de 1994, a Lei n. 10.201, de 14 de fevereiro de 2001, e a Lei n. 11.530, de 24 de outubro de 2007; e revoga dispositivos da Lei n. 12.681, de 4 de julho de 2012. Disponível em: <http://www.planalto.gov.br/ccivil_03/_ato2015-2018/2018/lei/L13675.htm>. Acesso em: 22 set. 2019.

_____. *Lei n. 13.869, de 5 de setembro de 2019*. Dispõe sobre os crimes de abuso de autoridade; altera a Lei n. 7.960, de 21 de dezembro de 1989, a Lei n. 9.296, de 24 de julho de 1996, a Lei n. 8.069, de 13 de julho de 1990, e a Lei n. 8.906, de 4 de julho de 1994; e revoga a Lei n. 4.898, de 9 de dezembro de 1965, e dispositivos do Decreto-Lei n. 2.848, de 7 de dezembro de 1940 (Código Penal). Disponível em: <http://www.planalto.gov.br/ccivil_03/_Ato2019-2022/2019/Lei/L13869.htm#art44>. Acesso em: 9 out. 2019.

_____. Senado Federal. *Projeto de Lei do Senado n. 150, de 2006*. Disponível em: <https://legis.senado.leg.br/sdleg-getter/documento?dm=4809852&ts=1567534375340&disposition=inline>. Acesso em: 22 set. 2019.

_____. Supremo Tribunal Federal. *Mandado de segurança n. 26.603/DF*, Tribunal Pleno, julgamento em 4 out. 2007. Relatório do ministro Celso de Mello. Disponível em: <http://redir.stf.jus.br/paginadorpub/paginador.jsp?docTP=AC&docID=570121>. Acesso em: 22 set. 2019.

_____. Supremo Tribunal Federal. *Inquérito n. 3.983/DF*, Tribunal Pleno, julgamento em 3 mar. 20016. Relatório do ministro Teori Zavascki, voto do ministro Celso de Mello. Disponível em: <http://redir.stf.jus.br/paginadorpub/paginador.jsp?docTP=TP&docID=10940248>. Acesso em: 10 out. 2019.

_____. Supremo Tribunal Federal. *Súmula Vinculante n. 13*. Disponível em: <http://www.stf.jus.br/portal/jurisprudencia/menusumario.asp?sumula=1227>. Acesso em: 10 out. 2019.

BRESCIANI, Eduardo. "Jungmann: estados têm 'acordo' com o crime". *O Globo*, Rio de janeiro, p. 7, 29 dez. 2017.

BUARQUE, Cristovam. "Kit sobrevivência". *O Globo*, Rio de Janeiro, p. 21, 17 fev. 2018.

BURGOS, Marcelo Baumann. "Favela, cidade e cidadania em Rio das Pedras", pp. 21-91. In: *A Utopia da comunidade – Rio das Pedras, uma favela carioca*. Rio de Janeiro: PUC-Rio, Loyola, 2002.

CAMILO, Roberta Rodrigues. "A infiltração do agente no crime organizado". In: MESSA, Ana Flávia & CARNEIRO, José Reinaldo Guimarães (coord.). *Crime organizado*. São Paulo: Saraiva, pp. 288-299, 2012.

CAMPOREZ, Patrik. "Quando nem mesmo carros-fortes estão a salvo". *O Globo*, Rio de Janeiro, p. 3, 12 fev. 2018.

CAMPOS, Pedro. *A Ditadura dos Empreiteiros: as empresas nacionais de construção pesada, suas formas associativas e o Estado ditatorial*. Niterói: Instituto de Ciências Humanas e Filosofia da Universidade Federal Fluminense, 2012. Tese de doutorado.

CAPEZ, Fernando. *Curso de Direito Penal, legislação penal especial*. 7ª ed. São Paulo: Saraiva, 2012, v. 4.

CARDOSO, Fernando Henrique. "Chegou a Hora". *Estado de São Paulo*, São Paulo, 1º fev. 2015. Disponível em: <http://opiniao.estadao.com.br/noticias/geral,chegou-a-hora-imp-,1627774>. Acesso em: 15 fev. 2015.

_____. "Crise sem trégua". *O Globo*, Rio de Janeiro, p. 7, 29 set. 2017.

CARIELLO, Gabriel & GRILLO, Marco. "Bomba relógio, Brasil mata uma pessoa a cada dez minutos", *O Globo*, Rio de Janeiro, p. 7, 12 dez. 2017.

_____. "Violência no Espírito Santo: tendência a Estado pré-civilizatório". *O Globo*, Rio de Janeiro, 8 fev. 2017.

_____. "Especialistas: crime ultrapassa limite". *O Globo*, Rio de Janeiro, p. 13, 16 mar. 2018. Disponível em: <https://oglobo.globo.com/rio/para-especialistas-assassinato-expoe--tracos-de-barbarie-ganha-forca-simbolica-contra-violencia-22495133>. Acesso em: 16 set. 2019.

CARNEIRO, André Ricardo Xavier. "A polícia judiciária no combate ao crime organizado". In: MESSA, Ana Flávia & CARNEIRO, José Reinaldo Guimarães (coord.). *Crime organizado*. São Paulo: Saraiva, pp. 363-379, 2012.

Carvalho, José Murilo de. *Pontos e bordados: escritos de história e política*. Belo Horizonte: Editora UFMG, 1998.

_____. "Por que não se calam?". *O Globo*, Rio de Janeiro, p. 17, 20 set. 2016. Disponível em: <https://oglobo.globo.com/opiniao/por-que-nao-se-calam-20141188>. Acesso em: 17 set. 2019.

Carvalho, Ney. "Raízes autoritárias". *O Globo*, Rio de Janeiro, p. 19, 22 out. 2017. Disponível em: <https://oglobo.globo.com/opiniao/raizes-autoritarias-21974849>. Acesso em: 22 set. 2019.

Casagrande, Renato. "Guerra civil". *O Globo*, Rio de Janeiro, p. 21, 23 nov. 2017. Disponível em: <https://oglobo.globo.com/opiniao/guerra-civil-22100903>. Acesso em: 11 set. 2019.

Casemiro, Luciana. "Redes de varejo restringem troca à loja onde item foi comprado". *O Globo*, Rio de Janeiro, p. 40, 1 abr. 2018.

Cavalcanti, Glauce & Rosa, Bruno. "Novo código de conduta". *O Globo*, Rio de Janeiro, p. 27, 11 mar. 2018

Cerqueira, Marcello. "O protocolo Vargas". *O Globo*, Rio de Janeiro, p. 23, 14 abr. 2016.

Cerruti, Somaine. "Medida necessária". *O Globo*, Rio de Janeiro, p. 21, 15 abr. 2018.

Cincotta, Richard. *O Globo*, Rio de Janeiro, p. 21, 4 jan. 2018.

Conserino, Cassio Roberto. "Crime organizado e institutos correlatos". In: Vasconcelos, Clever Rodolfo Carvalho & Magno, Levy Emanuel (org.). *Série Legislação Penal Especial*. São Paulo: Atlas, 2011.

Controle necessário (Temas em discussão). *O Globo*, Rio de Janeiro, p. 10, 20 nov. 2017. Disponível em: <https://oglobo.globo.com/opiniao/controle-necessario-22081248>. Acesso em: 13 set. 2019.

Correia, Silvia. "O resistente Judiciário". *O Globo*, Rio de Janeiro, p. 15, 13 out. 2016.

Costa Júnior, Paulo Nogueira. "Barbárie", *O Globo*, Rio de Janeiro, p. 19, 8 dez. 2017.

Coutinho, Mateus. "Vandalismo – Apartamento de Cármen Lúcia é atacado". *O Globo*, Rio de Janeiro, p. 8, 7 abr. 2018.

Cremonese, Dejalma. "A difícil construção da cidadania no Brasil". *Desenvolvimento e Questão*, ano 5, n. 9, pp. 59-84, jan./jun. 2007. Disponível em: <https://www.revistas.unijui.edu.br/index.php/desenvolvimentoemquestao/article/view/137/93>. Acesso em: 22 set. 2019.

_____. "Tensão é permanente", *O Globo*, Rio de Janeiro, p. 10, 24 fev. 2018. Disponível em: <https://oglobo.globo.com/rio/tensao-permanente-diz-general-que-atuou-em-missao-de-paz-no-haiti-22428992>. Acesso em: 12 ser. 2019.

Cury, Rogério. "Procedimento investigatório e de produção de provas". In: Messa, Ana Flávia & Carneiro, José Reinaldo Guimarães (coord.). *Crime organizado*. São Paulo: Saraiva, pp. 276-287, 2012.

Cysne, Rubens Penha. "Polícias mundiais e crimes locais". *O Globo*, Rio de Janeiro, p. 18, 29 mar. 2018.

Dallagnol, Deltan. "A luta contra a corrupção". Rio de Janeiro: Primeira Pessoa, 2017.

Damatta, Roberto. *O que faz o Brasil, Brasil?*. 2ª ed. Rio de Janeiro: Rocco, 1986.

Dantas, Dimitrius. "Falta de remorso é o padrão do corrupto". *O Globo*, Rio de Janeiro, p. 4, 26 nov. 2017. Disponível em: <https://oglobo.globo.com/brasil/falta-de-remorso-o-padrao-do-corrupto-diz-graham-brooks-22115021>. Acesso em: 15 set. 2019.

Decisão inevitável para restaurar o Estado de direito. *O Globo*, Opinião, p. 20, Rio de Janeiro, 17 fev. 2018. Disponível em: <https://oglobo.globo.com/opiniao/decisao-inevitavel-para-restaurar-estado-de-direito-22405866>. Acesso em: 11 set. 2019.

Delgado, Paulo. "Tiros atingem um país". *O Globo*, Rio de Janeiro, p. 12, 16 mar. 2018.

Delgado, Archimedes Francisco. "A liderança e a ética militar". *Revista Marítima Brasileira*, Rio de Janeiro, v. 137, n. 7/9, jul./set. 2017.

Democracia. *O Globo*, Rio de Janeiro, p. 11, 27 nov. 2017.

Dion, Michael. "Corruption and Ethical Relativism: What is at Stake?". *Journal of Financial Crime*, Londres, v. 17, n. 2, pp. 240-250, 2010. Disponível em: <https://www.emeraldinsight.com/doi/abs/10.1108/13590791011033926>. Acesso em: 16 set. 2019.

Dipp, Gilson. *A delação ou colaboração premiada: uma análise do instituto pela interpretação da lei*. Brasília: idp, 2015. Disponível em: <http://dspace.idp.edu.br:8080/xmlui/bitstream/handle/123456789/1744/A_Dela%C3%A7%C3%A3o_ou_Colabora%C3%A7%C3%A3o_Premiada.pdf?sequence=1&isAllowed=y>. Acesso em: 20 set. 2019.

Em 15 anos, país matou o equivalente à população de uma Lisboa e meia. *O Globo*, Rio de Janeiro, 12 dez. 2017, capa.

Fabretti, Humberto Barrionuevo. "O conceito de crime organizado no Brasil: o princípio da legalidade, a Lei n. 9.034/95 e a Convenção de Palermo". In: Messa, Ana Flávia & Carneiro, José Reinaldo Guimarães (coord.). *Crime organizado*. São Paulo: Saraiva, pp. 75-89, 2012.

Falcão, Joaquim. "Congresso e Supremo podem fazer gol contra". *O Globo*, Rio de Janeiro, p. 3, 16 dez. 2016.

Falcone, Giovanni. *Coisas da cosa nostra: a máfia vista por seu pior inimigo*, tradução de Luís de Paula. Rio de Janeiro: Rocco, 2012.

FAORO, Raymundo. *Existe pensamento político brasileiro?* São Paulo: Brasiliense, 1994.

_____. *Os donos do poder: formação do patronato político brasileiro.* São Paulo: Globo, 2000.

FERRAZ, Lucas. "Agência brasileira espionou funcionários estrangeiros". *Folha de São Paulo*, São Paulo, 4 nov. 2013. Disponível em: <http://www1.folha.uol.com.br/poder/2013/11/1366382-agencia-brasileira-espionou-funcionarios-estrangeiros.shtml>. Acesso em: 22 set. 2019.

FERREIRA FILHO, Manoel Gonçalves. *Curso de Direito Constitucional.* 34ª. ed. rev. e atual. São Paulo: Saraiva, 2008.

FERREIRA, Jorge. "A experiência democrática no Brasil. Dossiê 1946-1964". Niterói: *Tempo*, v. 14, n. 28, jun. 2010. Disponível em: <http://dx.doi.org/10.1590/S1413-77042010000100001>. Acesso em: 22 set. 2019.

FIGUEIREDO, Janaína. "Falha no Direito Penal brasileiro criou um país de ricos delinquentes". *O Globo*, Rio de Janeiro, 6 nov. 2017. Disponível em: <https://oglobo.globo.com/brasil/falha-no-direito-penal-brasileiro-criou-um-pais-de-ricos-delinquentes-diz-barroso-22034127>. Acesso em: 15 set. 2019.

FILGUEIRAS, Fernando. "A tolerância à corrupção no Brasil: uma antinomia entre normas morais e prática social" *Opinião Pública*: Campinas, v. 15, n. 2, pp. 386-421, nov. 2009. Disponível em: <http://www.scielo.br/scielo.php?script=sci_arttext&pid=S0104-62762009000200005>. Acesso em: 14 set. 2019.

FIUZA, Guilherme. "Apesar de vocês". *O Globo*, Rio de Janeiro, p. 14, 21 out. 2017. Disponível em: <http://noblat.oglobo.globo.com/geral/noticia/2017/10/apesar-de-voces-21-10-2017.html>. Acesso em: 22 set. 2019.

FIÚZA, Ricardo. *Anteprojeto do Relator da Subcomissão IV-b*, Relatório, Assembleia Nacional Constituinte: Brasília, 1987-1988. Disponível em: <http://www.camara.gov.br/internet/constituicao20anos/DocumentosAvulsos/vol-132.pdf>. Acesso em: 16 set. 2019.

FONTOURA, Natália de Oliveira; RIVERO, Patricia Silveira & RODRIGUES, Rute Imanishi. "Segurança pública na Constituição Federal de 1988: continuidades e perspectivas". *Políticas sociais: acompanhamento e análise, vinte anos da Constituição Federal.* Brasília: Ipea, Diretoria de Estudos e Políticas Sociais, v. 3, n. 17, pp. 136-198, 2009. Disponível em: <http://repositorio.ipea.gov.br/bitstream/11058/4327/1/bps_n.17_vol03_segurana_publica.pdf >. Acesso em: 16 set. 2019.

FORÇAS Armadas debatem seu papel na Constituição. *O Globo*, Rio de Janeiro, p. 3, 14 jan. 1986. Disponível em: <http://www2.senado.leg.br/bdsf/bitstream/handle/id/114532/1986_JAN%20a%20JUL_008.pdf?sequence=1>. Acesso em: 19 set. 2019.

Franco, Alberto Silva & Stoco, Rui (coord.). *Leis penais especiais e sua interpretação judicial.* 7ª ed. rev., atual. e ampl. São Paulo: Revista dos Tribunais, 2001, v. 1.

Franco, Augusto de. "Contra a demonização da política". *Dagobah – Inteligência e Democracia,* 8 mai. 2013. Disponível em: <http://dagobah.com.br/contra-a-demonizacao-da-politica/>. Acesso em: 17 set. 2019.

Franco, Celso de Mello. "Porre de democracia". *Revista do Clube Naval*: Rio de Janeiro, n. 383, p. 15, jul./ago./set. 2017.

Friede, Reis. *Revisão da Lei de Anistia: um contraponto.* Rio de Janeiro: Ciência Moderna, 2015, p. 18.

_____. *Democracia e regime democrático,* palestra ministrada na Escola Naval, Rio de Janeiro, 22 mar. 2017.

Frischtak, Cláudio. *O Globo,* Rio de Janeiro, p. 8, 21 ago. 2017.

Funcionários de farmácia na Barra da Tijuca são presos por vender remédios controlados sem receita, *Portal G1,* Rio de Janeiro, 30 set. 2017. Disponível em: <https://g1.globo.com/rio-de-janeiro/noticia/funcionarios-de-farmacia-na-barra-da-tijuca-sao-presos-por-vender-remedios-controlados-sem-receita.ghtml>. Acesso em: 14 set. 2019.

Galdo, Rafael. "O êxodo da Rocinha". *O Globo,* Rio de Janeiro, 29 out. 2017.

_____. "Cidade sob as ordens da milícia". *O Globo,* Rio de Janeiro, p. 7, 22 dez. 2017.

_____. "Violência traz sintomas físicos e psicológicos a moradores do Rio". *O Globo,* Rio de Janeiro, 15 abr. 2018.

Garcia, Emerson. "Prendemos muito ou pouco?". *O Globo,* Rio de Janeiro, p. 13, 13 mar. 2018. Disponível em: <https://oglobo.globo.com/opiniao/prendemos-muito-ou-pouco-22482378>. Acesso em: 13 set. 2019.

_____. "O jabá na prefeitura de Palocci". *Folha de São Paulo,* São Paulo, 10 jul. 2005.

Garcia, Ricardo L. *Economia da corrupção, teoria e evidências: uma aplicação ao setor de obras rodoviárias no Rio Grande do Sul.* Porto Alegre: Faculdade de Ciências Econômicas da Universidade Federal do Rio Grande do Sul, 2003 Tese de Doutorado. Disponível em: <https://lume.ufrgs.br/bitstream/handle/10183/5271/000423672.pdf?sequence=1&isAllowed=y>. Acesso em: 15 set. 2019.

Gaspari, Elio. "Uma fábula do andar de cima". *O Globo,* Rio de Janeiro, p. 8, 28 abr. 2013.

Ghizzo Neto, Affonso. *Corrupção, Estado democrático de direito e educação.* Santa Catarina: Faculdade de Direito da Universidade Federal de Santa Catarina, 2008. Dissertação de mestrado. Disponível em: <https://repositorio.ufsc.br/bitstream/handle/123456789/91468/260981.pdf?sequence=1>. Acesso em: 14 set. 2019.

GIAMBIAGI, Fabio. "Muito Além da Corrupção", *O Globo*, Rio de Janeiro, p. 12, 6 fev. 2018, p. 12.

GIANTURCO, Adriano. "Mais Estado, mas que tipo de Estado?". *O Globo*, Rio de Janeiro, p. 13, 30 jan. 2018.

GOIS, Ancelmo. "A guerra do Rio". *O Globo*, Rio de Janeiro, p. 8, 30 jan. 2018. Disponível em: <https://blogs.oglobo.globo.com/ancelmo/post/escola-particular-perto-da-rocinha-contrata-consultor-de-seguranca-e-tera-ate-abrigos.html>. Acesso em: 13 set. 2019.

_____. "A Síria dos trópicos". *O Globo*, Rio de Janeiro, p. 12, 11 fev. 2018.

_____. "Primeira sugestão do usa da delação premiada foi do barão de Japurá, conta historiador". *O Globo*, Rio de Janeiro, p. 9, 2 nov. 2017. Disponível em: <http://blogs.oglobo.globo.com/ancelmo/post/primeira-sugestao-do-uso-da-delacao-premiada-foi-do-barao-de-japura-conta-historiador.html>. Acesso em: 22 set. 2019.

GOMES, Laurentino. *1822: Como uma rainha louca, um príncipe medroso e uma corte corrupta enganaram Napoleão e mudaram a história de Portugal e do Brasil*. 3. ed. São Paulo: Globolivros, 2015.

GOMES, Luiz Flávio & CERVINI, Raul. *Crime organizado, enfoques criminológico, jurídico e político-criminal*. 2ª ed. rev., atual. e ampl. São Paulo: Revista dos Tribunais, 1997.

_____. et al. *Lei de drogas comentada: artigo por artigo*. 4ª ed. rev., atual. e ampl. São Paulo: Revista dos Tribunais, 2011.

_____. "Organização criminosa: um ou dois conceitos?". *JusBrasil*, 19 set. 2013. Disponível em: <https://professorlfg.jusbrasil.com.br/artigos/121932489/organizacao-criminosa-um-ou-dois-conceitos>. Acesso em: 22 set. 2019.

GRAÇA, Eduardo. "'A democracia não está em risco no Brasil', diz Moro em Harvard". *O Globo*, Rio de Janeiro, p. 5, 17 abr. 2018. Disponível em: <https://oglobo.globo.com/brasil/a-democracia-nao-esta-em-risco-no-brasil-diz-moro-em-harvard-22597569>. Acesso em: 22 set. 2019.

GRAU, Eros Roberto. "Juízes que fazem as suas próprias leis". *O Globo*, Rio de Janeiro, p. 15, 11 dez. 2016.

GRECO, Alessandra Orcesi Pedro & RASSI, João Daniel. "Crime organizado transnacional e o tráfico internacional de pessoas no Direito brasileiro". In: MESSA, Ana Flávia & CARNEIRO, José Reinaldo Guimarães (coord.). *Crime organizado*. São Paulo: Saraiva, pp. 617-648, 2012.

GUERRA do Rio. *O Globo*, Rio de Janeiro, p. 18, 17 dez. 2017.

GUPTA, Sanjeev; DAVOODI, Hamid & ALONSO-TERME, Rosa. "Does Corruptione Affect Income Inequality and Poverty". *Economics of Governance*, Berlim, v. 3, n. 1, pp. 23-45, 2002.

GUSMÃO, Paulo Dourado de. *Introdução ao estudo do Direito.* 27ª ed. Rio de Janeiro: Forense, 2000.

HERINGER, Carolina; BOERE, Natália & SOARES, Rafael. "De volta às ruas para matar". *O Globo*, Rio de Janeiro, 28 out. 2017.

HOLANDA, Aurélio Buarque de. *Novo dicionário Aurélio de língua portuguesa.* 2ª ed. Nova Fronteira: Rio de Janeiro, 1986.

HOMERIN, Janaína Camelo. "O papel de uma legislação penal mais responsável na redução do fluxo de entrada no sistema prisional". *Revista Brasileira de Segurança Pública*, São Paulo, v. 11, n. 2, pp. 30-46, ago./set. 2017.

HUNTINGTON, Sameul P. *Political Order In Changing Societies.* New Haven: Yale University Press, 1968.

INSEGURANÇA jurídica ameaça combate à corrupção. *O Globo*, Rio de janeiro, p. 20, 25 nov. 2017. Disponível em: <https://oglobo.globo.com/opiniao/inseguranca-juridica-ameaca-combate-corrupcao-22111426>. Acesso em: 15 set. 2019.

INSTITUTO LATINO-AMERICANO DAS NAÇÕES UNIDAS PARA PREVENÇÃO DO DELITO E TRATAMENTO DELINQUENTE. (ILANUD). *Pesquisa de vitimização 2002 e avaliação do piaps.* São Paulo: FIAUSP, 2002.

INVENTORES do Brasil: Castello Branco, o military reformista. Direção de Bruno Barreto, Canal Brasil, 1º temporada, episódio 10, 2016.

ISTO é Brasília, Isto é Brasil. *O Globo*, Rio de Janeiro, p. 14, 12 out. 2017.

JAMBEIRO, Othon. *Tempos de Vargas: o rádio e o controle da informação.* Salvador: EDUFBA, 2004.

JARDIM, Lauro. "Ibope: 50% dos brasileiros acham que 'bandido bom é bandido morto'". *O Globo*, Rio de Janeiro, p. 2, 4 mar. 2018.

JESUS, Damásio E. de & BECHARA, Fábio Ramazzini. "Agente Infiltrado: reflexos penais e processuais". *Jus Navigandi*, Teresina, ano 10, n. 825, 6 out. 2005. Disponível em: <http://jus.com.br/artigos/7360>. Acesso em: 17 set. 2019.

JORNAL DO BRASIL. 18 mai. 1964.

_____. 1 abr. 1964.

_____. 21 mai. 1964.

JUDICIÁRIO pode cometer o mesmo erro de militares em 1964". *O Globo*, Rio de Janeiro, 16 set. 2016. Disponível em: <https://oglobo.globo.com/brasil/toffoli-judiciario-pode-cometer-mesmo-erro-de-militares-em-1964-20127195>. Acesso em: 17 set. 2019.

JUNGMANN, Raul. "Vigilância continental: América do Sul é uma das regiões mais violentas do mundo". *O Globo*, Rio de janeiro, p. 15, 16 nov. 2017. Disponível em: <https://oglobo.globo.com/opiniao/vigilancia-continental-22070126>. Acesso em: 11. set. 2019.

_____. "Causa e consequência". *O Globo*, Rio de Janeiro, p. 2, 4 mar. 2018.

_____. "Presídios, berço do crime organizado". *O Globo*, Rio de Janeiro, p. 16, 5 abr. 2018.

KARIMOVA, Akylai. "Uzbequistão vive crescimento da radicalização". *O Globo*, Rio de Janeiro, p. 23, 2 nov. 2017.

KLITGAARD, Robert. Entrevista à *Veja*, São Paulo, pp. 17-21,13 mai. 2015.

KRAKOVICS, Fernanda. "Fim da corrupção supera preocupação com segurança". *O Globo*, Rio de Janeiro, p. 6, 29 mar. 2018.

_____. "Impossível não sentir vergonha". *O Globo*, Rio de Janeiro, p. 6, 16 dez. 2017.

LACERDA, Lu. "Uma cidade sob o terror". *O Globo*, Rio de Janeiro, p. 15, 1 fev. 2018. Disponível em: <https://oglobo.globo.com/opiniao/uma-cidade-sob-terror-22351029>. Acesso em: 13 set. 2019.

LEAL, Rogério Gesta. *Estado, administração pública e sociedade, novos paradigmas*. Porto Alegre: Livraria do Advogado, 2006.

_____. "Fundamentos filosóficos-políticos do fenômeno da corrupção: considerações preliminares". *Cadernos de Pós-Graduação em Direito da ufrgs*. Porto Alegre, n. 1, v. 7, 2012. Disponível em: <http://seer.ufrgs.br/ppgdir/article/view/33957/23580>. Acesso em: 15 set. 2019.

LEFF, Nathanial H. "Economic Development Through Bureaucratic Corruptione". *American Behavioral Scientist*: Sedona, v. 82, n. 2, pp. 337-341, 1964.

LEI da oferta e da procura. *O Globo*, Rio de Janeiro, 8 abr. 2018.

LEITÃO, Miriam. "O dia que inventou a noite". *O Globo*, Rio de Janeiro, p. 22, 31 mar. 2018.

LEITÃO, Miriam. "Todas as Forças", *O Globo*, Rio de Janeiro, p. 38, 21 jan. 2018. Disponível em: <http://blogs.oglobo.globo.com/miriam-leitao/post/todas-forcas.html>. Acesso em: 22 set. 2019.

LEMGRUBER, Julita; CANO, Ignacio & MUSUMECI, Leonarda. *Olho por olho? O que pensam os cariocas sobre "bandido bom é bandido morto"*. Rio de Janeiro: CESeC, 2017.

LETALIDADE da polícia precisa ser combatida. *O Globo*, Rio de Janeiro, p. 14, 28 nov. 2017. Disponível em: <https://oglobo.globo.com/opiniao/letalidade-da-policia-precisa-ser-combatida-22120313>. Acesso em: 10 set. 2019.

LUZ, Alex; SANTIN, Jaciara. "As relações de trabalho e sua regulamentação no Brasil a partir da Revolução de 1930". *História*, São Paulo, v. 29, n. 2, dez. 2010.

MACHADO, Ana Maria. "Do Estado magnânimo ao nosso desânimo". *O Globo*, Rio de Janeiro, p. 20, 25 nov. 2017. Disponível em: <https://oglobo.globo.com/opiniao/do-estado-magnanimo-ao-nosso-desanimo-22110596>. Acesso em: 15 set. 2019.

MAGALHÃES, Luiz Ernesto. "Sucesso do BRT em 22 estações da Zona Oeste que podem ser fechadas foi passageiro". *O Globo*, Rio de Janeiro, 10 nov. 2017. Disponível em: <https://oglobo.globo.com/rio/sucesso-do-brt-em-22-estacoes-da-zona-oeste-que-podem-ser-fechadas-foi-passageiro-22052332>. Acesso em: 16 set. 2019.

_____. "Um recorde que ninguém quer". *O Globo*, Rio de Janeiro, p. 15, 16 dez. 2017.

MAGALHÃES, Sérgio. "Não há lugar para jogadas". *O Globo*, Rio de Janeiro, p. 21, 24 mar. 2018.

MAGNOLI, Demétrio. "O último imperador da China". *O Globo*, Rio de Janeiro, p. 13, 2 nov. 2017. Disponível em: <https://oglobo.globo.com/opiniao/o-ultimo-imperador-da-china-22021578>. Acesso em: 16 set. 2019.

MAGNOLI, Demétrio. "O zero e o infinito". *O Globo*, Rio de Janeiro, p. 15, 16 nov. 2017, p. 15. Disponível em: <http://noblat.oglobo.globo.com/geral/noticia/2017/11/o-zero-e-o-infinito.html>. Acesso em: 19 set. 2019.

MARTINS, Ives Gandra da Silva. "A advocacia e o Ministério Público". *O Globo*, Rio de Janeiro, p. 17, 3 jun. 2017.

_____. "A desburocratização do Brasil". *O Globo*, Rio de Janeiro, 15 nov. 2016.

_____. "Corrupção e abuso de autoridade". *Folha de São Paulo*, São Paulo, 16 nov. 2016

MARTINS, José Antônio. *Corrupção*. São Paulo: Globo, 2008.

MAURO, Paolo. "Corruption and Growth". *The Quarterly Journal of Economics*: Oxford, v. 110, n. 3, pp. 681-712, 1995.

MBAYA, Etienne-Richard. "Gênese, evolução e universalidade dos direitos humanos frente à diversidade de culturas". *Estudos Avançados*, São Paulo, v. 11, n. 30, mai./ago. 1997. Disponível em: <http://www.scielo.br/scielo.php?script=sci_arttext&pid=S0103-40141997000200003>. Acesso em: 16 nov. 2019.

MEDEIROS, Lydia. "O tamanho do Estado". *O Globo*, Rio de Janeiro, p. 2, 7 fev. 2018.

MEDIDA necessária. *O Globo*, Rio de Janeiro, p. 10, 5 mar. 2018. Disponível em: <https://oglobo.globo.com/opiniao/medida-necessaria-22451018>. Acesso em: 11 set. 2019.

MEDINA, Roberto. "Intervenção não é desejável, é inevitável". *O Globo*, Rio de Janeiro, p. 17, 23 mar. 2018.

Melhora na solução de crimes contribui para reduzir homicídios. *Agência de Notícias do Paraná*, Curitiba, 26 mar. 2012. Disponível em: <http://www.aen.pr.gov.br/modules/noticias/

article.php?storyid=68267&tit=Melhora-na-solucao-de-crimes-contribui-para-reduzir-homicidios>. Acesso em: 10 out. 2019.

MELLO, Bernardo. "Produção de armas é a vaca sagrada da Suécia". *O Globo*, Rio de Janeiro, p. 2, 2 nov. 2017. Disponível em: <https://oglobo.globo.com/sociedade/conte-algo-que-nao-sei/lars-amber-jornalista-producao-de-armas-a-vaca-sagrada-da-suecia-22021836>. Acesso em: 16 set. 2019.

MELLO, Igor. "Crença no extremo". *O Globo*, Rio de Janeiro, p. 3, 15 abr. 2018.

MENA, Fernanda. "Pesquisa aponta que medo do crime ampara saída salvacionista". *Folha de São Paulo*, São Paulo, p. A9, 6 out. 2017.

MENDRONI, Marcelo Batlouni. *Curso de investigação criminal*. 3ª ed. São Paulo: Atlas, 2013.

_____. *Crime organizado: aspectos gerais e mecanismos legais*. 4ª ed. São Paulo: Atlas, 2012.

MESSA, Ana Flávia. *Aspectos constitucionais do crime organizado*. In: MESSA, Ana Flávia e CARNEIRO, José Reinaldo Guimarães (coord.). *Crime organizado*. São Paulo: Saraiva, pp. 93-116, 2012.

MEYOHAS, Matheus. "Vivemos um momento sem precedentes de corrupção". *O Globo*, Rio de Janeiro, p. 2, 29 mar. 2018.

MINARDI, Guaracy. "O Estado e o crime organizado". *Boletim IBCCRIM*, São Paulo, n. 21, p. 3, set. 1994.

MONTEIRO, Ney Marino. "Anos de chumbo". *Revista do Clube Naval*, Rio de Janeiro, n. 382, p. 31, abr./mai./jun. 2017.

MONTOYA, Mario Daniel. "El agente encubierto en la lucha contra el crimen organizado en la Argentina". *Revista de Derecho Penal Procesal Penal y Criminología*: Mendoza, v. 1, n. 2, pp. 291-337, 2001.

MOREIRA, Dalton. "Constituinte mantém atribuições das Forças Armadas". *Folha de São Paulo*, São Paulo, p. 6, 13 abr. 1988. Disponível em: <http://www2.senado.leg.br/bdsf/bitstream/handle/id/108099/1988_10%20a%2015%20de%20Abril_%20068b.pdf?sequence=3>. Acesso em: 19 set. 2019.

MOSÉ, Viviane. "Vivemos a exaustão humana". *O Globo*, Rio de Janeiro, p. 8, 16 nov. 2017. Disponível em: <https://oglobo.globo.com/rio/analise-vivemos-exaustao-humana-afirma-filosofa-sobre-morte-de-moradora-de-rua-22072971>. Acesso em: 11 set. 2019.

NEHER, Clarisse. "As raízes da corrupção no Brasil". *Deutsche Welle*, 12 jun. 2016. Disponível em: <http://www.dw.com/pt-br/as-ra%C3%ADzes-da-corrup%C3%A7%C3%A3o-no-brasil/a-39098226>. Acesso em: 14 set. 2019.

NOVAES, Rubem de Freitas. "A realidade política mascarada". *O Globo*, Rio de Janeiro, p. 13, 3 jan. 2018.

NOVAES, Camila Souza. "Corrupção no Brasil: uma visão da psicologia analítica". *Junguiana*, São Paulo, v. 34, pp. 5-17, 2016

NUCCI, Guilherme de Souza. "Organização criminosa: aspectos legais relevantes". *Blog acontece*, LFG, 16 fev. 2017. Disponível em: <https://www.lfg.com.br/conteudos/artigos/geral/organizacao-criminosa-aspectos-legais-relevantes>. Acesso em: 20 set. 2019.

_____. *Organização criminosa: comentários à Lei 12.850, de 2 de agosto de 2013*. São Paulo: Revista dos Tribunais, 2013.

_____. *Leis penais e processuais penais comentadas*. São Paulo: Revista dos Tribunais, 2006.

NUNES, Marcos; SOARES, Rafael & ARAÚJO, Vera. "Tropa será convocada". *O Globo*, Rio de Janeiro, p. 7, 23 fev. 2018.

NUNES, Richard Fernandez. "No grito, não funciona". *Revista Época*, Rio de Janeiro, p. 20, 1 mar. 2018.

O GLOBO. 14 jan. 2018, p. 15. Disponível em: < https://acervo.oglobo.globo.com/incoming/o--mais-dificil-para-nosso-pais-que-politica-recessiva-segura-brasil-burocrata-segura-brasil--os-brasileiros-seguram-brasil-todos-ficam-amarrados-22253447>. Acesso em: 19 set. 2019.

ODILLA, Fernanda. "Estudos polêmicos desafiam lógica e ligam corrupção a crescimento econômico". *BBC do Brasil*, Londres, 8 mar. 2018. Disponível em: <http://www.bbc.com/portuguese/brasil-42772915>. Acesso em: 15 set. 2019.

OLIVEIRA, Juliana. M. F. et alii. "Combate à corrupção: uma análise de impacto legislativo das propostas do Ministério Público". *Núcleo de Estudos e Pesquisas/CONLEG/Senado*: Brasília, ago./2016 (Texto para Discussão n. 205). Disponível em: <https://www2.senado.leg.br/bdsf/bitstream/handle/id/528774/TD205.pdf?sequence=1&isAllowed=y>. Acesso em: 28 nov. 2018.

OTAVIO, Chico & ARAÚJO, Vera. "Minha casa, minha milícia". *O Globo*, Rio de Janeiro, p. 7, 9 abr. 2018.

PACHECO, Rafael. *Crime organizado: medidas de controle e infiltração policial*. Curitiba: Juruá, 2007.

OUCHANA, Gisele. "Estacionamento da UPP da Rocinha vira 'cemitério' de motos e carros da PM". *O Globo*, Rio de Janeiro, p. 11, 19 set. 2017. Disponível em: <https://oglobo.globo.com/rio/estacionamento-da-upp-da-rocinha-vira-cemiterio-de-motos-carros-da--pm-21841051>. Acesso em: 10 set. 2019.

Pains, Clarissa. "Mau hábito que chegou com a Corte". *O Globo*, Rio de Janeiro, p. 25, 5 set. 2015.

Pedro, Ana Paula. Ética, moral, "axiologia e valores: confusões e ambiguidades em torno de um conceito comum". *Kriterion*, Belo Horizonte, v. 55, n. 130, pp. 483-498, dez. 2014.

Pereira, Merval. "Corrupção e democracia". *O Globo*, Rio de Janeiro, 28 out. 2017.

_____. "(In)Segurança Pública". *O Globo*, Rio de Janeiro, p. 4, 6 jan. 2018, p. 4.

_____. "Democracia e corrupção". *O Globo*, Rio de Janeiro, 8 ago. 2013.

Peres, Ursula Dias; Bueno, Samira; Leite, Cristiane K. da S. & Lima, Renato Sérgio de. "Segurança pública: reflexões sobre o financiamento de suas políticas públicas no contexto federativo brasileiro". *Revista Brasileira de Segurança Pública*, São Paulo, v. 8, n. 1, pp.132-153, fev./mar. 2014.

Pereira Júnior, Jessé Torres. "O juiz e a sociedade". *O Globo*, Rio de Janeiro, p. 11, 29 jan. 2018. Disponível em: <https://oglobo.globo.com/opiniao/o-juiz-a-sociedade-22335230>. Acesso em: 16. set. 2019.

pib do crime sobe 25%. *O Globo*, Rio de Janeiro, p. 10, 23 fev. 2018.

Ponto final. *O Globo*, Rio de Janeiro, p. 23, 23 mar. 2018.

Prado, Chico & Dantas, Tiago. "Investigação comprometida". *O Globo*, Rio de Janeiro, p. 3, 26 dez. 2017.

Prado, Geraldo; Gomes, Abel Fernandes & Douglas, William. *Crime organizado e suas conexões com o Poder Público: Comentários à Lei n. 9.034/95 – considerações críticas*. Rio de Janeiro: Impetus, 2000.

Prado, Thiago. "A intervenção de Temer – Pezão terceiriza crises desde que assumiu". *O Globo*, Rio de Janeiro, p. 12, 17 fev. 2018.

Pupo, Amanda. "Cármen critica 'demonização' da política e excesso de siglas partidárias". *Estadão*, São Paulo, 21 jun. 2018. Disponível em: <https://politica.estadao.com.br/blogs/fausto-macedo/carmen-critica-demonizacao-da-politica-e-excesso-de-siglas-partidarias/>. Acesso em: 17 set. 2019.

Reis, Daniel Aarão. "Herança e herdeiros". *O Globo*, Rio de Janeiro, p. 14, 28 nov. 2017. Disponível em: <https://oglobo.globo.com/opiniao/herancas-herdeiros-22120249>. Acesso em: 22 set. 2019.

Relatório icj Brasil. *Fundação Getulio Vargas*, São Paulo, 1º sem. 2016. Disponível em: <http://direitosp.fgv.br/publicacoes/icj-brasil>. Acesso em: 22 set. 2019.

Revista de História da Biblioteca Nacional. Rio de Janeiro: Biblioteca Nacional, n. 103, p. 34, abr. 2014.

REVISTA DE HISTÓRIA DA BIBLIOTECA NACIONAL. Rio de Janeiro: Biblioteca Nacional, n. 115, pp.10-12, ago. 2015.

RIBEIRO, Geraldo; OUCHANA, Giselle & ARAÚJO, Vera. "Fim de festa para a milícia". *O Globo*, Rio de Janeiro, p. 12, 8 abr. 2018, p. 12.

RIO DE JANEIRO. Assembleia Legislativa do Estado Rio de Janeiro. *Relatório final da CPI das Milícias*, Rio de Janeiro, nov. 2008. Disponível em: <http://www.nepp-dh.ufrj.br/relatorio_milicia.pdf>. Acesso em: 11 abr. 2018.

RIO teve 640 tiroteios só no primeiro mês do ano. *O Globo*, Rio de Janeiro, 1 fev. 2018, capa.

ROCHA, Flávio. "Vote em mim". *Revista Época*, Rio de Janeiro, p. 25, 26 mar. 2018.

ROCINHA em estado de sítio. *O Globo*, Rio de Janeiro, p. 8, 26 jan. 2018.

RONZANI, Dwight Cerqueira. "Corrupção, improbidade administrativa e poder público no Brasil". *Revista da Faculdade de Direito de Campos*, Campos, ano VIII, n. 10, pp. 57-89, jun. 2007

ROSE-ACKERMAN, Susan. *The Economics of Corruption. an Essay in Political Economy*. Nova York: Academic Press, 1978.

ROSENFIELD, Denis Lerrer. "Esculhambação institucional". *O Globo*, Rio de Janeiro, p. 12, 12 dez. 2016.

_____. "Onda retrógrada". *O Globo*, Rio de Janeiro, p. 12, 27 nov. 2017. Disponível em: <https://oglobo.globo.com/opiniao/onda-retrograda-22111347>. Acesso em: 10 out. 2019.

SANCTIS, Fausto Martins de. *Crime organizado e lavagem de Dinheiro*. São Paulo: Saraiva, 2009.

SANTIAGO, Tatiana. "Ministro da justiça diz que 'preferia morrer' a ficar preso por anos no país." *Portal G1*, São Paulo, 13 nov. 2012. Disponível em: <http://g1.globo.com/sao-paulo/noticia/2012/11/ministro-da-justica-diz-que-preferia-morrer-ficar-preso-por-anos-no-pais.html>. Acesso em: 10 set. 2019.

SARDENBERG, Carlos Alberto. "Direito de quem?". *O Globo*, p. 16, 21 dez. 2017.

_____. "Juízes fora da lei". *O Globo*, Rio de Janeiro, p. 20, 26 out. 2017.

_____. "Corte informa: vai cumprir a lei!". *O Globo*, Rio de Janeiro, p. 12, 8 fev. 2018.

_____. "O grande roubo". *O Globo*, Rio de Janeiro, p. 14, 15 fev. 2018.

SARMENTO, George. "Aspectos da investigação dos atos de improbidade administrativa" *Revista do Ministério Público de Alagoas*: Maceió, n. 1, pp. 91-116, jan./jun. 1999.

SARZA, Diego; BRUZZI, Marcelo. "Número de Policiais Civis no RJ é Quase 60% Menor que o Ideal". *GloboNews*, Rio de Janeiro, 26 set. 2017. Disponível em: <https://g1.globo.

com/rio-de-janeiro/noticia/numero-de-policiais-civis-no-rj-e-quase-60-menor-que-o-ideal.ghtml>. Acesso em: 10 set. 2019.

SÁ, Maria Cármem de. "A Rocinha e o Camboja". *O Globo*, Rio de Janeiro, 14 out. 2017. Disponível em: <https://oglobo.globo.com/opiniao/a-rocinha-o-camboja-21944202>. Acesso em: 14 set. 2019.

SASSINE, Vinicius. "Da nota baixa à nota preta". *O Globo*, Rio de Janeiro, p.1, 9 mar. 2018.

SCALON, Celi. Justiça como igualdade? "A percepção da elite e o povo brasileiro". *Sociologias*, Porto Alegre, ano 9, n. 18, pp. 126-149, jun./dez. 2007. Disponível em: <http://www.scielo.br/scielo.php?pid=S1517-45222007000200007&script=sci_abstract&tlng=pt>. Acesso em: 13 set. 2019.

SCHMIDT, Selma. "Apertem o botão do pânico". *O Globo*, Rio de Janeiro, p. 12, 12 nov. 2017.

SECRETARIA DE SEGURANÇA DO ESTADO DO RIO DE JANEIRO. *Pesquisa de condições de vida e vitimização 2007*. Rio de Janeiro: ISP, 2008.

SELEME, Ascânio. "Os cegos que não viram o Brasil ser saqueado". *O Globo*, Rio de Janeiro, p. 13, 8 fev. 2018. Disponível em: <https://oglobo.globo.com/opiniao/os-cegos-que-nao--viram-brasil-ser-saqueado-22376507>. Acesso em: 12 set. 2019.

SEGURANÇA pública: protagonismo da União e integração entre estados pode diminuir violência. *Senado Notícias*, Brasília, 19 set. 2017. Disponível em: <https://www12.senado.leg.br/noticias/materias/2017/09/19/seguranca-publica-maior-protagonismo-da-uniao-e--integracao-entre-estados-pode-diminuir-violencia>. Acesso em: 14 set. 2019.

SILVA, Eduardo Araújo da. *Crime organizado: procedimento probatório*. São Paulo: Atlas, 2003.

SILVA, Elinei Winston. "Indústria da multa". *O Globo*, Rio de Janeiro, p. 19, 19 nov. 2017.

SILVA, Jorge da. *Criminologia crítica: segurança e polícia*. Rio de Janeiro: Forense Jurídica, 2008.

SMANIO, Gianpaolo Poggio. "Teoria geral do Direito Penal e a atuação do Estado em ace do crime organizado". In: MESSA, Ana Flávia & CARNEIRO, José Reinaldo Guimarães (coord.). São Paulo: *Crime organizado*, Saraiva, pp. 196-211, 2012.

SOARES, Jussara. "Maior facção criminosa muda estratégia para formar exército". *O Globo*, Rio de Janeiro, p. 11, 4 mar. 2018.

SOARES, Luiz Eduardo. "A política nacional de segurança pública: histórico, dilemas e perspectivas". *Revista Estudos Avançados*, São Paulo, v. 21, n. 61, 2007.

SOARES, Rafael. "MP pode acusar moradores que fecharam ruas de crime de milícia". *O Globo*, Rio de Janeiro, p. 10, 26 dez. 2017.

SOUZA, André de et al. "Controle militar". *O Globo*, Rio de Janeiro, p. 8, 17 fev. 2018.

Souza, Carlos Eduardo de. "'Salve geral', Convenção de Palermo e Lei n. 9.034/95: algumas considerações". *Jus Navigandi*: Teresina, ano 14, n. 2.312, 30 out. 2009. Disponível em: <http://jus.com.br/artigos/13766>. Acesso em: 22 set. 2019.

Teixeira, Fábio & Mello, Igor. "A tropa dos confrontos". *O Globo*, Rio de Janeiro, p. 6, 27 nov. 2017. Disponível em: <https://oglobo.globo.com/rio/a-tropa-dos-confrontos-22103115>. Acesso em: 22 set. 2019.

Toffoli, Dias. "Entrevista ao jornalista Roberto D'Ávila". *Globo News*, Rio de Janeiro, 12 dez. 2016.

Tráfico e milícia têm de ser combatidos com rigor e urgência. *O Globo*, Rio de Janeiro p. 12, 30 jan. 2018. Disponível em: <https://oglobo.globo.com/opiniao/associacao-entre-trafico--milicia-tem-de-ser-combatida-22341783>. Acesso em: 19 set. 2019.

Trevisan, Cláudia. "Brasil é onde se gasta mais tempo para pagar impostos". *O Estado de São Paulo*, São Paulo, 31 out. 2017.

Tropa de elite de toga. *O Globo*, Rio de Janeiro, p. 16, 28 mar. 2018.

Tugendhat, Ernest. *Lições sobre ética*. Petrópolis: Vozes, 1999

Vasquez, Adolfo Sánchez. Ética, São Paulo: Civilização, 1987.

Venosa, Sílvio. *Introdução ao estudo do Direito: primeiras linhas*. 2ª ed. São Paulo: Atlas, 2006

Vianna, Luiz Werneck. *A Revolução passiva: iberismo e americanismo no Brasil*. 2. ed. Rio de Janeiro: Revan, 1997.

Vidor, George. "Desolador". *O Globo*, Rio de Janeiro, p. 14, 4 dez. 2017.

Villas Bôas, Eduardo Dias da Costa. "Uma solução exclusivamente militar não vai resolver". *O Globo*, Rio de Janeiro, p. 8, 26 mar. 2018.

_____. *Revista de Direito Militar*, Florianópolis, n. 126, p. 3, set./dez. 2017.

Villa, Marco Antonio. "Democracia e autoritarismo". *O Globo*, Rio de Janeiro, 10 out. 2017. Disponível em: <https://webcache.googleusercontent.com/search?q=cache:xtdvpdJD06AJ:https://oglobo.globo.com/opiniao/democracia-autoritarismo-21928029+&cd=1&hl=pt--BR&ct=clnk&gl=br>. Acesso em: 14 set. 2019.

_____. "O idealismo da Constituição". *O Globo*, Rio de Janeiro, 10 jan. 2017.

Waiselfsz, Julio Jacobo. *Mapa da violência 2012 – A cor dos homicídios no Brasil, Rio de Janeiro*. Brasília: Secretaria de Políticas de Promoção da Igualdade Racial da Presidência da República, 2012. Disponível em: <https://www.mapadaviolencia.org.br/pdf2012/mapa2012_cor.pdf>. Acesso em: 9 out. 2019.

_____. *Mapa da violência 2012 – Os novos padrões da violência homicida no Brasil*. São Paulo: Instituto Sangari, 2011. Disponível em: <https://www.mapadaviolencia.org.br/pdf2012/mapa2012_web.pdf>. Acesso em: 9 out. 2019.

WEICHERT, Marlon Alberto. "Violência sistemática e perseguição social no Brasil". *Revista Brasileira de Segurança Pública*, São Paulo, v. 11, n. 2, pp. 106-128, ago./set. 2017.

WERNECK, Antônio. "Exemplos do exterior para cadeias do país". *O Globo*, Rio de Janeiro, 9 out. 2017. Disponível em: <https://oglobo.globo.com/rio/no-exterior-seguranca-de-presidios-passa-por-controle-rigido-de-visitas-21924064>. Acesso em: 19 set. 2019.

_____. "Os donos das calçadas". *O Globo*, Rio de Janeiro, p. 9, 17 ago. 2017.

WERNECK, Antônio; TEIXEIRA, Fábio & PEREIRA, Paulo Celso. "General quer 3,1 bi, mas TEMER promete liberar apenas um terço". *O Globo*, Rio de Janeiro, p. 9, 20 mar. 2018.

WOLKMER, Antonio Carlos. *Elementos para uma crítica do Estado*. Porto Alegre: Sergio Antonio Fabris, 1990.

ZALUAR, Alba & CONCEIÇÃO, Isabel Siqueira. *Favelas sob o controle das milícias no Rio de Janeiro – Que paz?*. São Paulo em Perspectiva, São Paulo, v. 21, n. 2, pp. 89-101, jul./dez. 2007. Disponível em: <http://produtos.seade.gov.br/produtos/spp/v21n02/v21n02_08.pdf>. Acesso em: 12 set. 2019.

ZANCANARO, Antonio Frederico. *A corrupção político-administrativa no Brasil*. São Paulo: Acadêmica, 1994.

ZUAZO, Pedro; GOULART, Gustavo & RODRIGUES, Renan. "A que ponto chegamos". *O Globo*, Rio de Janeiro, p. 7, 29 dez. 2017.

Este livro, composto na fonte Fairfield,
foi impresso em papel Polen Soft 70g/m² na gráfica Edigráfica,
Rio de Janeiro, novembro de 2019.